木花開耶姫命

Cathy N. Davidson

36 Ansichten von Japan

Begegnungen mit dem Fernen Osten

Aus dem Amerikanischen von Elfriede Peschel

KNESEBECK

Mit 20 Holzschnitten,
dem Frontispiz
Konohana Sakuja Hime, die Schutzgöttin des Fuji
und dem Vorsatz
Die Sturmwogen mit Chidori-Möwen vor dem Fuji
von Katsushika Hokusai
(1760 – 1849)
aus der Serie
36 Ansichten vom Berg Fuji

Dieses Buch wurde für viele geschrieben:

Ted, Charles und Susan,
Karina, Bruce und Ross, Maryvonne und Ichirō
und andere japanische Freunde, die
obwohl nicht namentlich genannt,
auf jeder Seite gegenwärtig sind

Inhalt

Vorwort

Der Titel meines Buches *36 Ansichten von Japan* lehnt sich an eine Serie von Holzschnitten mit dem Titel *36 Ansichten vom Berg Fuji* an, die Katsushika Hokusai (1760-1849) gegen Ende seines langen Lebens geschaffen hat. In diesen hervorragenden Farbdrucken wie auch in der Schwarzweißserie, die er *100 Ansichten vom Berg Fuji* nannte, porträtiert Hokusai die unterschiedlichen und oft gegensätzlichen Aspekte des japanischen Lebens. Beide Serien zeichnen sich durch eine ungeheure Vielfalt und Lebendigkeit aus – sie zeigen aristokratische Höflinge, bescheidene Arbeiter, Leute beim zwanglosen Picknick, fromme Pilger. Die einzige Konstante in all diesen Bildern ist der Fujiyama, ein Symbol dessen, was in Japan immerwährend und von Dauer ist. Hokusai versucht keineswegs, die Gegensätze auszusöhnen, doch die Gegenwart des Berges deutet an, daß sämtliche Ansichten, nimmt man sie zusammen, das *ganze* Japan zeigen. Auf einem Holzschnitt hält ein müder Reisender inne, um sich zu erfrischen, und entdeckt überrascht die Spiegelung des Fuji in seinem Sake-Schälchen. Auf einem anderen versuchen Fischer einem furchtbaren Sturm zu entkommen und sind zu beschäftigt mit dem Überleben, als daß sie den Fuji wahrnehmen könnten, der – wundervoll gerahmt von der Locke einer sich türmenden Welle – in seiner ewigen Gleichgültigkeit ruht.

Meine Version dieser *36 Ansichten vom Berg Fuji* konzentriert sich auf persönliche Begegnungen, intime Augenblicke und kleine Offenbarungen, die mir die japanische Lebensart verständlich machten – es sind meine *Ansichten von Japan.* Ein roter Faden zieht sich durch all meine Erinnerungen: Ich möchte zeigen, mit welchen Ritualen, Feiern, Gebräuchen und Traditionen die Japaner ihr Leben meistern – sowohl die gute, als auch die leidvolle Seite. Darüber hinaus halfen mir meine Erfahrungen in Japan, mit schmerzlichen Ereignissen in meinem eigenen Leben zurechtzukommen, deren emotionale Wucht mich auch jenseits des Pazifik traf und deren Folgen mich wieder nach Hause führten.

Das Spiegelbild des Fuji in der Sake-Schale des Trinkers

Im weitesten Sinne haben Feiern und Trauerrituale jene spirituellen Dimensionen, die auch in Hokusais Fuji-Holzschnitten erkennbar sind. Trotz all seiner überschwenglichen Lebensfreude war Hokusai ein philosophischer Mensch. Im Alter fand er erneut zu seinem eigentlichen Thema, dem Fujiyama, zurück und versuchte, etwas von dem zu vermitteln, was der Berg in symbolischer oder metaphysischer Hinsicht verkörpert. Eine Bedeutung des Wortes *fuji* ist: »nicht zwei« oder »der Einzigartige«, das, was immerwährend eins bleibt inmitten all der Veränderungen des Lebens. Eine andere Deutung von *fuji* kommt dem Begriff »nicht tot«, »unsterblich« gleich. Der Berg Fuji ist die Seele Japans.

Ich selbst habe erst bei meiner vierten Japanreise den Fuji gesehen. Bei meinem ersten Aufenthalt, 1980, war ich im Zuge eines Austauschprogramms in Japan und unterrichtete japanische Studentinnen der Kansai Women's University in Englisch. Einige meiner Schülerinnen luden mich während der kurzen Zeit im Sommer, in der eine Besteigung des Fuji offiziell erlaubt ist, zu einem Ausflug ein. In diesem Jahr schien die Regenzeit kein Ende zu nehmen, und notgedrungen vertagten wir unseren Ausflug wegen des schlechten Wetters. Bei meinen häufigen Reisen nach Tokyo, im Flugzeug oder in der Eisenbahn, sah ich jedesmal neugierig aus dem Fenster und hoffte, einen kurzen Blick auf den majestätischen Berg erhaschen zu können. Wolkenverhangen behielt er seine Geheimnisse für sich.

Bei meinem zweiten Japanaufenthalt im Januar 1983 verpaßte ich den Fuji viermal; zweimal im Flugzeug und zweimal im *shinkansen* (Hochgeschwindigkeitszug) und glaubte beinahe an Hexerei. »Es ist gut, daß Sie den Fuji-san noch nicht gesehen haben«, versicherte mir Professor Sano, mein Fakultätsleiter an der Kansai Women's University, als wir am Flughafen voneinander Abschied nahmen. »Es bedeutet, daß Sie einen Grund haben, nach Japan zurückzukommen.«

Doch als ich dann zurückkam, um von 1987 bis 1988 ein weiteres Jahr zu unterrichten, verzichtete ich darauf, mich den Hunderttausenden von Japanern anzuschließen, die jeden Sommer die Wallfahrt zum Fuji antreten, und reiste statt dessen nach Oki, eine entlegene Insel zwischen Japan und Korea.

In meiner Trauer über den Tod einiger Freunde und die sich hinschleppende, aussichtslose Krankheit meiner Großmutter brauchte ich den Trost von Oki. Tagelang schnorchelte ich in den Korallenriffen und entdeckte durch meine Taucherbrille zauberhafte Meereslandschaften; an den Abenden unterhielt ich mich mit meinen Freunden und lachte auch wieder.

Meine Ansicht vom Fujiyama bekam ich endlich Ende 1990, zehn Jahre nach meinem ersten *oshōgatsu* (Neujahr) in Japan. Ich hatte mich auf zwei sorglose Monate ohne Unterricht oder sonstige Verpflichtungen in Japan gefreut, doch dann stellte sich heraus, daß gerade in dieser Zeit viele meiner japanischen Freunde in Lebenskrisen steckten. Ich versuchte, sie mit dem zu trösten, was ich ihnen an amerikanischem Zuspruch bieten konnte – Gespräche, die bis spät in die Nacht dauerten und die gelegentliche un-japanische Umarmung. Auf der Fahrt zu einer Freundin nach Tokyo sah ich den Fuji aus dem Zugfenster. Die körperlose Stimme des Schaffners kam über die Lautsprecheranlage. Es war eine verführerische Stimme – die Sorte, die wie Sirup beginnt und mit einem Flüstern endet – und jeder im Waggon, egal ob männlich oder weiblich, schien gespannt darauf zu warten, daß der Schaffner den Halt der nächsten Station ansagen würde. Als wir auf gleicher Höhe mit dem Fujiyama waren, erzählte er uns mit tragischer Stimme, daß es heute zu regnerisch sei, um den Fuji-san direkt links neben uns zu sehen. Dann wurde aus seinem Murmeln ein Ausruf des Erstaunens: »*Subarashii!*« rief er (Sensationell!). Für einen Augenblick teilten sich die bleiernen Wolken, und da stand der Berg Fuji, schneebekrönt und strahlend.

Es war wie eine aktualisierte Fassung von Hokusai: Der Fujiyama, perfekt gerahmt von dunklen Sturmwolken, bewundert von Reisenden, die an den Scheiben eines Hochgeschwindigkeitszugs kleben, der nach Tokyo rast. Gleich darauf schlossen sich die Wolken wieder über dem Berg, und alles war grau wie zuvor. Wir wandten uns daraufhin einander zu, als wollten wir uns versichern, das Geschaute auch wirklich gesehen zu haben. Wir verbeugten uns voreinander, einige Leute kamen zu mir, um meine Hand zu schütteln. »*Subarashii*«, wiederholten wir im Flüsterton.

Ich glaube fest daran, daß auch solche Momente, wie dieser Augenblick im Hochgeschwindigkeitszug nach Tokyo, ein ebenso helles Licht auf eine Kultur werfen, wie es größere historische oder soziale Ereignisse tun. Manchmal sind vor allem merkwürdige oder gar schrullige Begegnungen am aufschlußreichsten, vergleichbar mit Wolken, die auseinandertreiben, um den darin versteckten Berg zu zeigen. Oft ist es das Eigenartige, das Stück, das nicht ganz passen will, was uns die Dimensionen eines Puzzles begreifen läßt, und das muß auch Hokusai gewußt haben, als er seine berühmte Serie nicht mit sechsunddreißig, sondern mit sechsundvierzig Ansichten vom Berg Fuji bestückte. Wenn der Künstler mehr Bilder als die im Titel versprochenen aufnimmt, steht es uns dann zu, uns über die unerwarteten Geschenke zu beklagen? Nach vier Besuchen in Japan habe ich gelernt, diese Absonderlichkeit – ein sich Fügen ins Widersinnige – als »typisch« japanisch zu begreifen.

In einigen von Hokusais Holzschnitten vom Fujiyama ist der Berg als solcher überhaupt nicht abgebildet. Die Ereignisse auf diesen Bildern finden auf dem Berg statt und bestätigen die buddhistische (und fundamental japanische) Grundidee, daß der Mensch, der dem Gegenstand oder Ereignis am nächsten ist, am wenigsten davon mitbekommt. Manchmal hat der Durchreisende aus der Ferne den klarsten Blick. Als Amerikanerin, die über Japan schreibt, hoffe ich, daß Hokusai recht hat.

Eine Bemerkung zu japanischen Namen

Als Zeichen des Respekts wird in Japan das geschlechtslose Suffix *-san* an den Namen gehängt. Es entspricht ungefähr unserem *Herr* und *Frau*. Viele meiner japanischen Freunde haben einen Kompromiß zwischen der formalen japanischen und der ungezwungenen englischen Anrede gefunden und sprechen mich mit »Cathy-san« an, wie auch ich einige meiner Freunde bei ihren Vornamen nenne, »Kiyomi-san« oder »Tomoe-san«. Manche Japaner, die lange im Westen gelebt haben, lassen das *-san*-Suffix vollkommen weg.

Diesen Ebenen der Förmlichkeit (und Verwestlichung) habe ich in meinem Buch je nach Situation Rechnung getragen und dabei in erster Linie die Ausdrücke verwendet, die ich in Japan benutzt hätte. Den Familiennamen nenne ich an zweiter Stelle (obwohl er in Japan an erster steht).

Bei meiner phonetischen Transkription japanischer Wörter und Sätze (*rōmaji*) habe ich einen Längenstrich gesetzt, um lange Vokale zu kennzeichnen, ausgenommen das lange *I*, (das von einem Doppelvokal wie in *hazukashii* ausgedrückt wird). Bei gängigen japanischen Ortsnamen wie Osaka oder Kyoto wurde auf den Längenstrich verzichtet.

Ein »Glossar japanischer Wörter und Ausdrücke« findet sich am Ende des Buches.

1 Sehen und gesehen werden

Ich habe mir Japan erträumt, lange bevor ich hinkam. Moosgärten, Zimmer mit Strohmatten, geschwungene Holzbrücken im Mondlicht, Papierlaternen, in denen ein Feuer glimmt. Wann immer ich Fotobände über das traditionelle Japan durchblätterte, traf mich das Déjà-vu-Erlebnis so heftig, daß es mir den Atem verschlug. Drei Felsen, ein verwachsener Nadelbaum, geharkter weißer Sand: Ehrfurcht. Bei Fotos von Windsor Castle oder von den Brunnen Versailles' blieb mir nie die Luft weg.

Doch als wir vom International Airport Osaka losfuhren, traf mich der häßliche Anblick wie ein Schlag. Vergiß Felsen und geharkten Sand! Überall Neonschriften und Reklametafeln, soweit das Auge reicht, schmuddelige, ungepflegte Betonhäuser. Selbst die Dinge, die zwangsläufig zu einer Verstädterung gehören, waren aus den Fugen geraten. Wo andere Wohlstandsnationen die Leitungen für ihre Energieversorgung unsichtbar verlegen, um wenigstens optisch Harmonie zu wahren, scheinen sich Japans Großstädte mit den Kabeln und Drähten des modernen Lebens fest umschnürt zu haben. Als ich aus dem Autofenster die grauen Gebäude mit ihren rostenden Metalldächern und den sich bizarr darüber kreuzenden Stromleitungen sah, fühlte ich mich an trostlose Fotografien von Immigrantenghettos des neunzehnten Jahrhunderts erinnert, die später mit der Elektronikflut des ausgehenden zwanzigsten Jahrhunderts aufgetakelt worden waren.

Mein Mann Ted und ich waren in Japan, um Englisch zu unterrichten. Die Michigan State University, an der ich damals lehrte, hatte ein Austauschprogramm mit der Kansai Women's University aufgebaut. Eine japanische Professorin würde meine Kurse an der MSU übernehmen, während ich

Der Fuji im Spinnennetz gefangen

an der KWU unterrichtete. Ted nahm unbezahlten Urlaub von seinem College für Geisteswissenschaften in den Staaten und gab Kurse an der KWU und einer anderen Universität. Alles war sehr schnell gegangen – ein Zettel im Briefkasten der Fakultät forderte zu einer Bewerbung auf, ein paar eilig absolvierte Lektionen für gesprochenes Japanisch, und dann, im März, waren wir da.

»Ist es so, wie Sie es sich vorgestellt haben?« erkundigte sich der Seminarleiter der KWU, Professor Sano, als wir vom Flughafen nach Nigawa fuhren, in die Stadt, in der wir während der nächsten zwölf Monate leben würden.

Ich wußte, daß Japan anders aussehen würde als in meinen Fotobänden, aber ich war überrascht, wie anders es tatsächlich war. Im Scherz sagte ich, wir hätten geglaubt, die Straßen Japans seien mit Gold gepflastert.

Er lachte und meinte, viele Amerikaner würden so reagieren, und während er auf einen besonders tristen Abschnitt der Universität mit ihren lagerhausartigen Gebäuden deutete, fügte er nüchtern hinzu: »Wir Japaner halten uns gerne zugute, einen besonderen Sinn für das Schöne und überhaupt keinen Sinn für das Häßliche zu haben. Sie werden feststellen, daß vieles in Japan so ist.«

Die Schönheit sei noch da, erklärte er, man müsse sie nur suchen. Was draußen in der Welt passiere sei chaotisch, unsicher, laufe mit Höchstgeschwindigkeit und Unglücken ab. Doch wie wir noch sehen würden, fänden sich in öden Stadtrandvierteln kostbare buddhistische Tempel, die sich manchmal durch dicke Lehmmauern oder kunstvolle Holztore von der Stadt abgrenzen, umschlossener Friede inmitten des Chaos. An Nationalfeiertagen gehen die Japaner mit ihren Familien zu diesen Tempeln, um Kraft zu tanken, und dann wimmelt es dort wie in einer U-Bahn während des Stoßverkehrs. Dasselbe würden wir auch zur Kirschblütenzeit feststellen, meinte er, wenn die Menschen ihre privaten Tragödien oder ihren Alltagstrott für kurze Zeit abstreifen, um unter den zarten Blüten ein Picknick zu veranstalten und zu feiern.

Detailliert beschrieb er uns einen seiner Lieblingsplätze: eine vielbefahrene Kreuzung in einem unscheinbaren Viertel von Kyoto, wo ein einfacher Buddha aus Stein, von den Anwohnern heißgeliebt, inmitten der Auspuffgase und des Autogehupes geheimnisvoll lächelt.

Professor Sano setzte uns vor dem in westlichem Stil gehaltenen Zuhause eines amerikanischen Ehepaars ab, das auch an der Kansai Women's University lehrte. Dieses Haus, in dem wir unsere erste Nacht in Japan verbrachten, war eine Art Brücke zwischen den beiden Kulturen. Am nächsten Tag zeigte uns das Ehepaar den örtlichen Lebensmittelladen, erklärte uns, wie das Zugsystem funktionierte und brachte uns zu unserem Apartmenthaus in Nigawa, einer wohlhabenden Stadt, jeweils eine halbe Eisenbahnstunde von Kobe und Osaka entfernt. Wir erfuhren, daß Nigawa vor dem Krieg ein verschlafener Urlaubsort mit *ryokan* (Wirtschaften) und Landhäusern war. Noch früher hatten dort Pilger auf ihrem Weg zum Kabuto-yama Daishi Station gemacht. Dieses Heiligtum des Shingon-Buddhismus wurde im neunten Jahrhundert auf einem helmartigen Berg, wenige Kilometer hinter Nigawa, errichtet. Als wir die Koffer zu unserer Wohnung in den dritten Stock schleppten, hörten wir den tiefen und düsteren Gong der Tempelglocke, vermischt mit einer Geräuschkulisse von Pendlerzügen und Mopeds.

Wir wohnten im obersten Stock einer »Villa«, wie die Japaner einen modernen Wohnkomplex aus Eisenbeton bezeichnen. Unsere Wohnung und zwei andere auf dem Stockwerk gehörten der Kansai Women's University, jede mit zwei Zimmern und einer Kombüsenküche, zu der ein Eßplatz gehörte, groß genug für einen Tisch und vier Stühle. Im Wohnraum, der in westlichem Stil gehalten war, standen kleine Sessel mit braunem Tweedbezug und ein Couchtisch. Das Schlafzimmer war traditioneller eingerichtet, mit *tatami* (grün-goldenen Strohmatten) auf dem Boden und einer rauhen, ockerfarbenen Tapete, die an die Lehmwände von Teehäusern erinnerte. Wir waren gefragt worden, ob wir lieber ein Doppelbett haben wollten, hatten uns aber für die traditionellen Futons entschieden. Ein Bett hätte den ganzen Raum gefüllt. Wenn man die Futons zusammenlegte, konnte man tagsüber aus dem Schlafzimmer ein Arbeitszimmer machen; hier arbeitete ich – ganz der japanischen Tradition gemäß auf dem Boden sitzend – und atmete den unvergleichlichen Duft von Reisstroh ein.

Ein paar Tage nach unserer Ankunft brach ich zu meinem ersten offiziellen Besuch der Kansai Women's University auf. Unsere amerikanischen Kollegen hatten uns einen Stadtplan von Nigawa geschenkt und zwei verschiedene Wege zur Universität eingezeichnet – einen direkten, entlang gut markierter Straßen, gesäumt von Wohnhäusern und teuren Vorstadtvillen, und einen eher umständlichen Spaziergang, der an dem letzten Strohdachhaus Nigawas und ein paar übriggebliebenen alten *kura* (Lagerhäusern) entlang über einen kleinen Fluß und dann durch ein Reisfeld führte. Am Ende des Weges war ein Hügel, von dem man an klaren Tagen bis Osaka sehen konnte. Hinter den Rauchwolken, Fabriken und Öltankern sollte man sogar den legendären Binnensee entdecken können.

Natürlich wählte ich diese malerische Route, wobei ich voller Vorfreude feststellte, daß die Kirschbäume auf einem Teil meines Wegs bereits Knospen trugen. Auf dem Campus blühten sogar schon einige Bäume. Auch die Studentinnen wirkten auf mich wie gerade aufgeblüht.

Im Büro der anglistischen Fakultät traf ich zahlreiche neue Kollegen, die meisten Japaner, aber auch ein paar *gaijin* (Ausländer) aus den Vereinigten Staaten und Großbritannien. Wieder hörte ich, wie sehr sich alle freuten, daß ich für ein Jahr hierbleiben konnte. Die amerikanische Autoindustrie erlebte 1980 die schlimmste Krise ihrer Geschichte, und Michigan war von anti-japanischer Stimmung beherrscht. Mir gefiel der Gedanke, daß die japanische Austauschprofessorin und ich so etwas wie kleine Botschafterinnen des guten Willens waren.

Als meine neuen Kollegen in der üblichen Hektik des Semesterbeginns davoneilten, blieb ich im Büro zurück. Ich sah die Post durch, die sich in meinem Briefkasten angehäuft hatte; hauptsächlich Zeitpläne, Klassenlisten und andere offizielle Angelegenheiten. Darunter befanden sich auch viele Informationen auf japanisch, um die ich mich nicht zu kümmern brauche, wie die Sekretärin meinte, sowie eine kurze zweisprachige Mitteilung, daß »doch bitte alle versuchen sollten, sich vor Beginn des Lehrbetriebs einem Gesundheitstest zu unterziehen«.

Ich war verblüfft. In Michigan bekamen wir keine Memos, die uns baten, »doch bitte zu versuchen«, etwas zu tun. Und was für ein Gesundheitstest? Mein Arzt hatte mich gründlichst untersucht, ehe ich die Vereinigten Staaten verließ, doch ich war mir nicht sicher, ob das hier zählte. Man hatte mir gesagt, daß ich in diesem Jahr durch die staatliche japanische Gesundheitsfürsorge abgesichert sei, und so nahm ich an, daß auch diese Untersuchung dazugehören müsse. Für mich war die verschwommene Wortwahl in diesem Memo ein Beispiel für *tatemae*, eine Form, bei der die höfliche Empfehlung maskiert, daß es sich in der Substanz (*honne*) um einen direkten Befehl handelt. In sämtlichen Reiseführern hatte ich über diese japanische Gepflogenheit der indirekten Ausdrucksweise gelesen.

»Ich sollte diese Gesundheitsprüfung wohl am besten mitmachen, nicht wahr?« fragte ich eine der Sekretärinnen, die ausgezeichnetes Englisch sprach.

Sie nickte zustimmend und sagte mir, die Untersuchung fände gerade jetzt im Auditorium des Nachbargebäudes statt. Ich brauche nur den jungen Frauen zu folgen, die in diese Richtung gingen. Ich dankte ihr, verbeugte mich und machte mich auf den Weg zu meiner ersten echt-japanischen Erfahrung.

Im Raum wimmelte es von Schülerinnen, die meisten von der Highschool und der Junior Highschool, die beide auch zur KWU gehören. Soweit ich sehen konnte, war nur noch eine Kollegin anwesend. Ich wußte nicht recht, was ich tun sollte, riß mich aber zusammen, als ich sah, daß die jüngsten Mädchen – wahrscheinlich zum erstenmal von zu Hause weg – genauso unsicher waren wie ich. Ich lächelte sie an und bekam als Antwort verdutzte, großäugige Gesichter zu sehen. Mir fiel ein, daß einige von ihnen einer Ausländerin wahrscheinlich noch nie so nahe gewesen waren. Ich verbeugte mich. Sie verbeugten sich. Wir warteten gemeinsam in der Schlange und bekamen Plastikpantoffeln und Krankenhaushemden ausgehändigt sowie kleine Körbchen für unsere Kleider und Schuhe. Dann warteten wir in der nächsten Schlange vor einem Zimmer, in dem wahrscheinlich die medizinische Untersuchung stattfinden würde. Ein winziges Mädchen, kleiner als ihre Freundinnen, blickte mit einem Ausdruck zu mir hoch, in dem sich Erregung und Angst mischten. Ich stellte mich ihr in förmlichem Japanisch vor, genauso, wie ich es in meiner ersten Lektion Alltagsjapanisch gelernt hatte. Sie kicherte, verbeugte sich und stellte sich mir dann feierlich vor, während ihre Freundinnen hinter vorgehaltener Hand lachten.

Meine Entschlossenheit, zuversichtlich und selbstbewußt aufzutreten, war sofort dahin, als ich den nächsten Raum betrat und feststellen mußte, daß es weder eine Umkleidekabine noch ein Arztzimmer gab. Ich würde mir in aller Öffentlichkeit mein Krankenhaushemd anziehen müssen, inmitten einer Gruppe neugieriger japanischer Schulmädchen. Und das Schlimmste war: beim Auseinanderfalten des Hemdes wurde klar, daß es zwar einem japanischen Mädchen der Junior Highschool passen würde, nicht aber einer großen *gaijin*-Frau.

Über die japanische Tugend *gaman* (Ausdauer, Durchhaltevermögen) hatte ich gelesen. Und in eben dieser *gaman*-Stimmung beschloß ich nun, das Ganze so gut wie möglich durchzustehen. Ich fing an, mir Bluse und Rock auszuziehen und stellte dann fest, daß die Japanerinnen sich anders auszogen. Irgendwie schafften sie es, so aus ihren Kleidern heraus- und in das Krankenhaushemd hineinzukommen, daß kein Zentimeter Haut sichtbar wurde. Es war ein beeindruckender Anblick: ein Wirbeln der Arme und *voilà*! Das Hemd an, die Kleider aus, die Unterwäsche abgestreift, um sie mit allem anderen ordentlich in das Drahtkörbchen zu legen. Vielleicht war das eine Fertigkeit, die vor langer Zeit in überfüllten Wohnquartieren entstanden war, oder etwas, was auch vor öffentlichen japanischen Bädern praktiziert wurde. Mein amerikanischer Körper wußte nicht, wie er dieses Houdini-Kunststück mit der Unterwäsche anstellen sollte, insbesondere nicht vor zweihundert Augenpaaren, die mein Scheitern registrierten.

Mein *gaman* schwand dahin.

Mit dem Arzt führte ich ein ungewöhnlich kurzes Gespräch. Er konnte soviel Englisch wie ich Japanisch. Als er mir bedeutete, den Mund weit aufzumachen, gab ich unaufgefordert ein »Aaah!« von mir, wie ich das auch in Amerika getan hätte, und er fiel fast vom Stuhl.

»Warum *machen* Sie das?« wollte er wissen, und er klang sowohl verletzt als auch angegriffen.

Später erfuhr ich, daß der ganze Vorgang in Japan leiser abläuft. Sichtbar erleichtert schickte der Arzt mich zu einer anderen Schlange.

Hier fand die Röntgenuntersuchung des Brustkorbs statt. Zwei junge Männer mit modisch dauergewelltem Haar, wahrscheinlich Anfang Zwanzig, hatten den Traumjob, Hunderten von gutentwickelten Mädchen die Röntgenstrahlen zu verabreichen. Und mir. Wieder einmal wurde mir die Unvollständigkeit meiner früheren Erziehung bewußt: Die Mädchen traten an den Röntgenapparat, drückten sich dagegen und öffneten erst dann – ohne auch nur den Anflug einer Indiskretion – ihre Krankenhaushemden. Aufgrund der besorgten Blicke in meine Richtung wußte ich, daß sie damit rechneten, ich würde uns alle in Verlegenheit bringen, wenn ich an die Reihe kam. Aufmerksam *studierte* ich ihre Methode. Nachdem ich sie mit gutem Erfolg imitiert hatte, applaudierten doch tatsächlich die beiden Studentinnen hinter mir. Würdevoll schritt ich aus dem Röntgenzimmer.

»*Gambatte kudasai*!« (Nicht aufgeben! Machen Sie's gut! Viel Glück!) sagte eine der jungen Frauen zu mir, als ich ein wenig später im Auditorium stand und nicht wußte, was ich als nächstes tun sollte. Dann fügte sie in ausgezeichnetem Englisch hinzu: »Es ist fast vorbei. Sie müssen nur noch eins tun.« Sie brachte mir einen durchsichtigen Plastikbecher von dem Wagen, den ich neben der Tür übersehen hatte. »Sie gehen dahin« – sie deutete auf die Toiletten – »und bringen das dann zur Schwester vorne im Raum. Das wär's dann!«

Schon als ich ihr dankte, ahnte ich voller Schrecken, was als nächstes kommen würde: Die Medizin, die ich wegen einer unbedeutenden Blasenentzündung nehmen mußte, färbte meinen Urin zu jenem ausgefallenen Azurblau, wie es auf alten japanischen Drucken zu finden ist.

»*Aoi! Aoi!*« (Blau! Blau!) hörte ich es flüstern, als ich in meinem Minikittelchen durch das überfüllte Auditorium ging und den Plastikbecher vor mir hertrug. Die wohlerzogenen jungen Studentinnen der Kansai Women's University führten sich auf wie Hooligans, verließen ihre Reihen und versuchten, selbst einen Blick zu erhaschen, ehe sie mit »*Aoi! Aoi!*« in den Chor einfielen. Nie zuvor war ich Gegenstand solcher Bewunderung und Ehrfurcht gewesen.

»Wissen Sie, Sie hätten wirklich nicht zu diesem Check-up gehen müssen«, sagte mir eine meiner neuen Kolleginnen, eine Amerikanerin, als ich mich ein paar Tage später wieder ins Büro der Anglistischen Fakultät schlich. »Keiner von uns geht da hin.«

»Sie haben davon gehört?« fragte ich.

»Wir sind in Japan, Cathy! Natürlich habe ich davon gehört – wir alle. Daran müssen Sie sich gewöhnen. Dies hier ist ein 120-Millionen-Dorf. Hier kann man nicht viel machen, ohne daß es alle mitbekommen.«

Sie fand das Ganze sehr komisch. Sinkenden Mutes machte ich mir klar, daß wirklich jeder, der mir in den nächsten paar Wochen über den Weg laufen würde, von meinem *aoi*-Unglück gehört haben würde. Soviel zum Thema ›guten Eindruck machen‹!

Ich wollte wissen, warum die Sekretärin des Fachbereichs mir nicht gesagt hatte, daß ich diese Untersuchung schwänzen könnte. Meine Kollegin erklärte mir, an einem Ort wie der KWU, der japanischen Eliteuniversität für Frauen, hätten Status und Höflichkeit eine besonders große Bedeutung. Für eine Sekretärin sei es sehr peinlich, einer *sensei* (Lehrerin) zu sagen, was sie zu tun habe und was nicht.

Sie erzählte mir von einem ausländischen Gastprofessor, der auf dem Bahnsteig zu einem seiner Studenten gesagt hatte: »Das ist doch der Zug nach Osaka?« und darauf ein »Ja« als Antwort erhalten hatte, obwohl es gar nicht stimmte. Es wäre gegen alle Regeln der Höflichkeit gewesen, ihn darauf hinzuweisen, daß er sich irren könnte. Hätte er gefragt: »Entschuldigen Sie bitte. Können Sie mir sagen, welches der Zug nach Osaka ist?« so hätte er den richtigen Zug erwischt. Meine Situation war sehr ähnlich gelagert. Ich war eine *sen-*

sei, und die Sekretärin wäre sich überheblich vorgekommen, wenn sie meine Annahme, an der Untersuchung teilnehmen zu müssen, korrigiert hätte. Sie konnte mir aber auch nicht sagen, daß die Notiz gar nicht das meinte, was draufstand. Es war eine offizielle Mitteilung; die Universität kam ihrer Pflicht nach, indem sie jährliche Untersuchungen anbot; die Studentinnen kamen der Forderung nach, doch die meisten Fakultätsmitglieder warfen den Zettel einfach weg. »Es ist wie die Nichtbeachtung der 55-Meilen-Geschwindigkeitsbeschränkung auf den Highways in Amerika«, sagte meine Kollegin.

»Sie haben mir meine Arbeit nicht leichter gemacht«, neckte mich eine der ausländischen Lehrerinnen an der KWU Junior-Highschool ein paar Wochen später. »Meine japanischen Schülerinnen kommen schon mit der Überzeugung hierher, daß das japanische Gehirn anders ist als das unsere, daß ihre Zunge anders geformt und ihr Blut dicker ist. Ich kann Ihnen gar nicht sagen, wie oft ich mir in diesem Schuljahr habe anhören müssen, daß Japaner und *gaijin* vor allem deshalb unterschiedlich aussehen und handeln, weil die *gaijin* blaues Pipi haben.«

Es war ein anekdotenhafter Einstieg in die neue Kultur, doch damals fand ich es gar nicht lustig. Ich war in Japan, um etwas zu sehen, zu erfahren, zu lernen, zu verstehen. Ich wollte eine gute Touristin sein, aufgeschlossen für neue Erfahrungen, neue Sehenswürdigkeiten und Klänge. Bis zu dem Augenblick, als ich mein Krankenhaushemd anzog, wäre es mir nie in den Sinn gekommen, daß ich selbst zu einer Sehenswürdigkeit werden könnte – Untersuchte, nicht nur Untersuchende.

Ich weiß nicht recht, ob ich es eine Feuertaufe nennen soll, aber dieses Erlebnis lehrte mich, daß ich auch würde scheitern können – egal, wie intensiv ich mich auch bemühen würde, diese für mich neue Kultur zu verstehen und mich ihr so gut wie möglich anzupassen. Es würden noch mehr peinliche oder schmerzliche Augenblicke, Mißverständnisse, Konflikte, Unklarheiten, Enttäuschungen auf mich zukommen. Da ich nicht zu denen gehöre, die sich weniger sorgen, wenn sie ohnehin mit einem Mißlingen rechnen, mußte ich mir gut zureden. Eine Nation, die das Häßliche tolerierte und sich gleichzeitig ihren Blick für das Schöne bewahrte, würde wahrscheinlich zum Verzeihen bereit sein. Denke dir Gärten in dieses städtische Chaos, sagte ich mir. Denke dir Buddhas inmitten des Autogehupes.

Als ich zu meiner Wohnung in Nigawa zurückging, vorbei am letzten strohgedeckten Haus und im Schatten der Kirschbäume, die zur Blüte drängten, wurde mir klar, daß ich Japan sah, dabei aber zugleich auch mich neu wahrnahm. Das also, dachte ich, sind Sinn und Chance des Ausländerseins. Gesehen werden und selbst sehen, sich begeistern können und sich eingeschüchtert fühlen. So begann ich mein Jahr in Japan.

2 Ausländer

Als wir uns einmal damit abgefunden hatten, Ausländer zu sein, beschlossen Ted und ich, alle anderen Ausländer zu meiden. Diese Entscheidung wird von vielen Nordamerikanern getroffen, die zum erstenmal in einem anderen Land leben. Wir wollten unsere Japanerfahrung pur und ungefärbt. Dann trafen wir interessante Leute, die zufällig keine Japaner waren und beschlossen, unsere puristischen Vorstellungen lieber fallenzulassen. Wo sonst wären wir jemandem wie Maryvonne begegnet, einer von der japanischen Kunst beeinflußten französischen Malerin, deren japanischer Ehemann *Ichirō* Lautenspieler ist und mittelalterliche französische Musik aufführt? Oder Becky, einer Englischlehrerin und jungen Mutter, die heitere, von der Zen-Kalligraphie beeinflußte Tuschzeichnungen anfertigt und sich gemeinsam mit japanischen Feministinnen für die Gleichbehandlung von Frauen in Japan und auf der ganzen Welt einsetzt? Oder Sally, die Toshi heiratete, bevor sie Japanisch und er Englisch sprach. Auf einer der lustigsten Parties, die wir je erlebten, führte sie uns pantomimisch vor, wie Toshi die Notwendigkeit der Empfängnisverhütung in ihrer ersten gemeinsam verbrachten Nacht zum Ausdruck brachte.

»Ich mußte an all die amerikanischen Männer denken, die das Wort ›Kondom‹ kennen, aber nie daran denken, eins zu benutzen«, scherzte Sally, »und beschloß dann auf der Stelle, lieber diesen Jungen zu heiraten!«

Für die Japaner mögen wir alle *gaijin* sein, doch Ted und ich unterschieden schon früh zwischen solchen Ausländern, die sich ein Gefühl der Bewunderung (was nicht unreflektierte Bejahung heißen soll) für das von ihnen gewählte Land bewahrt hatten, und jenen, die wir die *»gaijin-gaijin«* nannten – *fremde* Ausländer. Diese ziehen es vor, unter ihresglei-

Der Kuckuck vor dem Fuji, von einem Reisenden beobachtet

chen zu bleiben und sich ihre eigene Gemeinschaft zu schaffen – so abgegrenzt wie möglich vom restlichen Japan.

In den japanischen Städten ist das nicht schwer. Beinahe in jeder gibt es ein oder zwei Lebensmittelgeschäfte, die sich auf Auslandsimporte spezialisiert und westliche Nahrungsmittel im Angebot haben, von Mars-Riegeln und Cheerios bis hin zu gefrorenen Truthähnen und T-Bone-Steaks. Englischsprachige Zeitungen und Zeitschriften sind leicht erhältlich, einige davon werden sogar in Japan publiziert. Es gibt englische Reiseführer, die englischsprechende Ärzte und Zahnärzte aufgelistet haben oder Ratschläge für eher esoterische Angelegenheiten erteilen wie beispielsweise das Erlangen eines Führerscheins, ohne auch nur ein Wort Japanisch zu sprechen. Es gibt englischsprachige Schulen und Kirchen sowie Institutionen für ausländische Frauen, die japanische Männer geheiratet haben, es gibt Klubs, die japanische Besucher nur dann zulassen, wenn sie Gäste der regulären Mitglieder sind. Ein *gaijin-gaijin* kann jahrelang in Japan leben, ohne jemals die Sprache zu erlernen oder in mehr als oberflächlichen Kontakt zu den Japanern zu treten.

Unsere erste Begegnung mit den *gaijin-gaijin* hatten wir ein paar Wochen nach unserer Ankunft. In einer der hiesigen englischsprachigen Zeitschriften sahen wir die Ankündigung einer Gruppe, die sich Kansai Foreign Travelers nennt. Sie wurde von einem Herrn Tanaka geleitet, einem Japaner mittleren Alters, der, wie wir später herausfanden, nach dem Krieg von Amerikanern ausgebildet worden war und deshalb – als eine Art Wiedergutmachung – einmal im Monat Ausländer zu jenen Plätzen führte, die diese alleine nicht entdecken würden. Wir schickten Herrn Tanaka, wie in der Anzeige gefordert, einen frankierten Rückumschlag, und er versorgte uns postwendend mit den Anweisungen für unseren Ausflug: Samstagmorgen mit dem Vorortzug um 8.01

Uhr nach Nishinomiya. Umsteigen in die Linie nach Kobe, Expreßzug um 8.20 Uhr. Aussteigen in ...

Aus Sorge, einer dieser Züge könnte Verspätung haben, brachen Ted und ich frühzeitig auf und mußten dann zusammen mit ein paar anderen *gaijin*, die auch erst vor kurzem ins Land gekommen waren, an unserem Ziel warten. Herr Tanaka traf eine halbe Stunde später mit dem Zug um 10.13 Uhr ein, genauso, wie es in seinen Anweisungen gestanden hatte. Mit dem gleichen Zug kam auch eine Gruppe von Ausländern an, die schon seit längerem in Kobe lebten.

Unser Tag in Tatsuno, einem alten Samurai-Dorf, das nicht nur für seinen Sake, sondern auch für seine *soba* (Buchweizennudeln) berühmt ist, ließ sich nicht gut an. Die Gruppe aus Kobe grummelte, als sich ein Frühlingsschauer zu einem Dauerregen entwickelte. Eine Frau wollte lautstark wissen, warum Herr Tanaka nicht einen Tag mit besserem Wetter ausgesucht habe. Ein Mann antwortete, in Japan gäbe es keine schönen Tage und es könne alles nur noch schlechter werden. »Warten Sie nur bis zum Sommer«, sagte er. »John Steinbeck verglich ihn mit dem Einatmen warmen Bluts.« Vom Wetter kamen sie zu anderen Dingen, die ihnen an Japan mißfielen.

Wir waren zu sehr damit beschäftigt, Tatsuno zu bewundern, als uns von ihrem Gemeckere irritieren zu lassen. Der Ort war wie eine Bühnenkulisse: Lehmwände und verwitterte Holzhäuser, ein Bambuswäldchen, das sich tief unter dem Regenguß beugte, Nebelfetzen, die an den Hügeln klebten.

»Ich fühle mich wie in einem Film von Kurosawa!« rief Ted.

Zum erstenmal seit unserer Ankunft hatten wir das Japan unserer Träume gefunden, und wir ließen uns Zeit, es zu genießen.

»Wo sind die anderen?« fragte ich nach einer Weile, als ich verblüfft feststellte, daß wir ganz alleine waren. Irgendwo in Tatsunos gewundenen und labyrinthähnlichen Straßen mußte der Rest unserer Gruppe eine andere Richtung eingeschlagen haben.

»Ich glaube, wir haben uns verirrt«, sagte Ted.

Ich holte unser Informationsblatt hervor, auf dem der Name der *ryokan* geschrieben stand, in der wir gemeinsam zu Mittag essen sollten. In einfachem Japanisch fragte ich einen Ladenbesitzer, wo diese Wirtschaft sein könne. Er war so überrascht, von zwei *gaijin* angesprochen zu werden, daß er kaum antworten konnte. Er wies uns die Richtung, drehte sich dann aber um und verschwand im dunklen Hinterzimmer seines kleinen Ladens.

Wir gingen in die Richtung, die er uns gezeigt hatte, fanden unsere *ryokan* aber nicht. Wieder fragten wir, diesmal zwei kichernde Mädchen von der Highschool, die sich freuten, ihr Englisch ausprobieren zu können. Sie führten uns durch die schmalen Gassen zum großen Holztor der *ryokan*. Glücklich, weil sie mit ihrem Englisch Erfolg gehabt hatten, hüpften sie davon.

Wir waren naß, hungrig – und verzückt. Eine Bedienung half uns, unsere nassen Schuhe und Regenmäntel im *genkan* (Eingang) abzulegen. Sie gab uns dann Pantoffeln, auf denen wir einen langen Flur entlanggingen, der zu einem Tatami-Raum führte. Dort saßen oder knieten die anderen aus unserer Gruppe vor niedrigen Tischen, wurden von Frauen in Kimonos bedient, aßen hausgemachte *soba*-Nudeln und tranken dazu den heimischen Sake. Wir waren begeistert, aber das Gespräch drehte sich noch immer um das Negative an Japan.

»Seht euch nur den Tisch an!« schimpfte ein großer Mann. »Ich kann nicht einmal davor knien. Man sollte meinen, inzwischen hätten sie kapiert, daß es auf dieser Welt auch größere Menschen gibt!«

»Man könnte meinen, inzwischen hätten sie dahinterkommen müssen, daß es bequemer ist, auf Stühlen zu sitzen«, stänkerte ein anderer.

Bei jedem Gericht, das aus der Küche kam, hielt ein selbsternannter Essenspolizist aus der Gruppe etwas zwischen seinen Stäbchen hoch und fragte Herrn Tanaka, was das sein könne. Nachdem Herr Tanaka geantwortet hatte, nahm der Essens-Polizist entweder versuchsweise einen Bissen oder ließ das Stück gleich auf das Lacktablett zurückfallen, auf dem es serviert worden war. Als er gerade wieder einen Gang verweigerte, erzählte jemand von einem Freund, der sich von seiner Firma eine Jahresration Dosen hatte liefern lassen, um nicht dauernd »dieses Zeug« essen zu müssen.

Der Rest des Nachmittags verging in ähnlicher Weise, wobei das Murren die anderen *gaijin-gaijin* zu Verbündeten machte. Auf der Zugfahrt nach Hause saß Herr Tanaka mit versteinertem Gesicht da, und es hatte den Anschein, als nähme er die Klagen um ihn herum nicht wahr. Ich versuchte mir vorzustellen, was er denken mochte, aber er verriet mit keiner Miene seine Gefühle für diese Fremden, die sein Land verhöhnten. Als wir zu unserer Station kamen, bedankten Ted und ich uns überschwenglich: Tatsuno war der schönste Platz, den wir bisher gesehen hatten. Er nickte nur und winkte uns durchs Zugfenster nach.

Wir machten noch einen zweiten und einen dritten Ausflug mit den Kansai Foreign Travelers. Die Sehenswürdigkeiten waren faszinierend, doch wir schrieben Herrn Tanaka dann doch, daß wir wegen Terminschwierigkeiten auf die Gruppe verzichten müßten. Der wirkliche Grund war, daß wir die *gaijin-gaijin* nicht mehr aushielten. Ihr unaufhörliches anti-japanisches Wortbombardement war einfach unerträglich.

Von den Ausländern in Herrn Tanakas Exkursionen habe ich gelernt, auf welch unterschiedliche Weise Fremde Japan wahrnehmen können. Mir kam es merkwürdig vor, daß sie alle Japan reserviert gegenüberstanden – gleichzeitig lehnten sie es aus scheinbar widersprüchlichen Gründen ab. Manche waren darüber enttäuscht, daß Japan nicht amerikanischer war. Sie beklagten sich, weil man in den McDonald's, die in und um Kobe aus dem Boden schossen, nicht einmal einen anständigen Burger bekam. Andere wünschten sich ein weniger entwickeltes, exotischeres Japan und berichteten wehmütig von früheren Versetzungen nach Nepal oder Sri Lanka, wo man, wie sie sich melancholisch erinnerten, sich mit seinen harten Dollars eigene Köche, Gärtner in Dauerstellung, Chauffeure und Zimmermädchen leisten konnte. Diese *gaijin-gaijin* ärgerten sich über Japans Reichtum *und* die Unbequemlichkeit, in engen Unterkünften leben zu müssen; sie vermißten vor allem die Annehmlichkeiten, die westlichen Geschäftsleuten in Ländern der Dritten Welt gewährt werden. Für sie war Japan schon genauso wie Amerika, schlimmer als Amerika.

All diese widersprüchlichen Einstellungen gegenüber Japan haben einen wahren Kern. Aus amerikanischer Perspektive kann einem Japan als eine extremere Form der Vereinigten Staaten erscheinen: geschäftiger (mehr Menschen pro Quadratkilometer) und arbeitsbesessener (weltweit eine der längsten Arbeitswochen). Doch wer daraus ableitet, daß Japan so wurde, weil es Amerika »kopierte«, liegt absolut falsch. Japan *ist* anders. In philosophischer und sozialer Hinsicht ist es trotz seiner ausufernden Modernisierung eines der am wenigsten »amerikanisierten« nicht-westlichen Länder. Das japanische Wertesystem hat sich trotz massiver Anleihen beim Westen nur wenig verändert.

Ich denke, dies ist ein Grund, warum wir Amerikaner so häufig irritiert sind. Auf den ersten Blick wirkt Japan vertraut, doch dicht unter der Oberfläche ist es ganz und gar nicht mehr westlich. Wir haben nicht einmal einen Begriff für Japans Wirtschaftssystem: Obwohl die Politik entschieden antikommunistisch ist, gibt es eine aktive sozialistische Oppositionspartei. Die Liberaldemokratische Partei (LDP), seit dem Zweiten Weltkrieg an der Macht, hat eine »Planwirtschaft« installiert, die das Wirtschaftsleben sowie die Bereiche Forschung und Entwicklung sorgfältig steuert und auch subventioniert. Das Ideal (von der Realisierung weit entfernt) ist der Mittelschichtsstaat. Es gibt eine staatliche Gesundheits- und Kinderfürsorge, leistungsbezogene Löhne für Angestellte und Beamte sowie relativ niedrige Gehälter für Spitzenmanager. Die Kluft zwischen Arm und Reich ist längst nicht so groß wie in den Vereinigten Staaten. Dennoch betonen die Japaner, ihre ökonomischen Grundlagen orientierten sich am amerikanischen Vorbild der fünfziger Jahre.

Einhundert Jahre Missionsarbeit haben Japans religiösen Traditionen jedoch wenig, wenn überhaupt etwas anhaben können. Die meisten Japaner praktizieren sowohl Buddhismus als auch Shintoismus (ein Eklektizismus, der Abendländern ein Rätsel ist). Weniger als zwei Prozent der japanischen Bevölkerung sind Christen, daraus ergibt sich die niedrigste Konversionsrate der Welt, und viele derjenigen, die nominell konvertieren, tun dies hauptsächlich deshalb, weil »ich bin Christ« in Japan ein gängiges Kürzel für »ich bin anders« ist. Eine der radikalsten japanischen Aktivistinnen, die ich je kennenlernte, ist Christin; ich kenne einige Feministinnen, die konvertierten, um damit ihre Entscheidung zum Dasein als alleinerziehende Mutter oder Single zu »rechtfertigen«. Das ist auch sehr japanisch: sich eines wesentlichen Elements der westlichen Kultur (Christentum) zu bedienen, um sich damit von den gesellschaftlichen Normen des eigenen Landes abzugrenzen.

Ich kenne einen Mann namens »Kūpā« (nach Gary Cooper), der Cowboyhemden, Lederweste, Wranglers, eine Rodeo-Gürtelschnalle, Western Boots, einen Stetson und haufenweise perlen- und türkisbesetzten Indianerschmuck trägt. Kūpās Silberhaar ist schulterlang, im Buffalo-Bill-Stil. »Er ist mit einer Katholikin verheiratet«, sagen seine Freunde zur Erklärung. Kūpā spricht übrigens kein Wort Englisch und hält sich für einen typischen Japaner.

Ich mag Leute wie Kūpā. Ich habe einige Freunde – in beiden Ländern –, die in fast jeder Hinsicht »außerhalb stehen«. Oder – besser gesagt – die ihre eigene Mitte haben. Und ich empfinde *ganz* Japan so, nicht nur, weil es nicht meine eigene Kultur ist, sondern weil die Japaner, mit denen ich in Kontakt komme, selbst auf der Suche nach einer Andersartigkeit sind. Auf den Punkt gebracht heißt das: wenn ich in Japan bin, stehe ich als eine *gaijin* notwendigerweise »außerhalb« und fühle mich dabei wohl. Ohne die klassische Einzelgängerin zu sein, weiß ich doch den einsamen, unabhängigen Teil in mir zu schätzen und freue mich an der Leichtigkeit, mit der ich diesen Status in Japan erreichen kann.

Wie die meisten Ausländer kann auch ich mich neuen Situationen gut anpassen (sonst würde ich nicht so gerne reisen), doch ich bin auch ein wenig Außenseiterin (sonst hätte ich nicht von zu Hause weggewollt). Die Japaner, die ich am liebsten mag, teilen meine ambivalenten Vorlieben. Neulich las ich in einer Umfrage, daß sich vierzig Prozent der Japaner keinen Kontakt zu Ausländern wünschen. Die Amerikaner gehen mit ihrer Fremdenfeindlichkeit vielleicht nicht so ehrlich um, aber die Mehrheit der Amerikaner verspürt sicher auch keine große Lust, sich mit Ausländern abzugeben. Da ich eine *gaijin* bin, ziehe ich Menschen an, die über kulturelle Differenzen hinwegsehen und doch bereit sind, eine gewisse Distanz zu akzeptieren. Jede wirkliche Freundschaft, die ich in Japan geschlossen habe, beruht auf dem Gefühl, daß ich, sooft ich nach Japan zurückkehre, immer nach Hause komme.

Beziehungen, die sich auf vorübergehende Nähe und vorhersehbare Trennungen gründen, sind von besonderer Intensität. Der unvollkommene, flüchtige Gedankenaustausch scheint um so wichtiger, ja sogar bedeutungsvoller zu sein. Ich denke dabei an Herrn Takeshita, den *maître d'hôtel* des Crillon, unseres französischen Lieblingsrestaurants in Osaka. Bei jedem unserer Besuche schaffte er es, sich mit uns zu unterhalten. Es war ein improvisiertes Zusammenspiel seines armseligen Englisch und unseres noch dürftigeren Japanisch. Er gab uns seine *meishi* (Visitenkarte) und erbat sich unsere, und eines Tages rief er zu unserer Überraschung an und lud uns in sorgfältig einstudiertem Englisch ein, mit ihm einige seiner Lieblingsrestaurants in Osaka zu besuchen. Lachend und scherzend verbrachten wir den Abend in gemütlichen Eckkneipen, wälzten Wörterbücher, die jeder von uns mitgebracht hatte, und wenn die Sprache versagte, kamen Gestik und Mimik zum Einsatz. Als wir in diesem Jahr das Crillon zum letztenmal aufsuchten, erzählte er uns, er mache einen Englischkurs und lerne fleißig, damit er uns schreiben könne. Wir schreiben uns jetzt seit einigen Jahren – in einer Sprache auf unterstem Niveau zwischen Englisch und Japanisch:

Lieber Mr. Ted und liebe Mrs. Cathy,
was ist Ihr Ziel für die Zukunft? Mein Lebensziel ist es, ein Geschäft im Ausland zu leiten. Die Welt verhungert vor Hunger. Ich würde gerne meinen Beitrag in der Gesellschaft leisten. Mein Alter ist jetzt fünfunddreißig Jahre. Ich möchte das gerne erreicht haben, bis ich fünfundvierzig bin.

Ich darf gar nicht daran denken, welche Fehler ich mache, wenn ich versuche, ihm auf japanisch zu antworten.

Doch um Fehler geht es nicht. Ausländer zu sein, insbesondere in einem Land, dessen Sprache man nicht fließend beherrscht, bringt einen merkwürdigen Filtereffekt mit sich. Für gewöhnlich nimmt man die einen umgebende Alltagssprache als eine Art weißes Rauschen wahr, bedeutungsloses Gemurmel, das in seiner Beziehungslosigkeit fast beruhigend wirkt. Wenn aber ein Gespräch stattfindet, scheint dieses *mehr* Bedeutung zu haben (selbst wenn man gar nicht dahintersteigt, um was genau es eigentlich geht). Ich kann die Dringlichkeit nachempfinden, mit der Takeshita-san seine Lebensziele auszudrücken versucht, ohne daß sein englischer Wortschatz dem gewachsen wäre, und die kindliche Freude, wenn kulturelle und sprachliche Lücken auf wunderbare Weise überbrückt werden. Ein Verstehen über solche Barrieren hinweg ist wie eine Offenbarung.

Intensität, Neuheit, Eindringlichkeit, Überraschung: das alles bedeutet für mich, eine *gaijin* zu sein. In Japan bewege ich mich auf fremdem Territorium, auf einem fast verbotenen Gebiet, das schwer einzuschätzen ist. Ein exzentrischer Amerikaner, der seit der Besatzungszeit in Japan lebt, pflegte zu sagen, daß ihm nur bei seinen Besuchen in Amerika bewußt werde, nichts als ein alter, griesgrämiger Miesepeter zu sein. In Japan dagegen verkörpert er eine Rolle, den *henna gaijin* (den verrückten Ausländer), und in dieser geht er voll und ganz auf.

Ich bin mir nicht immer im klaren darüber, welche Rolle ich spiele, wenn ich in Japan bin. Einige meiner Freunde sagen, daß sie sich in meiner Gegenwart leichter über Regeln hinwegsetzen können und das Gefühl haben, sich offener geben zu können. Die bloße Tatsache, mit einer Ausländerin zusammenzusein, stellt sie außerhalb des Bereichs des üblichen Verhaltens und der gewöhnlichen Reaktionen. Sie werden zu einer eigenen Gattung »Japaner mit Ausländer« und sind dadurch weniger gehemmt, weil andere ihnen nicht soviel Beachtung schenken. Für sie bin ich Freundin, aber ich stelle auch eine Rechtfertigung für ihr un-japanisches Verhalten dar – im Grunde eine Ironie, denn ich bin mit ihnen ja zusammen, *weil* sie Japaner sind.

Japan gestattet auch mir, mich un-amerikanisch zu verhalten und auf eine Art und Weise zu empfinden und zu handeln, wie ich es in Amerika nur zögernd tun würde. Während eines Sommers, den wir mit den Danceries – der von *Ichirō* geleiteten und von seiner Frau Maryvonne gemanagten Musikgruppe – auf den Oki-Inseln verbrachten, warteten wir auf den einzigen Inselbus. Es regnete in Strömen, und wir standen an einer entlegenen Haltestelle. Keiner war sich sicher, ob der Bus überhaupt noch kommen würde, so spät am Nachmittag und bei so entsetzlichem Wetter. Die anderen Japaner, die an der Haltestelle warteten, schienen nicht gerade erfreut darüber zu sein, ihr Schicksal mit drei japanischen Musikern und zwei *gaijin*-Frauen teilen zu müssen. Wir kamen ihnen sehr merkwürdig vor. Meine Freunde trugen zwei oder drei Pullover übereinander und jeder hatte sich ein Strandlaken um die Schulter geschlungen, um es wärmer zu haben. Bei meinem Schirm hatte sich das Innere nach außen gekehrt, und seine Speichen ragten bedrohlich in den dunklen Nachmittag. Meine Plastikregenjacke war daran hängengeblieben und eingerissen. Wir vertrieben wir uns die Wartezeit mit dem Singen von »Singing in the Rain«. Ohnehin schon naß bis auf die Haut, verließ ich den kleinen Unterstand der Haltestelle und versuchte mich in einer Vorführung von Gene Kellys berühmter Tanznummer, indem ich durch die Pfützen steppte und mit meinen durchweichten Absätzen stampfte.

»Ich glaube, wir machen diesen Menschen Angst«, flüsterte plötzlich Maryvonne, die seit zwanzig Jahren in Japan lebt.

Es überraschte mich zu sehen, daß die anderen Japaner an

der Bushaltestelle – auf einer einsamen Insel inmitten eines wütenden Gewittersturms – uns wirklich anschauten, als teilten sie das Haltestellenhäuschen mit einem Trupp Wahnsinniger.

»*Gomen nasai.*« Ich und meine Freunde machten eine tiefe Verbeugung der Entschuldigung und mußten hart dagegen ankämpfen, nicht vor Lachen loszuprusten.

»Glaubt ihr, sie wären genauso erschreckt gewesen, wenn eine Japanerin anstatt einer *gaijin* im Regen getanzt hätte?« fragte ich *Ichirō* später, als wir in trockenen Kleidern im Hotel waren.

»Ich glaube, nur ein *gaijin* führt einen Steptanz im Regen auf«, neckte er mich.

»Doch ich habe es nicht getan, weil ich eine *gaijin* bin. Daheim in Amerika hätte ich ruhig und respektvoll mit den anderen Passagieren gewartet, wie es eine gute Japanerin macht!«

Das ist eine Bemerkung, über die ich seit damals viel nachgedacht habe. Wenn ich in Japan bin, fühle ich mich freier als in Amerika, weniger verantwortlich, denn als Ausländerin wird von mir fast schon erwartet, daß ich mich merkwürdig verhalte. In dieser Kultur, die Konformität so hoch bewertet, werde ich nie vollkommen konform sein, und gerade deshalb kann ich so frei agieren, wie ich möchte. Das ist das berauschende Gefühl, das die meisten Reisenden genießen, die Freiheit, die man empfindet, weil man nicht verantwortlich ist und nicht verantwortlich gemacht werden kann.

Es wäre jedoch ein Mißverständnis, daraus zu schließen, daß ich Japan mag, weil ich mich dort freier fühle. Ausländerin in Japan zu sein ist manchmal äußerst einschränkend. Häufig bin ich das Objekt der Aufmerksamkeit, allein schon durch mein Aussehen, und manchmal möchte ich nichts lieber als mich verstecken, mich untermischen, weniger auffällig, japanischer sein. Wie andere *gaijin* (und ganz besonders weiße Amerikaner) fühle ich mich oft in die Rolle eines Modells oder Vorbilds gepreßt, wo jede meiner Handlungen beobachtet und seziert wird. Anstatt am Rande zu stehen, gerate ich unversehens in den Mittelpunkt und werde zu derjenigen, die beobachtet wird.

Trotz all ihres Gespürs für Eventualitäten und trotz des gepriesenen Relativismus ihrer buddhistischen Ursprünge – vielleicht auch *wegen* dieser relativistischen Wurzeln – wird das kollektive Verhalten der Japaner von ausgeklügelten Regeln bestimmt, die für individuelle Möglichkeiten und Vorlieben kaum noch Platz lassen. Eins der ehrwürdigsten Sprichwörter in Japan lautet: »*Mochi wa mochiya*« – »Wenn du Reiskekse willst, mußt du zum Reiskeksbäcker gehen.« In anderen Worten, wenn du etwas haben willst, mußt du zu einem Fachmann gehen, und tue nichts, ehe du es richtig geplant hast.

Ich steige an einem regnerischen Tag in den Zug, und als ich meinen Taschenschirm wegpacken will, sehe ich, daß die Leute auf der anderen Gangseite mir mit entsetzten Gesichtern zuschauen. Ich drehe mich um und sehe, daß auch die übrigen Mitreisenden vorwurfsvoll blicken. Ich kann die Quelle dieser kollektiven Mißbilligung nicht ausmachen, aber ich fühle sie. Erst als ein paar neue Passagiere nach der nächsten Haltestelle ihre Schirme zusammenlegen, ordentlich, tadellos, jeder Winkel und jede Falte in genauer Entsprechung zur folgenden, wird mir der Grund des allgemeinen Unmuts klar: Ich löse das Halteband und versuche, meinen Schirm auf die richtige Art und Weise zusammenzufalten. Jetzt lächelt man mir von allen Seiten zu, ein strahlender Beifall, wie man ihn normalerweise nur einem Zweijährigen zuteil werden läßt, der gerade lernt, mit seinen Eßstäbchen umzugehen. Selbst jetzt, wieder daheim in Amerika, ist es mir nicht möglich, einen Schirm einfach nur zusammenzurollen und in seine Hülle zu quetschen.

In meinem zweiten oder dritten Monat in Japan zog Maryvonne, die normalerweise Jeans trägt, mich wegen meiner »KWU-Uniform« auf, lästerte über meine züchtigen Kleider, Röcke und Strümpfe, den zurückhaltenden Einsatz von Accessoires. Ohne es richtig zu merken, hatte ich mich mehr und mehr meinen Kolleginnen und meinen Studentinnen an der Kansai Women's University angepaßt.

»Es regt dich auf, nicht wahr?« sagte Maryvonne eines Tages beim Tee. »Und zwar deshalb, weil die Leute hier erwarten, daß du ständig ›Amerikanerin‹ bist. Du kommst dir ausgestellt vor.«

Genau das empfand ich. Oftmals treten Japaner vor ihrer Amerikareise auf der Straße oder in einem Restaurant an mich heran, um eine Stegreiflektion in Benimmregeln zu erbitten. Auf einem dicht gedrängten Bahnsteig in Kobe wurde ich von einer Frau angesprochen, die von mir wissen wollte, wie – genauer Platz und Winkel – ich als Amerikanerin meine Schultertasche trage. Ein andermal beobachtete mich eine Mutter, als ich mir den Schnürsenkel band und wandte sich dann sofort an ihr Kind, damit es seinen Schuh auf die gleiche Art und Weise schnürte, wie ich es getan hatte.

»Glaubst du nicht, das kommt daher, weil *sie* diejenigen sind, die sich fremd fühlen?« fragte Maryvonne, als ich mich wieder einmal beklagte, eine wandelnde Demonstration des modernen westlichen Lebens zu sein.

Während der letzten hundert Jahre ist praktisch jeder Aspekt des japanischen Lebens an seiner Oberfläche bis zur Unkenntlichkeit verwestlicht worden. Dinge, die für uns einfach oder »natürlich« sind – eine Handtasche zu tragen, Schuhe zu binden –, all das ist dem Westen entlehnt. Ein älteres »reines« Japan gibt es heute nur noch in den beliebten Samuraishows des japanischen Fernsehens. Vergangen ist die Welt, in der ein Ärmel des Kimonos alles beinhaltete, was man brauchte, und in der man hohe Holzsandalen trug, *geta*, die dafür entworfen worden waren, nicht mit dem Schmutz auf der Straße in Berührung zu kommen und die man leicht abstreifen konnte, wenn man über eine Türschwelle trat.

Amerikaner werden in Japan oft zu Rollenvorbildern, denn der Westen hat zwar jeden materiellen Aspekt in Japan durchdrungen, die japanischen Werte jedoch nicht abgelöst. Trotz der japanischen Sucht nach Baseball oder Kentucky Fried Chicken oder Rockmusik bleiben wir ihnen so unbegreiflich wie sie uns manchmal erscheinen.

Ted und ich sind eines Abends zum Essen im Crillon. Das Restaurant liegt im obersten Stockwerk eines eleganten Gebäudes in Osaka, und im glühenden Sonnenuntergang hinter der Stadt sehen selbst die schmutzigen Wasserstraßen hübsch aus. Aus dieser Entfernung erinnern sie uns an die Brücken der Seine.

Uns gegenüber sitzt ein japanisches Paar mittleren Alters, offenbar Ehemann und Ehefrau. Das ist an sich schon ein ungewöhnlicher Anblick. Das Gesellschaftsleben nach der Hochzeit beschränkt sich meist auf gleichgeschlechtliche Geschäftspartner, alte Schulfreunde und Schulfreundinnen.

Diese beiden scheinen aufgeregt zu sein wie Frischvermählte. Wir bekommen mit, daß sie uns intensiv beobachten und sich Mut machen, uns anzusprechen. Bald wendet sich die Frau an unseren Tisch, verbeugt sich tief, entschuldigt sich dafür, unseren Abend zu stören, und erklärt dann, daß sie und ihr Mann bald nach Amerika reisen werden. Sie fragt uns, ob wir so freundlich wären, ihnen beim Essen ihrer Suppe zuzusehen. »Wir haben es geübt«, sagt sie, »aber wir sind uns nicht ganz sicher, ob wir es auch richtig machen.«

Eine japanische Suppe wird üblicherweise aus den randlosen Schalen getrunken (nicht gelöffelt). Nudeln oder andere

Ingredienzen werden mit Stäbchen herausgefischt, oft begleitet von einem lauten Schlürfen (was zur Etikette gehört, aber nur von wenigen Westlern vollständig beherrscht wird). Der uns so vertraute Suppenteller ist anscheinend für japanische Touristen, die ihm zum ersten Mal begegnen, ein gewaltiges Hindernis, denn sie sind davon überzeugt, daß er eine größere Fähigkeit einfordert, als nur die Suppe mit einem Löffel zu essen.

Ich wußte schon, daß die Japaner sich strikte und formale Regeln für die westlichen Tischsitten erwarten. In einer Zeitschrift, die ich einmal im Wartezimmer meines Arztes in Nigawa durchblätterte, stieß ich auf einen bebilderten Artikel über den richtigen Platz für das Besteck im Verlauf einer westlichen Mahlzeit. Manche der Fotos (für meine Augen waren sie praktisch identisch) waren mit einem großen roten X ausgekreuzt. Verrutschte man die Gabel mit nur fünf Grad Abweichung von der Stelle, wo sie angeblich hingehört, war dies ein eindeutiger *faux pas.*

Das Paar mittleren Alters im Crillon hat anscheinend derartige Artikel studiert. Die Hände im Schoß, erwarten Ehemann und Ehefrau in gebeugter Haltung ihre Suppe. Gleichzeitig heben dann beide die linke Hand, um den Rand des Suppentellers an genau gleicher Stelle sanft zu berühren (sagen wir, genau in der 8 Uhr-Position des Randes). Dann nehmen sie den Suppenlöffel wie einen Bleistift, prüfen gegenseitig den Winkel des abgespreizten kleinen Fingers auf seine Richtigkeit, tauchen dann erstmals in den Teller ein, wobei sie den Löffel vorsichtig von sich wegbewegen. Schweißperlen bilden sich auf der Oberlippe des Mannes. Wir beeilen uns, ihnen zu versichern, daß sie es genau richtig machen.

»*Omedetō!*« (Glückwunsch!) nicken wir ihnen zu und loben sie, als hätten sie gerade den schwarzen Gürtel fürs Suppelöffeln erworben.

Wir wenden uns wieder unserem Essen zu, sind uns aber bewußt, daß wir genau beobachtet werden. Wir ertappen uns dabei, daß wir unsere Suppe mit einer Sorgfalt essen, die wir noch nie zuvor praktiziert haben. Als wir fertig sind, wendet die Frau sich mit einer weiteren Frage an uns. Wenn man den Teller schräg hält, um den letzten Löffel zu nehmen, in welchem Winkel muß der Teller dann gehalten werden? Wir haben lange genug in Japan gelebt, um zu wissen, daß es keine Antwort wäre, wenn wir sagten, das sei piepegal.

»Zwanzig Grad«, entscheidet Ted. Sie bestehen darauf, uns zu einem Fruchtlikör-Digestif einzuladen, um sich für unseren Rat erkenntlich zu zeigen.

»Was werden Sie in den USA besuchen?« fragen wir, ehe wir aufbrechen.

»Disneyland«, lächeln sie zurück.

Etwa in der Mitte meines ersten Jahres in Japan – 1980 – passierte etwas Merkwürdiges. Es war, als käme ich mit den Widersprüchen des Lebens als Ausländerin nicht mehr zurecht, und ich gelangte zu der Überzeugung, japanisch zu sein.

Nach nur sechsmonatigem Leben in einem japanischen Stadthaus mit nur ein oder zwei weiteren ausländischen Familien, dem Unterrichten von japanischen Studentinnen unter japanischen Kollegen, kam ich zu einem Punkt, an dem ich mir im Grunde meines Herzens sicher war, auch alle anderen müßten wissen, daß ich eine Japanerin sei. Ich ertrug es nicht mehr, wenn Ausländer mir vertraulich zunickten oder mich bei zufälligen Begegnungen auf englisch ansprachen. (Woher wußten sie das?) Es verstörte mich, wenn kleine japanische Kinder draußen auf dem Land mit dem Finger auf mich zeigten und riefen: »*gaijin*!« Mehr als einmal blickte ich mich auf der Suche nach dem gemeinten Ausländer um.

Meine Freunde und meine Familie berichteten, daß ich auf den Fotos, die ich nach Hause schickte, immer mehr einer Japanerin glich. Da ich einssiebzig groß bin, rotbraune Haare und braungrüne Augen habe, war dies eine ziemliche Überraschung für sie. Mir kam das vollkommen natürlich vor.

»Ich habe dieses Stadium auch durchgemacht«, bemerkte Maryvonne. Maryvonne malt eindringliche Landschaften, die sowohl an O'Keeffe als auch an Hokusai erinnern. Sie kommt aus Dijon in Frankreich, hat aber mit ihrem Mann und ihrem Sohn schon so lange in Japan gelebt, daß die Japaner gar nicht mehr wissen, wer oder was sie ist. Sie sieht aus wie eine Französin, aber sie spricht ein untadeliges idiomatisches Japanisch, was man einer *gaijin* normalerweise nicht zutraut, so daß sie oft von Taxifahrern und Geschäftsleuten gefragt wird, ob sie Japanerin sei. Doch wenn sie in Frankreich mit den Danceries auf Tour ist, erhält sie wegen ihres ausgezeichneten Französisch Komplimente, als sei auch sie eine Japanerin. Ich finde es schön, daß Maryvonne an dieser interkulturellen Verwirrung Spaß hat.

»Du kommst schon darüber hinweg«, tätschelt sie mir den Rücken. »Glaub mir, du bist *keine* Japanerin.«

Im Waschraum von Osakas elegantem Kaufhaus Mitsukoshi schaue ich eines Tages nach dem Händewaschen in den Spiegel und sehe mich von japanischen Schulmädchen umringt. Sie tragen ihre Schuluniformen, schwarze Trägerkleidchen mit weißen Blusen und ordentlichen schwarzen Fliegen am Hals. Ihre Haare sind schulterlang und glatt (Dauerwellen sind erst nach dem Abschluß erlaubt, und viele Teenager – männlich und weiblich – lassen sich dann auch prompt welche machen, ein Initiationsritual). Im Spiegel sehe ich ein Meer glänzender blauschwarzer Haare, blasser Gesichter, leuchtender dunkler Augen. Ich schaue mein eigenes Spiegelbild an: ein roter Rollkragenpullover unter einer violetten Bomberjacke aus Wildleder, rotbraunes Haar, eine Gesichtsfarbe, die ins Rosige spielt. Umrahmt von der Spiegelfassung komme ich mir vor wie eine bunte Kodachrome-Gestalt, die in einen Schwarzweißschnappschuß hineinkopiert wurde.

Kalligraph, der auf eine Laterne das Zeichen des Fuji malt

3 Nach der Schule

Als ich eine meiner Nachbarinnen fragte, warum das japanische Schuljahr im Frühling beginne, erzählte sie mir, das sei so, damit die Mütter ihre Kinder morgens von zu Hause losschicken könnten, wenn die Kirschblüten von den Bäumen fallen. Was für ein ergreifender Anblick! Kinder in dunklen Schuluniformen, mit schweren schwarzen Lederschultaschen auf dem Rücken machen sich unter zarten weiß-rosa Blüten auf den Schulweg. Ein jährliches Initiationsritual; denn die Schule ist der Eintritt ins japanische Leben.

Nichts könnte abrupter sein, als der Übergang von der Kindheit ins Schulalter. In ihren ersten vier oder fünf Lebensjahren haben die japanischen Kinder praktisch unbegrenzte Freiheit. Als Kleinkinder sind sie nicht festen Essens- und Schlafenszeiten oder anderen westlichen Modellen früher Disziplin und Kontrolle unterworfen. Sie essen, wenn sie hungrig sind, schlafen, wenn sie müde sind. Selten trifft man ein weinendes Kind, denn es gilt als Aufgabe der Mutter, alle Launen des Kindes vorherzusehen und all seine Bedürfnisse zu erfüllen. In den wenigen Fällen, die ein gewisses Maß an Disziplin erfordern, kommt ein strenger Blick zum Einsatz, der jedoch sofort wieder liebevoll zurückgenommen wird. Es ist unüblich, einem Kind den Hintern zu versohlen oder es auch nur zu schelten. Allen Untersuchungen zufolge gibt es so gut wie keinen Kindesmißbrauch in Japan.

Als eine auf das Kind bezogene Kultur mit der weltweit niedrigsten Geburtenrate schätzt Japan seine kleinen Kinder. Selbst in den ärmsten Vierteln Osakas habe ich Kleinkinder mit teuren Fantasiegewändern gesehen, herausgeputzt wie kleine Prinzen und Prinzessinnen. Sie sind der Gegenstand ständiger Aufmerksamkeit, und sie strahlen ein fröhliches Selbstvertrauen aus.

Dann fängt die Schule an.

An die Stelle der Mutter, *okāsan*, tritt der *sensei*, der Gebieter über Richtig und Falsch, die oberste Autorität. Die Welt der Zuneigung, des Beifalls, der Liebe wird von einer Welt der Ordnung, der Arbeit und der Aufnahmeprüfungen abgelöst.

Schon wenige Wochen nach unserer Ankunft in Japan konnten Ted und ich ziemlich genau sagen, welche Kinder im Vorschulalter waren und welche bereits die japanische Grundschule besuchten. Was uns dabei auffiel, war nicht so sehr der Unterschied in der Größe oder der Entwicklung, sondern eher eine veränderte Körpersprache, ein anderer Augenausdruck. Manchmal war ein neuer Ernst darin zu lesen, war die Unbekümmertheit der Kindheit gegen gerade Schultern und einen geraden Rücken eingetauscht worden. Manchmal war der Ausdruck beinahe tragisch, als warte das Kind verzweifelt und verwirrt darauf, aus einem schrecklichen Alptraum befreit zu werden.

Es ist 22.30 Uhr an einem Donnerstag. Meine Freundin Kazue-san und ich fahren von Kobe nach Hause. Wahrscheinlich werden wir stehen müssen, denn die Züge sind spätabends immer gedrängt voll mit *sarariiman*, japanischen Geschäftsleuten. Mit im Zug sind Schulkinder, Jungen und ein paar Mädchen, die, von der Nachhilfestunde in den Paukschulen kommend, auf dem Nachhauseweg sind.

Am Morgen, wenn die Züge genauso voll sind, versuche ich die Nähe der Männer zu meiden, denn sie sind dafür berüchtigt, die Anonymität der Menge zu nutzen, um nach einem Po oder einer Brust zu grapschen. Abends brauche ich mir deswegen keine Sorgen zu machen. Die meisten der rotgesichtigen Männer sind von den Überstunden und vom Alkohol zu geschafft, um zum Problem werden zu können. Als wir heute abend auf den Zug warten, verläßt ein *sarariiman* seinen Platz in der Schlange, um sich ein paar Schritte entfernt mit Diskretion zu übergeben. Ein paar Plätze hinter uns kämpft ein anderer Mann gegen seinen Brechreiz an.

»Es ist beschämend«, sagt meine Freundin Kazue-san leise. »*Hazukashii.*« (Ich bin beschämt.)

Wir unterhalten uns über den Druck, dem die Geschäftsleute ausgesetzt sind, darüber, daß man von ihnen erwartet, auch noch nach der Arbeit in firmeneigene Bars zu gehen, um übers Geschäft zu reden oder auch nicht, und um dort die Beziehungen zu festigen, dank derer die Geschäfte laufen. Keiner mag dieses System. Die Gerichte müssen sich mehr und mehr mit Fällen von *karōshi* befassen: Tod durch Überarbeitung. Witwen verklagen die Firmen auf Sterbegeld, verlangen einen Ausgleich für den Verlust ihrer Ehemänner, die sich für das Unternehmen aufgearbeitet haben.

Einiges davon weiß ich aus erster Hand. Ein guter Freund, den wir vor Jahren als Austauschstudent in den Staaten kennengelernt hatten, warf vor kurzem seinen hochdotierten Führungsposten bei Sony in Tokyo hin, um in seiner Heimatstadt in Nordjapan ein *yakitori-ya* zu eröffnen, ein traditionelles Hähnchengrillrestaurant.

»Ich wußte, wenn ich bei Sony bleibe«, erzählte Matsuo uns, »würde ich zum Alkoholiker oder vielleicht sterben, noch bevor ich vierzig bin.«

Er meinte, er und seine Frau müßten in ihrem kleinen Betrieb zwar hart arbeiten, aber zumindest könne er so überleben, ohne sich jeden Abend bis zur Besinnungslosigkeit zu betrinken. Als wir wissen wollten, warum die japanischen Geschäftsmänner soviel trinken, sah er uns traurig an.

»So war mein Leben in Tokyo: Ich wachte im Morgengrauen auf, fuhr zwei Stunden zur Arbeit, machte meine Arbeit, dann erwartete man mich in der firmeneigenen Bar zum geselligen Umtrunk. Es ist unhöflich, wenn man nicht mit den anderen mithält, und so trank ich jedesmal zuviel. Das war mein Leben. Pendeln. Arbeiten. Trinken. Wenn ich betrunken war, war mir der nächste und der übernächste Tag egal. Ich konnte mich albern und kindisch aufführen. Vielleicht war der Whiskey eine Notwendigkeit.«

Die englischsprachigen Zeitungen in Japan sind voll mit Artikeln und Berichten über Alkoholismus, und das unter anderem deshalb, weil so viele Ausländer über das weitverbreitete Phänomen öffentlicher Trunksucht schockiert sind. Dieses wird von den japanischen Firmen nicht nur toleriert, sondern tatsächlich gefördert, da es als Ausgleich für den alltäglichen Druck gilt. Solange man gewisse Grenzen nicht überschreitet (Trunkenheit am Steuer ist nicht erlaubt), kann man sich im alkoholisierten Zustand so töricht und ausgelassen aufführen, wie man will. Im Prinzip jedenfalls ist der Zustand der Trunkenheit nach der Arbeit speziell dazu gedacht (in der Tat beinahe *institutionalisiert*), seine Meinungen und Gefühle gegenüber Mitarbeitern und sogar Vorgesetzten »offen« auszusprechen. Für unter Alkoholeinfluß begangene Verbrechen gibt es sogar Strafminderung. Wie Kinder beurteilt man die Betrunkenen nicht nach den normalerweise rigiden Maßstäben von Richtig und Falsch. Das, glaube ich, ist der Schlüssel: Ist ein Mann betrunken, wird er wieder zum Kind. Es gibt sogar einen neuen Sake-Schnaps, der »Muttermilch« heißt. Die Flaschenform erinnert an eine weibliche Brust und trägt den Aufdruck: »Mit Muttermilch bleibst du warm und glücklich.«

Möglicherweise liegt es an diesen Assoziationen zur Kindheit, daß die Betrunkenen eher infantil als aggressiv reagieren. Mir sind in Japan nur wenig aggressive Betrunkene begegnet, doch ich habe viele Beispiele ungebührlichen oder einfach nur dummen Verhaltens miterlebt. So sah ich hochrangige Manager stundenlang »Backe-backe-Kuchen« mit den Bardamen spielen. Ich habe eine Gruppe prominenter Ärzte beobachtet, die einen ganzen Abend lang alberne

Kinderlieder mit kindlicher Kopfstimme sangen, während die Bardamen in gurrender Babysprache wie nachsichtig besorgte Mütter auf sie einredeten. Auf einer Firmenfeier kroch der Präsident auf allen vieren zwischen den Tischen. Auf dem Kopf trug er eine zum Babymützchen gefaltete Serviette. Er machte an jedem Tisch halt, hob die Hände wie ein Hündchen und bettelte mit hechelnder Zunge um ein wenig Zuwendung. Seine Angestellten tätschelten ihm den Kopf, und er bewegte sich weiter zum nächsten Tisch. Ich bin mir sicher, daß ich die einzige war, die sich seinetwegen schämte und die von dieser Vorstellung peinlich berührt war. Schließlich war er betrunken, und Männer führen sich nun einmal so auf, wenn sie betrunken sind. Wie Kinder.

Im Zug von Kobe verhalten sich die echten Kinder nicht wie Kinder. Die berauschten, erschöpften Geschäftsmänner tun mir leid, aber die Schulkinder im Zug brechen mir fast das Herz. Allein in unserem Wagen sind mindestens zwei Dutzend, manche gerade sieben oder acht Jahre alt, andere im Highschool-Alter. Ich weiß, daß die meisten von ihnen bereits im Morgengrauen aufstehen mußten, um zur Schule zu gehen. Wenn die Zeit reichte, konnten sie auf ein hastiges Mittagessen nach Hause eilen, ehe sie zu den *juku* aufbrachen, den Privatschulen, die es mittlerweise in ganz Japan gibt. Hier werden den Schülern höhere Fertigkeiten beigebracht, und sie bekommen Unterricht in den Fächern, die es in der regulären Schule nicht gibt. In zunehmendem Maße bereiten die Privatschulen aber auch auf die so wichtigen Aufnahmeprüfungen vor.

Am ehesten lassen sich die *juku* mit den bei uns bekannten Paukkursen für das Jura- oder das Medizinexamen vergleichen. In Japan allerdings ziehen sich diese nachmittäglichen Paukkurse über zehn oder zwölf Jahre hin. Einige Kinder besuchen sie nur zum intensiveren Lernen von ein oder zwei Fächern, andere jedoch melden sich für ganze

Kurse an, mehrere Stunden täglich, fünf oder gar sechs Tage die Woche, oftmals ganzjährig. Während des Sommers, den ich auf Oki verbrachte, kam eine Gruppe von zwanzig Mittelschülern in unser staatlich betriebenes Hotel, um dort an einer zweiwöchigen Mathematik-*juku* teilzunehmen. Und da waren nun die Kinder, umgeben vom Ozean, und sie verbrachten täglich sechs Stunden an langen Tischen in der Cafeteria. Der Lehrer unterrichtete, und sie schrieben von neun Uhr früh bis mittags mit. Nach einer kurzen Pause wurde der Unterricht bis vier oder fünf Uhr nachmittags fortgesetzt. Die einzig wirkliche Unterbrechung war ein geruhsames Baden und Umziehen vor dem Abendessen. Nach dem Abendessen verschwanden sie auf ihren Zimmern und lernten bis Mitternacht für den nächsten Unterrichtstag still vor sich hin. Während ihrer Zeit auf Oki tauchten diese Kinder nicht ein einziges Mal ins türkisfarbene Meer.

Ich kenne ein paar Absolventen von Japans Prestigeuniversitäten, die nie eine *juku* besucht haben. Aber sie sind die Ausnahme. Den meisten Wohlhabenden oder Aufsteigern bleibt gar nichts anderes übrig. Es gibt *juku*, um Vierjährigen zu helfen, die Aufnahmeprüfung in die Elitekindergärten zu bestehen. Es gibt sogar *juku*, die Kinder auf die Aufnahmeprüfung in Prestige-*juku* vorbereiten. Oft pendeln Kinder über weite Entfernungen von daheim zur Schule, von der Schule zur *juku*. Wenn sie dann endlich nach einem langen Tag heimkommen, müssen sie noch lernen und Hausaufgaben machen, nicht nur für die Schule, sondern auch für die *juku*.

Auf einem Nachbarsitz in unserem Zug spielen zwei Grundschüler, die von ihrer *juku* nach Hause fahren, schweigend eine Variante von Schiffchen-Versenken. Auch wenn sie weder lachen noch reden, so ist es doch ein Zeitvertreib für die halbe Stunde Fahrt.

Im Gang uns gegenüber rutschen zwei Buben schlafend nach vorne. Sie müssen acht oder neun Jahre alt sein, und sie lehnen sich während der Fahrt meist aneinander. Als der Zug in den Bahnsteig eines reichen Vororts einfährt, werden sie gleichzeitig mit einem Ruck wach. Einer von beiden steht schweigend auf, verbeugt sich vor dem anderen und steigt dann allein aus. Er winkt zum Abschied durchs Fenster.

Nachdem sein Freund gegangen ist, greift der kleine Junge in seine Schultasche und zieht ein *bentō* heraus, das übliche Vesperpaket. Er beugt sich darüber und schlingt es verstohlen in sich hinein. In Japan ist es höchst verpönt, in der Öffentlichkeit zu essen, insbesondere in einem Zug, und die ganze Haltung des Jungen verrät, daß er sich darüber im klaren ist, ein Tabu zu verletzen. Er nimmt sich keine Zeit, zwischen den einzelnen Bissen zu kauen oder eine Pause zu machen. Hastig schlingt er sein Abendbrot hinunter und sticht mit den Stäbchen auf sein Essen ein wie ein Küstenvogel, der nach einem Fisch hackt.

»*Kawaisō!*« (Wie erbärmlich!), flüstere ich Kazue-san zu.

»Ja«, antwortet sie auf englisch, »es ist schrecklich. Als ich Kind war, gab es solche *juku*-Paukschulen nicht.«

Als er mit seinem Essen fertig ist, steckt der Junge die Vesperdose zurück in einen Einkaufsbeutel und schließt die Augen.

Er trägt eine marineblaue kurze Hose und eine kleine marineblaue Jacke mit glänzenden Goldknöpfen. Auf dem Platz neben ihm schnarcht ein *sarariiman* in seinem marineblauen Standardanzug, am Revers eine goldene Firmennadel. Im grellen Licht des Abteils wirken sowohl der Junge als auch der Mann blaß und leblos.

Als ich aussteige, sehe ich, daß der kleine Junge inzwischen fest schläft. Arglos ruht sein Kopf auf dem schlummernden Körper des unbekannten *sarariiman*.

Amerikaner, die den japanischen Erfolg und die amerikanischen Schulden fürchten, schreiben beides den jeweiligen

Schulsystemen zu. Unsere Schulen versagen, hören wir. Japanische Kinder schneiden bei allen gängigen Tests besser ab. Unsere Kinder sind einfach nicht ausreichend fürs moderne Leben gerüstet. Die Japaner gewinnen den Handelskrieg, weil sie den Bildungskrieg gewonnen haben.

Ich stimme zu, daß das amerikanische Schulsystem eine umfassende Reform braucht, und daß wir viele wichtige Dinge von der Früherziehung in Japan lernen können. Die japanischen Grundschüler haben alle vierzig bis fünfundvierzig Minuten zwischen den einzelnen Fächern eine Pause für praktische Übungen und Spiele, die es ihnen erlauben, sich zu bewegen und auf die nächste Stunde vorzubereiten. In den unteren Klassen liegt die Betonung auf Kooperation und nicht auf Wettbewerb, und die Kinder erarbeiten in kleinen Gruppen oder Arbeitseinheiten (*han*) Problemlösungen, wobei diejenigen, denen das Begreifen leichter fällt, den Langsameren helfen und sie ermutigen. Eine erfolgreiche *han* basiert auf der Zusammenarbeit von Schülern mit unterschiedlichen Fähigkeiten, so daß ein Kind, das sich auf einem Gebiet etwas schwerer tut (wie zum Beispiel in Mathematik), der Gruppe auf einem anderen Gebiet helfen kann (möglicherweise in Kunst oder beim Lesen). Japan hat kein echtes Konzept für Lernbehinderte; man verspricht allen Kindern, daß sie durch harte Arbeit besser werden. Fehler werden von den Lehrern positiv aufgenommen, denn aus Fehlern lernen wir, die Dinge richtig zu machen. Diese Einstellung ist ein genauer Gegensatz zur amerikanischen Vorstellung: bei uns bedeuten Fehler Versagen und stehen für unwiderrufliche (sogar genetische) Schwächen.

Doch diese *han*, die einerseits so befruchtend sind, können sich im Laufe der Jahre in eine zensorische, wenn nicht sogar tyrannische Peer Group verwandeln, die mit gewaltigem Druck Konformität erwirkt. Da alles standardisiert ist, fallen die schwächeren Kinder immer weiter zurück, während sich die begabten Schüler oft langweilen. Unter den Schülern der Junior Highschool hat sich die gängige Meinung gebildet, daß die nachschulische *juku* wichtiger und interessanter ist als die reguläre Schule. Auf allen Gebieten steigt mit den Schuljahren der Druck, da der ganze Unterricht auf die Aufnahmeprüfung hinzielt. Diese Zwänge können äußerst hinderlich sein, und die meisten Japaner stehen dem gegenwärtigen Schulsystem ablehnend gegenüber, da es, wie sie sagen, ein Produkt des derzeitigen Wirtschaftswunders ist und nicht dessen Ursache.

In jedem Jahr, das ich von 1980 bis heute in Japan verbrachte, hat die eine oder andere Institution eine Untersuchung publiziert, die anzeigt, wie unzufrieden die Japaner mit der Schulerziehung ihrer Kinder sind. Jedes Symposium über die Notwendigkeit von Reformen zieht Hunderte von Menschen an. Niemand möchte seine Kinder diesem Zwang aussetzen. Doch dieselben Untersuchungen zeigen auch, daß sich nur wenige Eltern gegen das System stellen. Nur ganz selten sind Väter und Mütter bereit, ihre Kinder zu ermutigen, nicht so viel zu lernen, keine *juku* zu besuchen und ihre Kindheit zu genießen. Wer kann so ein Risiko eingehen? Alle Eltern wissen, daß sich die meisten japanischen Firmen bei der Jobvergabe am Prestige der einzelnen Colleges orientieren, und die einzige Möglichkeit, aufs College zu kommen, führt über eine Aufnahmeprüfung. Auch wenn es in Japan einige Skandale gab, weil reiche Eltern versuchten, mit Geldspenden einen Studienplatz für ihre Kinder zu »erkaufen«, so gibt es doch kein japanisches Äquivalent zu der weitverbreiteten amerikanischen Praxis, den Kindern von Ehemaligen (insbesondere spendablen oder prominenten Ehemaligen) ein niedrigeres Einstiegsniveau zuzuerkennen. Als der Sohn des Präsidenten einer Privatuniversität in unserer Nähe die Aufnahmeprüfung nicht bestand, wurde ihm die Zulassung verweigert – was in amerikanischen Universitäten nur ganz selten passieren würde.

In diesem Sinne ist das japanische System unparteiisch, und darauf sind die Japaner zu Recht stolz. Doch die Lernhierarchie ist erbarmungslos, und die Auswirkungen dieses Systems sind in ganz Japan offenkundig. Depressionen im Teenageralter, Alkoholmißbrauch und sogar Selbstmord sind unmittelbare Folgen des Prüfungssystems. Immer mehr Studenten engagieren sich in *tōkō kyohi*, dem Widerstand gegen die Schule, obwohl sie sich damit ihre Chancen für den Erfolg im Wirtschaftsleben verbauen. Wer auf der Junior Highschool bummelt, zahlt einen hohen Preis: sein Leben lang wird er nicht über den »kleinen Angestellten« hinauskommen.

Das Kultusministerium hat verschiedene Gutachten veröffentlicht und darin festgestellt, daß sich etwas ändern müsse. Doch die umfassende nationale Bildungsreform wird wohl noch lange Utopie bleiben. Selbst die zartfühlendste Mutter weiß, daß sie ihr Kind antreiben muß, weil sie andernfalls sein oder ihr Schicksal besiegelt; denn sollte das Kind scheitern, so wird das der Mutter angelastet. Die typische japanische Mutter fällt, ob sie es will oder nicht, in die Rolle der *kyōiku mama*, der so sehr verteufelten »Erziehungs-Mutter«, deren Leben sich auf den akademischen Erfolg ihrer Kinder konzentriert. Da überrascht es nicht, daß die Gewalt in den Familien zunimmt. In Zeitungen liest man von Jungen im Teenageralter, die ihre Mütter verprügeln, weil diese immer wieder von ihnen verlangen, in der Schule gut zu sein. Man liest auch grauenhafte Berichte (möglicherweise apokryph) von zunehmendem Mutter-Sohn-Inzest, von Vergewaltigungen und von Müttern, die ihre Söhne sexuell befriedigen, um deren Anspannung zu lindern. Solch reißerische Geschichten sind ohne Zweifel übertrieben, doch ihr Überhandnehmen in den öffentlichen Medien zeigt, wie tief die Bedenken in Japan angesichts der momentanen Situation sind.

Daß die japanische Schulerziehung aufreibend ist, ist nur ein Aspekt der Klage. Woran viele Kritiker noch größeren Anstoß nehmen, ist der Gehorsam gegenüber dem *sensei*, auf den das Bildungssystem – besonders in den höheren Klassen – ausgerichtet ist, und das sture Auswendiglernen (das teilweise sinnlos ist) anstatt echter Wissens- und Informationsvermittlung.

Ein gutes Beispiel für das mechanische Abfragen in Japan – und damit auch für die japanische Schulerziehung – bietet der Unterricht in der Muttersprache. Da die japanischen *kanji* mit den gesprochenen Lauten wenig gemein haben, muß jedes *kanji*-Zeichen eigens erlernt werden. Die grundlegenden *kanji* stehen in der Schule nach und nach auf dem Lehrplan, 46 Zeichen im ersten Schuljahr, ungefähr 100 im zweiten und so weiter, bis 1850 der gebräuchlichsten *kanji* beherrscht werden. Sie werden nicht in logische Zusammenhänge gestellt oder aufgrund ihrer Etymologie ausgewählt, sondern sind an der (hypothetischen) Häufigkeit, in der sie im Grundwortschatz vorkommen, orientiert. Da ein *kanji* aus bis zu neunzehn oder zwanzig Strichen bestehen kann, erfordert das Erlernen jedes einzelnen Zeichens große Anstrengung und Konzentration. Traditionsgemäß müssen sie zudem nach einer vorgegebenen Strichordnung geschrieben werden, die ebenfalls auswendig zu lernen ist.

Als ich 1980 zum erstenmal nach Japan kam, prophezeiten noch viele im Westen, daß die Japaner wirtschaftlich nie mit den Amerikanern gleichziehen könnten, weil sie dieses »unhandliche« und »umständliche« Schreibsystem hätten. Experten betonten, wieviel Zeit die Japaner darauf verschwendeten, auch nur die einfachsten Silben zu erlernen, um die Grundlagen des Lesens und Schreibens zu beherrschen. Als ich 1990 zum letztenmal dort war, zeigten alle Wirtschaftsstatistiken, daß Japan die Vereinigten Staaten überrundet hatte, und jetzt meinten die Experten, dies sei *wegen* ihres Schreibsystems. Die neue Erklärung lief darauf hinaus, daß der Japaner schon in frühester Kindheit lernt, wie sehr der kleinste Fehler die Kommunikation behindert. Anders als die schlampigen amerikanischen Kinder streben die japanischen Kinder nach Perfektion und Präzision – beides ist notwendig, um mit den *kanji* zu kommunizieren.

Wüßten diese Experten jedoch, nach welchen Richtlinien in Japan Englisch unterrichtet wird, so könnten sie sehen, daß das Auswendiglernen und die Gewissenhaftigkeit Werte an sich sind und nicht Komponenten eines komplizierten Schreibsystems. Von der Mittelstufe an lernen die japanischen Studenten Englisch, und sie erlernen es fast genauso, wie sie die *kanji* lernen. Alles wird systematisch gepaukt, aber niemand prüft, ob ein Schüler fließend Englisch sprechen kann. Obwohl Englisch aufgrund seiner Phonetik und des Silbenalphabets theoretisch leichter zu erlernen sein sollte als Japanisch, konzentrieren sich die Schulen auf die Abweichungen unserer Sprache, auf die Elemente, die Englisch zum perfekten Prüfungsobjekt für die Aufnahme in die Highschool oder das College machen. Jede obskure auf dem Lateinischen basierende Grammatikregel, unsere unregelmäßige Orthographie, seltene Nebenbedeutungen seltsamer Wörter, sonderbare Idiome (von denen mir viele zum erstenmal in Japan begegneten), eigenartige Konstruktionen – und davon gibt es Tausende –, all das muß ein erfolgreicher japanischer Student beherrschen. An der Kansai Women's University warnte man mich schon früh, gar nicht erst den Versuch zu unternehmen, Grammatik zu unterrichten, denn die Studentinnen, die die Aufnahmeprüfung in diese prestigeträchtige Frauenuniversität geschafft haben, würden Regeln und Nebenregeln beherrschen, von denen ich, obwohl ich in Englisch promoviert habe, noch nie gehört hätte.

Eines ist klar: Englisch wird in Japan nicht zu Kommunikationszwecken unterrichtet oder um einem weitergefaßten Begriff von Internationalismus Vorschub zu leisten. Der typische Highschoolabsolvent kann eigentlich gar nicht Englisch sprechen und hat es auch im Klassenzimmer noch nie richtig gesprochen gehört. Englischlernen kommt dem japanischen Streben nach Präzision, unentwegter und entschlossener Arbeit, mechanischem Auswendiglernen und – davon bin ich überzeugt – seinem Fremdenhaß entgegen. Englischlernen führt bei vielen Japanern zu einer lebenslangen Aversion gegen diese Sprache. Ich kann gar nicht mehr zählen, wie oft ich am Bahnsteig oder auf der Straße einfache Fragen in ziemlich genauem Japanisch gestellt habe.

»Kein Engrisch! Kein Engrisch!« heißt es sofort. Das von Panik gezeichnete Gesicht des Befragten verrät sofort, daß mehr im Spiel ist als nur mangelndes Verstehen. Die meisten Japaner hatten sechs Jahre Zeit, sich eine gesunde Abscheu vor unserer Sprache zu erarbeiten.

Als Ted und ich uns für einen Japanischkurs an einer Sprachenschule in Nigawa einschrieben, dachten wir, daß wir als Ausländer vom japanischen Lernsystem ausgenommen seien. Über einer Tasse japanischen grünen Tees, der unsere erste offizielle private Sprachsitzung einleitete, erzählten wir unserer *sensei*, daß wir nur ein paar Wochen Unterricht in Umgangsjapanisch gehabt hätten, ehe wir nach Japan kamen, und jetzt, da wir für ein Jahr hierblieben, an einem Crash-Kurs in weiterführendem Japanisch interessiert seien.

Sensei nickte nachdenklich zu unseren Worten und scheuchte uns dann in das kleine Klassenzimmer, das dem Raum gegenüberlag, in dem wir unseren Tee getrunken hatten. Sie forderte uns auf, uns vor den japanischen Schreibpulten hinzuknien. Sie nahm ihren Platz vorne im Raum ein.

Dann begann unsere erste Lektion: »Die Grundregel für

die Strichordnung beim Schreiben der *kanji*-Zeichen lautet, daß Sie von oben nach unten und von links nach rechts vorgehen. Wenn sich zwei oder mehrere Striche kreuzen, müssen Sie darauf achten, daß die horizontalen Striche vor den senkrechten Strichen zu ziehen sind, wenn auch in manchen Fällen, wie zum Beispiel bei *den* (Reisfeld) oder *o* (König) der senkrechte Strich dem waagerechten zu folgen hat.«

»Wäre es bitte möglich, daß wir uns auf gesprochenes Japanisch beschränken?« fragte ich und bemühte mich um einen respektvollen Ton.

»Ja, ich glaube wir haben nicht die Zeit, sowohl geschriebenes als auch gesprochenes Japanisch zu lernen«, pflichtete Ted mir bei.

»Dies ist ein Fehler, den Ausländer immer machen«, beschied uns unsere *sensei*. »Sie glauben, es ginge schneller, wenn sie nur Sprechen lernen. In Wirklichkeit trifft das Gegenteil zu. Wenn Sie von Anfang an schreiben, können Sie viel schneller sprechen.«

Die nächsten beiden Stunden sitzen Ted und ich wie zerknirschte Schulkinder da und schreiben die *kanji*-Zeichen ab, die *sensei* an die Tafel malt. Wir achten darauf, unsere horizontalen Striche vor den vertikalen zu ziehen.

Dieser Unterricht ist für mich eine Offenbarung. Nie zuvor habe ich mir die japanischen Zeichen so genau angesehen, und ich entdecke, daß ich sie mag. Mir gefällt, daß jedes Zeichen eine besondere Bedeutung hat – oftmals mehrere besondere Bedeutungen –, und ich mag ihre Schönheit und Sparsamkeit. Beim Blättern in meinem orangefarbenen *kanji*-Buch erkenne ich nach und nach die Beziehungen zwischen den einfacheren und den komplizierteren Zeichen und komme mir vor, als pochte ich an das Tor einer wunderbaren Geheimwelt. An diesem Nachmittag eile ich zu unserem Schreibwarenladen und kaufe *fude* (Schreibpinsel) und Tinte. Ich übe die ersten fünfzehn *kanji*, die wir bis zur nächsten

Woche zusammen mit *hiragana*, einem der beiden phonetischen Alphabete, auswendig lernen müssen. *Hiragana* interessiert mich weniger – seine Prinzipien sind mir vertrauter –, doch die *kanji* sind für mich wie Magie.

Aus einem anderen Buch, das vollkommen in *hiragana* geschrieben ist, lerne ich die grundlegenden Satzmuster dieser Woche: »Das ist ein Füller.« »Ist das ein Füller?« Ich lerne nichts, was für ein gewöhnliches Alltagsgespräch von großem Nutzen wäre, doch am Ende der Woche kann ich fünfzehn *kanji* schreiben, und ich kann fragen: »*Wo* ist der Füller?« und ich kann mit den Pronomen – *kono, sono, ano* –, die im japanischen Diskurs äußerst wichtig sind, antworten: »Der Füller ist hier neben mir, der Sprecherin. Der Füller ist dir, dem Zuhörer, näher. Der Füller ist dort drüben, weit entfernt von uns beiden.«

Ich verbringe täglich drei oder vier Stunden damit, *kanji* zu lernen. Ein paar Stunden mehr brauche ich, um mich auf meinen Unterricht an der Kansai Women's University vorzubereiten. Draußen, auf dem Pfad zum Kabuto-yama Daishi, dem alten Tempel in der Nähe unseres Hauses, fallen die Kirschblüten herab. In Kyoto, das eine Stunde weit entfernt ist, säumen Kirschblüten den Philosophenweg. In seitlicher Kniestellung hocke ich in unserer Wohnung vor dem Kaffeetisch und schreibe die *kanji* für *getsu, ka, sui* – Mond, Feuer, Wasser.

»Wir müssen uns entscheiden«, meint Ted schließlich. »Entweder machen wir diesen Sprachkurs weiter, oder wir schauen uns dieses Jahr Japan an. Ich weiß nicht, wie wir beides schaffen wollen.«

Wir entscheiden uns für Japan, doch ich bestehe eigensinnig darauf, während des Reisens *kanji* auf meine Art weiterzulernen. Wohin ich auch gehe, habe ich einen Bleistift und leere Leselernkarten dabei. Ich schreibe neue *kanji* auf, die die Namen der Haltestellen von Eisenbahnen und U-Bahnen verkünden. Wenn ich abends nach Hause komme, hole ich mein *kanji*-Buch hervor und suche die Zeichen. Ich lerne die unterschiedlichen Betonungen (chinesisch und japanisch) und schaue, welche zusammengesetzten Wörter dieselben Grundzeichen verwenden. Diese lerne ich auswendig, indem ich sie mit meinen Reisen in Verbindung bringe. Bei jedem neuen Ausflug schaue ich aus dem Zugfenster und suche nach neuen Beispielen für »mein« *kanji*.

Als das Jahr zu Ende ist, erkenne ich ohne zu zögern zweihundert *kanji* und errate von mehr als hundert die Bedeutung. Das reicht noch nicht einmal aus, um eine einfache Speisekarte zu lesen, geschweige denn eine Zeitung; aber gelegentlich erfasse ich ein paar Punkte oder entziffere einen Straßen- oder Personennamen. Um das zu erreichen, mußte ich sehr hart arbeiten, und ich bin ungeheuer stolz auf meine Leistung.

»Willkommen in der dritten Klasse!« zieht Professor Sano, der Fachbereichsleiter an der KWU, mich auf.

Nachdem wir unseren regulären Sprachunterricht gestrichen haben, treffe ich mit dem Sohn einer meiner japanischen Freundinnen eine Abmachung. Ich sage Kenji, daß ich mit ihm Englisch sprechen werde, wenn er mir auf japanisch antwortet. Er ist gerade in die Mittelschule gekommen, und seine Mutter hofft, daß ihm das beim Englischlernen hilft. Er hat eine schwere Zeit vor sich.

Er spricht in schnellem Japanisch mit seiner Mutter, die übersetzt. Sie will wissen, ob ich vor unserer Englisch-Konversation nicht einen Blick auf seine Hausaufgaben werfen kann. Obwohl er kaum das einfachste Englisch schreiben kann, hat er in dieser Woche die Aufgabe, die leeren Stellen in einigen sehr langen Sätzen zu füllen, in denen es um die Unterscheidung von *who* und *whom* und *that* und *which* geht. »Der Junge, dem (to whom) ich das Wörterbuch gebe, wohnt neben dem Mädchen, das (who) auf die Schule geht, welche (that) sich neben dem Buchladen befindet, der (that) Comics verkauft, über die (which) meine Mutter, welche (who) altmodisch ist, nicht begeistert ist.«

Kenji muß zehn dieser lächerlichen Sätze vervollständigen, und ich kann ihm unmöglich erklären, daß diese Unterscheidungen ständig verwischt werden. Kenji weiß, daß es Richtig und Falsch gibt und bleibt fast jeden Abend bis Mitternacht auf, um solche Sätze zu studieren, indem er die Regeln zu erraten sucht, die dem Ganzen Sinn geben.

Als ich versuche, mit ihm Englisch zu sprechen, sieht er mich mit großen Augen an.

»Was möchtest du diesen Sommer in den Ferien machen?« Ich spreche jedes Wort klar und deutlich aus.

»*Wakarimasen, wakarimasen*!« fuchtelt er mit seinen Armen durch die Luft (Ich verstehe kein Wort!).

Wir kehren zurück zu *who* und *whom, that* und *which*. Er hat morgen einen Englischtest.

Kenji und all die anderen japanischen Schulkinder lernen vom ersten Tag an, sobald sie in ihren neuen Uniformen unter den fallenden Kirschblüten zur Schule gehen, daß Leben Ordnung ist, und daß Ordnung von einer Autoritätsperson ausgeht. *Sensei* verkörpert Weisheit und sorgt für die hierarchische Struktur, nach der Japan funktioniert. In einer Kultur, die sich an Kollektiv und Gemeinschaft orientiert, ist Ordnung wesentlich. Sie ist wichtig für die Idee einer nationalen und sogar einer Firmenloyalität, Grundlage eines Beschäftigungssystems, das in Japan aufs ganze Leben angelegt ist (ein System, das theoretisch offen ist für alle, tatsächlich aber auf Angestellte größerer Unternehmen begrenzt ist). Sie ist wichtig für eine Planwirtschaft – was ein Freund Sozialismus mit wütendem kapitalistischen Antlitz nennt. In Japan ist der Firmenmillionär kein Ideal. Im Gegenteil, die Japaner brüsten sich gerne damit, daß sich in Umfragen fast neunzig Prozent der Befragten zur Mittelklasse zählen. Die Einkommensumverteilung durch Steuern ist weitaus rigoroser als in den Vereinigten Staaten, die Besteuerung beginnt bei zehn Prozent und kann bis zu siebzig Prozent betragen. Auch ist – im Gegensatz zu unserem kapitalistischen System, das sich auf die Vorstellung gründet, eine Arbeitslosenrate von vier oder fünf Prozent sei wünschenswert, um den Wettbewerb anzufeuern – in Japan die Vollbeschäftigung das Wirtschafts- und Sozialideal.

Ordnung, Autoritätshörigkeit und Gemeinschaftswesen sind unabdingbar für das friedliche Nebeneinander in einer Welt, wo die Menschen auf winzigem Raum dicht zusammengedrängt leben, in Wohnblocks, die sich kilometerweit erstrecken. Von der Vorschule an sind diese Werte Teil eines Schulsystems, das Kinder lehrt, in der Gemeinschaft zu leben und zu arbeiten, auf die Richtigkeit der kleinsten Kleinigkeit zu achten und für das eigene Handeln, das immer auch der Gruppe dienen muß, die Verantwortung zu übernehmen. »Ich werde mein Bestes tun« ist ein beliebter japanischer Ausdruck, und in Japan muß das Beste schon sehr, sehr gut sein.

Doch es gibt Abgründe. Das abends die Bahnsteige sprenkelnde Erbrochene erinnert daran. Trinken ist eine Erleichterung von den Zwängen, wie es auch die anderen Fluchtmöglichkeiten in Japans berüchtigter »Floating World« sind, einer Welt der Bars, der Prostitution, der Sexshows, des Glücksspiels. Dasselbe gilt für die Pornographie. Sie ist allgegenwärtig – auf den Titelseiten der Zeitungen, in der Werbung und (oft äußerst gewalttätig) in den Comicheften, die selbst im Zug oder an anderen der Allgemeinheit zugänglichen Orten gelesen werden, meist von Männern und Jungen, aber auch von Schulmädchen, Müttern und manchmal sogar von Großmüttern. In *Rape Man* (Der Vergewaltiger) und anderen beliebten Comics geht es häufig um sexuellen und körperlichen Kindesmißbrauch. Pornokinos spezialisieren sich zunehmend auf Filme, in denen Gewalt gegen Frauen dargestellt wird. Doch Vergewaltigungen finden in Japan weit weniger häufig statt als in den Vereinigten Staaten, selbst wenn man sowohl dem Sexismus als auch der Scham der Japaner Rechnung trägt, Verletzungen des eigenen Körpers anzuzeigen. Auch in Filmen, die keine Sexfilme sind, wird sinnlose Gewalt auf groteske Weise dargestellt, was zu einer Gesellschaft, die weltweit eine der niedrigsten Raten von Gewaltverbrechen hat, in scheinbarem Widerspruch steht. Schmachtfetzen, die auf die Tränendrüsen drücken, sind ebenfalls gang und gäbe, da in Japan das Kino einer der Orte ist, wo öffentlich geweint werden darf. Mehr als einmal kam ich an einem Kino vorbei, das vom kollektiven Schluchzen der Besucher zu beben schien. Die japanische Gesellschaft gleicht einem Dampfkessel mit eingebauten Ablaßventilen.

Drei Perioden sind im japanischen Leben von der Schufterei des Alltags ausgespart. Die frühe Kindheit ist am freiesten, dicht gefolgt vom hohen Alter, das als zweite Kindheit betrachtet wird und in dem es erlaubt ist, sich den Regeln zu widersetzen. An seinem sechzigsten Geburtstag (*kanreki*), wenn man, entsprechend der ostasiatischen Astrologie, den »vollen Kreis« erreicht, wird man wieder zum Kind und bekommt eine rote Weste geschenkt, Symbol des *akachan* (des Babys; wörtlich: das kleine Rote).

Die dritte Periode der Freiheit im japanischen Leben ist die Collegezeit. Die meisten Collegestudenten, die die zermürbenden Aufnahmeprüfungen hinter sich gebracht haben, genießen das Studium wie eine vierjährige Ferienzeit vor dem neuen Lebensabschnitt als *sarariiman*. Viele Frauen »erholen« sich nach dem Studium, arbeiten ein paar Jahre lang als Bürodame fürs Gemeinwohl, um dann zu heiraten und die Kindererziehung zu übernehmen (oft kombiniert mit einem Voll- oder Teilzeitjob). Es gibt rühmliche Ausnahmen (speziell in der Wissenschaft oder bei denjenigen, die an Spitzenuniversitäten studieren und sich die besten Jobs in den besten Firmen sichern wollen), aber die meisten Collegestudenten genießen diese Pause von der üblichen Hektik des japanischen Lebens.

Dieses Arrangement ist durch und durch japanisch. Man verbringt seine ganze Kindheit mit der Vorbereitung auf die Aufnahmeprüfung fürs College; denn der Arbeitsplatz und dessen Rang sind zum größten Teil davon abhängig, welches College man besucht – doch das College selbst ist irrelevant. In einer Arbeitskultur ist der Studienabschluß das Entscheidendste; das Ziel verschwindet, sobald es erreicht ist. Konkreter, der Arbeitgeber sieht, daß der Charakter – der Beweis, daß jemand fähig und willens ist, so hart zu arbeiten, um die Aufnahmeprüfungen ins College zu bestehen – das Wichtigste ist. Jeder, dem der Zugang zu einer wichtigen Universität geglückt ist, hat genügend Aufopferung bewiesen, um der Firma zum Vorteil zu gereichen. Der Rest ist Vorbereitung auf den Job, die am besten von der Firma geleistet wird. Werden intensivere Forschungen und speziellere Fertigkeiten verlangt, schicken die Firmen ihre vielversprechendsten Angestellten auf ein, zwei Jahre in die Vereinigten Staaten, damit sie sich dort an einer Hochschule oder an einer anderen Institution beruflich weiterbilden.

Auf den japanischen Universitäten sind Klubs, Parties, Ausflüge und andere Formen des Soziallebens weitaus wichtiger als die Seminare. Das College ist ein Ort, wo man Freunde trifft, die oftmals für den Rest des Lebens zu wichtigen Geschäftspartnern werden. Schulfreundschaften halten lange, und man konzentriert sich auf sie als den einzigen Sozialkontakt, den es außerhalb des Arbeitsplatzes gibt. Spricht man von jemandem als »meinem Studienkollegen/meiner Studienkollegin«, so verleiht man ihm/ihr damit einen besonderen Status, fast so unverkennbar wie der eines Familienmitglieds. Im College bietet sich auch eine der wenigen Gelegenheiten des japanischen Lebens zu geschlechtsübergreifenden platonischen Freundschaften. Ich kenne eine radikale japanische Feministin, die in der Presse allein deshalb relativ glimpflich davonkommt, weil sie eine von Japans führenden staatlichen Universitäten besucht hat. Ihre Studienkollegen mögen ihre politische Haltung mißbilligen, aber sie behandeln sie mit Respekt und achten darauf, daß ihre Kollegen das auch tun.

Außer ein paar kulturellen oder intellektuellen Ereignissen gibt es bemerkenswert wenig Geistesleben für den typisch japanischen Hochschüler. Da die meisten Studenten selten ihre Seminare besuchen, gibt es auch wenig intellektuellen Austausch. Als Ted an einer Universität für Männer und Frauen englische Konversation unterrichtete, stellte er fest, daß nur wenige Studenten regelmäßig den Unterricht besuchten, und eine große Zahl von Dozenten sich ebenfalls nicht blicken ließ. Ted bekam bis zum Tag der Abschlußprüfung nicht einmal eine Teilnehmerliste, und er war überrascht, mehr als vierzig Studenten in seinem Kurs zu haben, anstelle der acht oder zehn, die er während des Studienjahres gesehen hatte. Zusammen mit der Teilnehmerliste erhielt er eine Erklärung des an dieser Universität üblichen Bewertungssystems, wozu auch ein Passus gehörte, der sich als sehr nützlich erwies. Grob übersetzt bedeutet er: der Student hat das Seminar nicht besucht, hat am Abschlußexamen nicht teilgenommen (oder es nicht bestanden), hat aber das Seminar bestanden.

Diese vierjährigen Collegeferien sind in ganz Japan zur Institution geworden. Wir haben an Gesprächen mit japanischen Professoren teilgenommen, die sich nostalgisch über ihre eigenen sorglosen Studienjahre ausließen. Oftmals gefallen sie sich in der Abwertung der eigenen Person, indem sie damit prahlen, wie wenig sie in akademischer Hinsicht geleistet haben. Wenigstens im Gespräch scheint eine fast umgekehrte Beziehung zwischen Status und Arbeit zu bestehen: je besser die Universität, um so mehr darf man spielen. Nach vier sorglosen Jahren tritt man in die Firma ein, wo der alltägliche Trott gehorsamer Plackerei wieder einsetzt.

Auf dem Nachhauseweg vom Markt ging ich eines Tages über eine der kleinen Brücken, die den Fluß in unserem Viertel überqueren. Im Schneidersitz saß mitten auf der Brücke ein Junge, der auf die Highschool ging. Als ich näherkam, konnte ich sehen, daß er seelenruhig Seiten aus seinem Schulbuch riß und ins Wasser warf. Es war spät im Winter, etwa zur Zeit der »Examenshölle«, der Übertrittssprüfungen, die entscheiden, ob ein Schüler aufs College kommt oder nicht. Der Fluß, normalerweise nicht mehr als ein Rinnsal, war vom Regen angeschwollen und stürzte sich wütend über die Felsen hinunter zum Meer. Ich hatte keine Anhaltspunkte, wie lange der Junge schon auf der Brücke saß, doch er schien sich bereits durch zwei oder drei Bücher gearbeitet zu haben. Überall lagen herausgerissene Seiten herum – trieben weiß auf den strudelnden braunen Fluten, hatten sich durchweicht am Ufer verfangen.

Der Junge blickte nicht auf, als ich vorüberging. Er schien niemanden wahrzunehmen, nichts außer dem Fluß. Mit ausdruckslosem Gesicht riß er eine Seite nach der anderen aus seinen Büchern und warf sie ins Wasser.

Ich wollte schon zu meinem Haus abbiegen, als ich innehielt und noch einmal zu dem Jungen auf der Brücke hinüberschaute. Jetzt waren zwei Frauen bei ihm. Die eine von beiden, vielleicht seine Mutter, zerrte an ihm, schien ihn zum Aufstehen zu zwingen. Die andere Frau sammelte seine restlichen Schulbücher zusammen und lud sie auf eines jener Wägelchen, die japanische Frauen zum Einkaufen benutzen.

Ich war zu weit weg, um ihre Stimmen zu hören, aber ich beobachtete ihre wütende Mimik, als erst die eine, dann beide Frauen anfingen, an den Armen des Jungen, an seiner Jacke zu zerren. Die Sonne ging hinter Wolken unter. Der Junge starrte unentwegt auf den schmutzigen Fluß, der seine Schulstunden wegspülen sollte.

Die drei vollkommenen Weiß: Der beschneite Fuji, der Silberreiher und die Schneeflocken

4 Aus den besten Familien

Die Kansai Women's University ist in mehrerer Hinsicht eine Ausnahme vom Collegeleben in Japan. Die KWU mit ihren rigorosen Zulassungsbestimmungen wurde als private Universität von amerikanischen Missionarinnen, Ehemaligen der Seven Sisters-Schulen, gegründet. Die KWU orientiert sich an den geisteswissenschaftlichen Idealen prestigeträchtiger amerikanischer Frauencolleges. Die Studentinnen, die die KWU besuchen, müssen während ihres vierjährigen Studiums so hart arbeiten wie amerikanische Studenten. Sie sind ausgezeichnete Schülerinnen und kommen – wie man uns sagte – aus den »besten Familien«. Viele von ihnen werden wahrscheinlich Frauen und Mütter zukünftiger Firmenchefs und Staatsmänner und zählen zur Elite des Landes. Manche hegen die Hoffnung, selbst in wirtschaftliche oder staatliche Führungspositionen zu gelangen.

Von denen, die an der KWU Englisch im Hauptfach studieren, sprechen die meisten fließend Englisch. Oftmals haben sie Auslandserfahrung, manchmal nur ein paar Monate, gelegentlich aber sogar sechs oder acht Jahre. Viele Kurse an der KWU werden nur in Englisch gehalten, sowohl von japanischen Englischlehrern als auch von Muttersprachlern.

Anders als der Großteil japanischer Studenten rechnen die KWU-Studentinnen nicht mit einer vierjährigen Erholungspause. Im Gegenteil, für sie werden diese Collegejahre die betriebsamsten ihres Lebens sein. In jedem Semester belegen sie mehr als fünfzehn Seminare und verbringen dreißig oder vierzig Stunden im Klassenzimmer. Nach den Seminaren ist ihre Zeit für weitere Kurse verplant: Teezeremonie, *koto* (japanische Harfe), *ikebana* (die Kunst des Blumensteckens), Klavier oder Violine, Tennis, Französisch, Aerobic, chinesisch kochen, französisch kochen und das Anziehen des Kimono (was keine leichte Aufgabe ist, vor allem nicht das Wickeln und Binden der vier Meter langen Schärpe *obi*). Alle diese Fertigkeiten gehören ins »Dossier« der jungen Frau, das sie und ihre Familie erstellen, um für sie den richtigen Lebenspartner zu finden. Das geschieht in einer abgewandelten Form des alten Brauchs des *omiai*, des offiziellen Treffens des Paares und der Eltern, und der durch den Heiratsvermittler arrangierten Heirat. Nahezu fünfundachtzig Prozent der japanischen Oberschicht unterziehen sich zumindest einer lockeren Form von *omiai*, und die KWU-Studentinnen sind keine Ausnahme. Es ist schon fast eine Binsenwahrheit, daß die Studentinnen, die an der KWU im Hauptfach Englisch studieren, zu perfekten, kosmopolitischen Ehefrauen werden, die in jeder Umgebung, ob im Osten oder Westen, ihrer Rolle gerecht werden.

Doch trotz der außergewöhnlichen Begabung der KWU-Studentinnen treten sie im Klassenzimmer keineswegs mit der Wortgewandtheit und Lebendigkeit auf, wie ich es von amerikanischen Studentinnen kenne. Zwölf Jahre eines eher passiven Bildungssystems, gekoppelt mit der grundlegenden japanischen Vorstellung, daß man sich vor Gleichgestellten nicht in den Vordergrund spielen soll, macht es schwer, ihnen jene Art von Seminardiskussion zu entlocken, die ich an meinen amerikanischen Studentinnen so schätze.

Den einzigen Weg, dieses Muster passiven Lernens zu durchbrechen, fand ich, indem ich das japanische Gruppengefühl und den »Teamgeist« nach amerikanischem Muster ansprach. Ich teilte meine Gruppen in Reihen und bat jede Reihe, eine Sprecherin zu wählen. Dann stellte ich eine Frage (»Was bedeutet für Sie das Bild der Wand in Robert Frosts ›Mending Wall‹?«) und ließ die Reihen als Gruppe zusammenarbeiten, um zu sehen, welches Team mit der besten Antwort aufwarten würde. In meinen Kursen für Fortgeschrittene bat ich darum, die Diskussion in der Gruppe auf

Englisch zu führen. Dann gab ich ihnen ein Zeitlimit von zwei oder drei Minuten.

Anfangs hörte ich nur schwaches Gemurmel, das selbst innerhalb der Reihe kaum zu verstehen war, und befangene Antworten von der Gruppensprecherin. Doch als ich sie dazu ermunterte, freier zu sprechen, und ihnen damit etwas erlaubte, was im Klassenzimmer sonst nicht an der Tagesordnung war, wurde das zögernde Geflüster von einer aufgeregten Diskussion abgelöst. In ihren Gruppen führten sie heftige Auseinandersetzungen, und dann referierte die Gruppenleiterin das Ergebnis der Diskussion. Selten bin ich einsichtigeren und sensibleren Antworten zur Dichtung begegnet.

Am Ende des Jahres stellten die Studentinnen sich selbst die Fragen in der Gruppe und beantworteten sie dann. Manchmal forderten sie einander eigenmächtig heraus, doch nie aggressiv oder auch nur konkurrierend, sondern absolut ernsthaft, als sei dieser Diskurs über moderne amerikanische Dichtung tatsächlich von großer Bedeutung.

Es war äußerst erfrischend. Wenn man ihnen erst einmal den Mechanismus in die Hand gegeben hatte, um ein Gespräch auf ihre japanischen Gruppenmuster zu übertragen, waren diese leistungsorientierten Japanerinnen ungewöhnlich mitteilsam.

Es gab nur einen Kurs, in dem laut Professor Sano, meinem Fachbereichsleiter, Probleme auftauchen könnten. Ich sollte die Nebenfächler der B-Klasse in mündlichem Englisch unterrichten, und Professor Sano wies mich mit besonderem Nachdruck darauf hin, daß diese Studentinnen ganz anders seien als meine Hauptfachschülerinnen. Wenn überhaupt, hätten nur die wenigsten – abgesehen vom üblichen japanischen Schulenglisch – irgendwelchen Kontakt mit der englischen Sprache gehabt. Obwohl es intelligente junge Frauen waren, hätten sie Englisch so gelernt wie mein kleiner

Freund Kenji – mit vielen »who« und »whom«, was so gut wie nichts mit dem tatsächlich gesprochenem Englisch zu tun hat. Die meisten hätten in ihrem Leben noch nicht einmal einen Muttersprachler gehört, es sei denn in Hollywoodfilmen.

Das in den japanischen Klassenzimmern gelehrte »Englisch« war in Wirklichkeit *katakana*, das japanische Syllabar für Fremdwörter, eine Methode, sämtliche fremdartigen Laute in die sechsundvierzig japanischen Grundlaute zu übertragen: *r* und *l* werden verwechselt, *v* wird *b*, auf jeden Konsonanten (außer *n*) muß ein Vokal folgen. Aus *rocket* wird *rokketo* (»locketo« ausgesprochen), aus *ventillator* wird *benchirētā*, und – das klassische Beispiel – aus *blacklist* wird, (hyperkorrekt), das sechssilbige *burakku-risuto.*

Vielleicht lag mir deshalb so viel daran, diesen Studentinnen Englisch beizubringen, weil auch ich mich so sehr damit abgemüht hatte, selbst das rudimentärste Japanisch zu lernen. Meine Abneigung gegen den traditionellen japanischen Englischunterricht erfüllte mich mit beinahe missionarischem Eifer, als ich meinen mündlichen Englischkurs an der KWU begann. Ich hatte nie einen Kurs für Englisch als Fremdsprache belegt, doch ich wußte von Kollegen, daß die Art und Weise, in der den japanischen Kindern eine Sprache vermittelt wird, genau dazu führt, daß sich niemand traut, die neue Sprache auch tatsächlich zu sprechen.

Ich versuchte einen Schachzug, indem ich bewußt den *sensei* degradierte. Anders als die meisten Sprachlehrer, die sich weigern, eine andere Sprache als die zu lehrende zu sprechen, machte es mir Spaß, die Studentinnen in meinem abscheulichen Japanisch anzusprechen. Teilweise geschah dies aus Eigennutz: ich lernte im Kurs für mündliches Englisch mehr Japanisch als sonstwo. Doch es lag auch eine pädagogische Absicht dahinter. Ich stellte mir vor, daß die Studentinnen, sobald sie merkten, auch *sensei* schämt sich nicht, Fehler zu machen, dem nicht nachstehen durften – somit münzte ich die japanische Vorliebe für Autorität und Korrektheit für meine eigenen Zwecke um. Um zu demonstrieren, wie ich mir die erste förmliche Vorstellung dachte, die in allen Kursen für mündliches Englisch unumgänglich war, bereitete ich meinen Einführungsvortrag auf japanisch vor. Ich dachte zunächst daran, absichtlich ein paar Fehler hineinzuschwindeln, merkte dann aber schnell, daß mein Japanisch auch so schon schlecht genug war.

Dabei leistete ich mir ein starkes Stück. Es ist der Fehler, den viele englische Muttersprachler machen, weil es uns schwerfällt, zwischen den wiederholten Konsonanten zu unterscheiden. Mein Fehler, so fand ich später heraus, war sogar ein berühmter Fehler; er passierte in aller Öffentlichkeit, als eine Amerikanerin die älteste und überaus verehrte Dame des japanischen Parlaments im staatlichen Fernsehen ankündigte. Die Amerikanerin wollte sagen, diese Abgeordnete sei nicht nur »herausragend«, sondern auch »sehr weiblich« (*onna-rashii*). Doch sie sagte statt dessen, die Abgeordnete sei herausragend und *onara shi* (was grob gesagt »einen Furz lassen« heißt).

»Dieses doppelte *n* ist schwer für uns Ausländer,« sagte ich, als eine meiner Studentinnen zu kichern anfing. »Wir können den Unterschied zwischen *onna ra* und *onara* kaum hören.«

Jetzt lachten alle Studentinnen, aber wie es höfliche japanische Mädchen tun, mit der Hand vor dem Mund.

»*Wartet!*« unterbrach ich mit meiner ernstesten Stimme. »Das ist der Kurs für mündliches Englisch!«

Das Gelächter hörte auf. Sie blickten mich verlegen an.

»Nein, nein. In diesem Kurs darf nur englisch *gelacht* werden. Überlegt mal. Ihr habt alle schon amerikanische Filme gesehen. Wie lacht man auf Englisch?«

Ich sah Glanz in Miss Shimuras Augen, und ich fragte sie:

»Würde eine amerikanische Frau jemals ihre Hand auf den Mund legen, wenn sie lacht, Miss Shimura?«

»Nein, *sensei* – ich meine, teacher.«

»Zeigen Sie es mir. Lachen Sie wie ein amerikanischer Filmstar.«

Miss Shimuras Arme waren wie am Körper festgeklebt. Sie warf ihren Kopf zurück. Sie riß den Mund auf so weit es ging. Sie formte hinten in der Kehle ein tiefes stakkatoartiges Geräusch. *Hanh. Hanh. Hanh.*

Wir brachen alle in hysterisches Gelächter aus.

»Hände runter!« rief ich wieder. »Wir haben mündliches Englisch!«

Sie ließen ihre Hände unten und ahmten Miss Shimuras amerikanisches Verschlußlaut-Lachen mit zurückgelegtem Kopf und weit geöffnetem Mund nach.

»Und was ist mit dem Körper?« bohrte ich weiter.

Ich parodierte ein japanisches Lachen, indem ich meine Arme an die Seiten preßte, meinen Kopf beugte, die Schultern nach vorne, und verschämt eine Hand vor meinen Mund legte.

Wieder lachten sie. Diesmal amerikanisch.

»Mündliches Englisch bezieht den Körper mit ein, es besteht nicht nur aus Worten.« Ich lächelte.

Miss Kato hob die Hand.

»*Hai?*« (Ja?)

»Die Amerikaner lachen auch so.« Sie warf den Kopf nach hinten, öffnete den Mund, wiegte ihren Oberkörper hin und her und hob und senkte ihre Schultern.

Begeisterte »Ja! Ja!«-Rufe ertönten, und wieder lachte der ganze Raum amerikanisch.

Als es ruhiger wurde, erwischte eine andere ihre Mitstudentin bei diesem lustigen amerikanischen Lachen und prustete selbst wieder los, die Hand an den Mund führend, doch als ich auf sie deutete, korrigierte sie sich und lachte nach westlicher Art. Ich lachte weiterhin japanisch, was sie noch lauter, vergnügter lachen ließ. Wir waren hin und weg, lachten in der Sprache der anderen.

Ich bin davon überzeugt, daß Scham das Sprachenlernen schneller zunichte macht als alles andere, ganz besonders in Japan, wo die Scham bei jeder sozialen Interaktion unter der Oberfläche lauert. Die Lachübung war eine kindische Übung, doch schließlich ist jedes Sprachenlernen kindisch, von Natur aus etwas Infantiles, ein Aufgeben und Aufnehmen, ein Kontrollverlust. Eine Sprache zu lernen bedeutet, in einen Zustand des absoluten Neuanfangs zurückzukehren.

Und Ehrlichkeit. Sprachenlernen ist so anstrengend, daß keine Kraft mehr für Verstellung bleibt. Fragen Sie jemanden im Anfängerkurs nach Größe und Gewicht, und Sie bekommen eine verläßlichere Angabe als die, die im Führerschein steht.

Im Anfängerkurs für mündliches Englisch zeigte sich dies sehr schnell, und ich lernte dort Aspekte des japanischen Lebens kennen, die mir meine gebildeten und kosmopolitischen Studentinnen in den Fortgeschrittenenkursen der KWU unter normalen Umständen nicht enthüllt hätten. Meine Anfängerinnen unterhielten sich auf englisch, wie sie es auch auf japanisch unter Freundinnen getan hätten. Die westliche Kultur war ihnen nicht vertraut genug, als daß sie hätten vorhersehen können, was mir seltsam und exotisch, widersprüchlich oder sogar verwerflich vorkommen könnte. Deshalb redeten sie auch frei von der Leber weg, was ich später nicht mehr erlebte, als ich den Fortgeschrittenenkurs für mündliches Englisch unterrichtete.

Meine fortgeschrittenen Studentinnen wichen meinen Fragen oft höflich aus. »Der japanische Mythos der rassischen Homogenität ist genauso irrig wie der amerikanische Mythos vom Schmelztiegel«, meinte eine Studentin, die mehrere Jahre in den Staaten gelebt hatte.

Ich hatte gedacht, meine Eröffnungsfrage: »Was ist Rassismus?« würde eine hitzige Debatte in Gang setzen, die uns am Ende der Unterrichtsstunde dazu führen würde, für das jeweilige Land den Punkt benennen zu können, an dem es für Rassismus anfällig war. Typischerweise reden die Japaner gerne über amerikanischen Rassismus, sie sind jedoch blind gegenüber den Vorurteilen im eigenen Land. Die pointierte Antwort der Studentin umging die Lektion, die ich an diesem Tag zu erteilen hoffte; sie nahm vorweg, was ich hätte sagen können. Die restliche Stunde verging mit Platitüden und unter gelangweiltem, wissendem Nicken. Die Studentinnen des Fortgeschrittenenkurses wußten genau, wie man sich aus der Schlinge zog.

Nach der Sommerpause bitte ich meine Nebenfachstudentinnen im Anfängerkurs für mündliches Englisch, mir kurz zu berichten, was sie in den Ferien gemacht haben. Diese Frage ist bewußt einfach gewählt, um ihnen den Einstieg zu erleichtern. Seit April, dem Beginn des japanischen Schuljahres, haben sie mündliches Englisch. Im Sommer hatten sie sechs Wochen Ferien und müssen nun drei Wochen lang am Unterricht teilnehmen, bevor Ende September die grausamen Prüfungen zum Semesterschluß beginnen.

Ich rufe die erste Studentin auf.

»Ich litt fast auf der ganzen Fahrt nach Nikko an Verstopfung«, beginnt eine hübsche junge Frau in einem blumenbedruckten Trägerkleid von Kenzo ihre Erzählung.

Ich verschließe mein Gesicht zu einer japanischen Maske, um keinerlei Gefühle zu zeigen, und sehe mich verstohlen in der Klasse um. Außer mir scheint keine auch nur im entferntesten über diesen Einstieg überrascht zu sein, und ich weiß, daß es meine absolute Pflicht ist, so zu tun, als sei dieses Thema das normalste der Welt.

»Ich war mit dem Tennisklub unterwegs, und meine *sensei*

achtete darauf, daß ich für meine Verdauung *konnyaku* zu mir nahm.«

An dieser Stelle wird sie nervös. Sie ist offensichtlich verlegen.

»Es ist gut«, springe ich ihr hastig bei und bemühe mich, beruhigende und ermunternde Worte auf japanisch zu finden. »Das haben Sie sehr gut gemacht. Bitte fahren Sie fort.«

»Es ist nur«, stammelt sie, ebenfalls auf japanisch, »daß ich das englische Wort für *konnyaku* nicht weiß. Wissen Sie es?«

Ich versichere ihr, daß es keine amerikanische Entsprechung dafür gibt. *Konnyaku* ist eine klebrige Substanz, die aus der Wurzel einer Pflanze gewonnen wird, die angeblich nur in Japan wächst. In Amerika, berichte ich ihr, essen die meisten Leute Kleie gegen Verstopfung, oder wir nehmen fertige Präparate aus der Apotheke wie etwa ›Ex Lax‹ .

»Ecks Racks«, wiederholt sie weihevoll, und kichert dann los (amerikanisch). Alle fallen ein.

Das Wort klingt so lustig. Es wird in den nächsten paar Wochen zum Klassenscherz. Wenn einer Studentin ein englisches Wort nicht auf Anhieb einfällt, wird eine andere ihrer Nachbarin so laut zuflüstern, daß wir alle es hören, »Ecks Racks!«

Drei oder vier andere Erzählungen berichten Schlag auf Schlag über Beinahe-Krisen der Verdauungsorgane und wie diese für gewöhnlich durch die weise Einmischung eines *sensei* überwunden wurden.

Was mich an diesem Morgen aber am meisten überrascht, ist meine eigene Verlegenheit, wenn ich auch glaube, sie ziemlich gut überspielt zu haben. Diese Studentinnen würden vor Scham vergehen, wenn sie nur die leiseste Ahnung hätten, daß sie über ein Thema sprechen, das in Amerika tabuisiert wird, und ich sehe mich in einem Dilemma. Sie vertrauen mir, ich soll sie in die westliche Kultur einführen, doch mir ist klar, wenn ich ihnen sage, daß es bei uns verpönt ist, über Darmbewegungen zu sprechen, wird das die lockere Kameradschaft zerstören, die ich in diesem Jahr so mühsam aufgebaut habe. Erzähle ich es ihnen aber nicht, so ist das ein Vertrauensbruch.

Ich beschließe, das Problem zu lösen, indem ich sie eine Liste von Dingen aufstellen lasse, die ihrer Meinung nach im Westen nicht erlaubt sind. In jedem Semester habe ich daran gearbeitet, gewisse falsche Annahmen und Stereotype der Japaner zu korrigieren, ganz besonders ihre Vorstellung, daß Englisch eine vollkommen logische und direkte Sprache sei, und daß die Amerikaner immer das sagen, was sie meinen, unabhängig vom sozialen Status oder den Machtverhältnissen.

Meine Studentinnen sagen oftmals ziemlich unverschämte Dinge, weil man ihnen beigebracht hat, daß es dem Englischen an jenen Höflichkeitsebenen fehlt, die zur japanischen Umgangsform gehören. Das sind Punkte, über die wir uns laufend unterhalten, und so ergibt es sich ganz gut, die letzte Semesterwoche darauf zu verwenden, in meinem komischen Japanisch über die falschen Vorstellungen und kulturellen Unterschiede zu sprechen, die ich während meines Jahres in Japan entdeckt habe. Ich kann ihnen von meiner Überraschung erzählen, als ich zum erstenmal eine öffentliche Toilette aufsuchte, die sich als gemischt herausstellte, oder über das japanische Bad, das ich mit einer Gruppe von Frauen nahm, die ich kaum kannte. Oder von dem männlichen Kollegen, der auf dem Nachhauseweg von einer Party um die Ecke bog, und dem ich folgte, bis ich merkte, daß er nur kurz pinkeln wollte. Ich weiß, daß ich meine eigene Überraschung spielerisch vermitteln muß, um meiner westlichen Prüderie angesichts von Körperfunktionen einen lächerlichen Anstrich zu geben, ohne sie abzuwerten. Damit werde ich meinem pädagogischen Anspruch gerecht.

Von meinen Nebenfachstudentinnen im mündlichen Englisch lerne ich viel über Japan. Dazu gehören auch die Rituale und der Aberglaube, den der wild wuchernde Kapitalismus auch im modernen städtischen Leben nicht hat ausrotten können. Sie erzählen von Telefonnummern für Horoskope, Zukunftsvorhersagen, Flüche, Heilmittel. Rituale für Hochzeiten, Schwangerschaften, Geburten, Scheidungen. Eine Art japanischer Voodoo, der in einer bestimmten Nacht im Wald stattfindet. Zahlenmagie. Gute und schlechte Tage, gute und schlechte Jahre, gute und schlechte Richtungen (»Schlafe nie mit deinem Kopf nach Norden, das ist die Richtung, in der die Toten beerdigt werden«). Blutsbrüderschaft. Tengu, der böse Schwindlerkobold mit der langen Nase. Kappa, der amphibe Flußkobold. Tanuki, die waschbärartige Kreatur mit der Geldbörse und den riesigen Hoden, dem Symbol für Reichtum. Drachen, übernatürliche Füchse, Donnergottheiten, Dauernudeln, gekochter Aal für das Durchhaltevermögen an heißen Sommertagen, weiche *mochi* – Reiskuchen für Kraft und Ausdauer im neuen Jahr, die Asche eines verbrannten *imori* (Salamander), die man jemandem vorsetzt, der sich in einen verlieben soll.

Sie sprechen ernsthaft über Vorurteile und Ungerechtigkeiten gegenüber den *burakumin* (Japans Kaste der Unberührbaren), den Ainu (den Eingeborenen, die heute fast ausgerottet sind), den Koreanern (die japanische Namen annehmen müssen, ehe sie eingebürgert werden können, oder denen die Staatsbürgerschaft erst zwei oder drei Generationen, nachdem sie ins Land gekommen sind, zuerkannt wird, und die wie Ausländer immer ihre Meldepapiere mit dem Daumenabdruck darauf mit sich führen müssen). Sie sprechen über Beerdigungsbräuche, und daß man deshalb mit den langen Eßstäbchen zum Krematorium geht, um sich den Rückenwirbel herauszupicken, der in die Urne des häuslichen Familienaltars kommt.

Als sie über *omiai* und die vereinbarte Heirat sprechen, beginnt eine Frau zu weinen. Ihre Freundin tröstet sie. Es ist das einzige Mal, daß ich in einem japanischen Klassenzimmer jemanden sein persönliches Leid habe zeigen sehen. Einige Frauen beharren darauf, nie einen ältesten Sohn zu heiraten, weil sie dann seine betagten Eltern pflegen müssen. Zwei sagen, sie wollen nie Kinder haben, weil sie es entsetzlich fänden, von ihren Kindern so gehaßt zu werden, wie sie selbst ihre Mütter während der Schulzeit haßten. Eine junge Frau meint, wenn sie heiraten sollte, müsse es ein Ausländer sein, denn sie wisse aus Filmen, daß ausländische Männer im Haushalt helfen. Eine andere setzt dagegen, daß sie nie einen *gaijin* heiraten werde, weil sie keinen *gokibur teishu* (Pantoffelhelden) haben möchte, einen Mann, der ihr in der Küche im Weg steht. Lustig oder ernst, sie reden leidenschaftlich. Vor allem aber: sie reden. Auf englisch.

»Aus dem Nebenraum kam in diesem Semester soviel Gelächter, daß ich im Stundenplan nachsah«, mokiert sich eine der Teilzeitdozentinnen. »Es ist Ihr Kurs für mündliches Englisch. Meine Studentinnen wurden ganz eifersüchtig. Wir hören aus Ihrem Zimmer nur Gelächter. Lernt man da überhaupt etwas?«

Ich hatte mit dieser Frau schon vorher Auseinandersetzungen, die nicht gerade erfreulich abliefen. Sie lehrt an einer der konventionellen japanischen Universitäten und kommt nur für einen Tag in der Woche an die Kansai Women's University. Mehr als einmal habe ich sie sagen hören, sie sei schon so lange hier, daß sie »japanischer als die Japaner sei«.

Wir sitzen und unterhalten uns über unseren *bento*-Schachteln, nehmen unser Mittagessen im Fakultätszimmer ein. Stolz erzähle ich ihr, daß meine Studentinnen im gesprochenen Englisch große Fortschritte machen und, was vielleicht noch wichtiger ist, daß sie lernen, sich frei und selbstsicher zu äußern.

»Und Sie halten das für gut?« lautet ihre rhetorische Frage. »Ihre Studentinnen promovieren und werden für eine Weile als Sekretärin arbeiten. Dann werden sie von so einem Trottel von *sarariiman* weggeheiratet. Aber das ist schon in Ordnung, denn Sie haben ihnen ja beigebracht, sich ›frei zu äußern‹.«

Ich mag diese Frau nicht. Ich mag die Anspielungen nicht, die in ihren Äußerungen liegen und auch nicht das Grinsen in ihrem Gesicht. Doch über ihre Bemerkung kann ich nicht einfach hinweggehen. Viele Male habe ich selbst darüber nachgedacht, besonders auf der Zugfahrt zur Universität und zurück, wenn ich die Gesichter der älteren japanischen Frauen beobachte und mir Gedanken mache, wo und wie meine Studentinnen dazupassen.

Die meisten dieser KWU-Studentinnen werden promovieren, und sie werden tatsächlich ein paar Jahre vor ihrer Hochzeit im Büro einer japanischen Firma arbeiten, wo sie höflich lächelnd den Managern Tee einschenken. Ihren intimsten Kontakt zum »Business« werden sie bekommen, indem sie den Kopierer oder den Aktenvernichter bedienen. Da nur ein Viertel der Studenten auf den vierjährigen Colleges in Japan weiblich ist (verglichen mit gut über die Hälfte in Amerika), sind viele Frauen gleich nach Beendigung der Mittelschule auf dem Arbeitsmarkt verfügbar. Die meisten werden Bürodamen und sind austauschbar. Sie gehören zu einer immer verfügbaren Gruppe junger Frauen. Viele von ihnen kündigen – oder werden gefeuert – wenn sie einmal verheiratet oder nachdem sie schwanger geworden sind.

Die Studentinnen der KWU sind die crème de la crème der japanischen Studentinnen. Manche werden es später im Firmenleben sicher weiterbringen als nur bis zur Bürodame. Ein paar mögen vielleicht sogar ihre Träume verwirklichen. Eine meiner Studentinnen möchte Komponistin werden. Eine andere träumt von einer Karriere als internationale Nachrichtenkorrespondentin. Wieder andere wollen Ärztinnen und Rechtsanwältinnen werden. Ihre Chancen sind nicht groß, aber schon die bloße Tatsache, daß sie hier sind, zeigt, daß sie die Chancen für sich zu nutzen wissen.

»Ich träume davon, Hausfrau und Mutter zu sein«, sagt eines Tages eine meiner Schülerinnen im Kurs für mündliches Englisch. »Doch als Mutter möchte ich meinen Kindern die *Wahl* lassen, ob sie zur *juku* gehen wollen oder nicht. Es wird helfen, die japanische Gesellschaft besser zu machen, wenn ich meinen Kindern erlaube, frei zu sein.«

Frei sein. Das ist ein Satz, den ich in diesem Jahr oft gehört habe, und ich habe den Verdacht, daß einiges davon übertrieben ist, um dem *gaijin*-Lehrer zu gefallen. Bei manchen ist vermutlich der Wunsch der Vater des Gedankens. Viele dieser klugen und weltgewandten Frauen werden ganz normale Hausfrauen und Mütter der oberen Mittelklasse sein. Mir fällt es schwer, den Sinn ihres ganzen Studiums zu begreifen, all die Jahre der Entbehrungen, all die Stunden in der *juku*, wo sie für die »Prüfungshölle« paukten, nur um eines Tages auch eine »Erziehungs-Mutter« zu sein, die ihre Söhne und Töchter unter den fallenden Kirschblüten auf den Weg schickt – womit der ganze Zyklus mit einer neuen Generation wieder von vorne beginnt.

»Man hat uns gesagt, die japanischen Arbeiter müssen besser sein als die amerikanischen«, sagt eine Studentin bei einer Aufgabenstellung zur Arbeitsethik. »Man hat es uns so beigebracht, und deshalb arbeiten wir unentwegt – hart, härter, am härtesten. Selbst als Kinder hat man uns gesagt, wir sollen hart arbeiten. Wir Japaner arbeiten uns selbst auf.«

Von dem brennenden Problem, das sie aufgeworfen hat, ist sie ebenso verblüfft wie wir übrigen. Ihr Akzent ist mittelmäßig, und ihr Vokabular hat seine Grenzen, aber ihre

Eloquenz ist unverwechselbar. Wir haben sie gehört. Sie kehrt zurück an ihren Platz, ihr Gesicht ist gerötet von der ihr zuteil gewordenen Aufmerksamkeit.

Als ich an diesem Nachmittag mit dem Zug zu meiner Wohnung in Nigawa fahre, fällt mir auf, daß die einzigen Männer im Zug ältere Pensionäre sind. Der Zug ist voll mit Müttern, die vom Einkaufen heimkehren oder Schulkinder in Uniform dabeihaben, die bereits den Unterricht in der regulären Schule absolviert haben und nun auf dem Weg zur *juku* sind.

Ich ertappe mich dabei, daß ich mir die große Frage, die gefährliche Frage stelle: Was mache ich eigentlich hier? Meine Studentinnen haben Spaß, sie lernen Englisch, aber welche Rolle spiele ich dabei? Ich habe an der Kansai Women's University eine Menge dazugelernt, und ich weiß, daß auch meine Studentinnen etwas gelernt haben. Ich halte es nicht für romantisierend, wenn ich sage, wir sind einander nahegekommen, haben einander Einblicke in die jeweils andere Kultur gewährt. Reicht das?

Manchmal spüre ich, wenn ich meinen Blick durchs Klassenzimmer schweifen lasse, daß hier so etwas wie tiefe Zuneigung in der Luft liegt. Es macht mir angst.

Meine Studentinnen sind davon überzeugt, daß ich wie ein westlicher Filmstar aussehe. Wenn ich mein schulterlanges Haar an einem heißen Sommertag zu einem Zopf flechte, kann ich voraussehen, daß mindestens ein Dutzend von ihnen in der nächsten Woche auch einen Nackenzopf trägt. Kremple ich meine Jackenärmel hoch, krempeln sie ihre ebenfalls hoch. Meine Schülerinnen im Kurs für mündliches Englisch ahmen begeistert meinen amerikanischen Slang nach, insbesondere meine Angewohnheit »O Mann!« zu sagen. Sie haben Spaß daran, mich in die Geheimnisse ihrer Kultur einzuweihen. Es macht ihnen Freude, zu scherzen und zu lachen und Englisch zu sprechen, das Haar zum Zopf geflochten, die Ärmel hochgekrempelt.

Vielleicht ist das meine Aufgabe. Nicht sehr folgenreich, aber möglicherweise notwendig. »Ausländischer Lehrer auf Besuch« lautet mein offizieller Titel im Visum. Die Studentinnen nennen mich *sensei*, doch ich bin nicht wie die anderen *sensei* der japanischen Vorstellung. Ich bin exotisch, und ich bin eine vorübergehende Erscheinung. Meine verbitterte Kollegin mag recht haben. In der Gesamtsumme ihrer Existenz zählt es nicht viel, daß sich ihr Englisch verbessert hat. Wenn ich ganz zynisch bin, halte ich mich für eine Ablenkung, eine Erholung vom hektischen Leben in Japan, das pädagogische Äquivalent zum Whiskey des *sarariiman*.

Doch ich glaube, man kann nur dann Lehrer sein, wenn man mit der Möglichkeit einer Veränderung rechnet. Wenn ich optimistisch bin, gefällt mir der Gedanke, daß ich meinen japanischen Studentinnen dasselbe gebe, was ich auch meinen amerikanischen Studenten zu Hause zu geben versuche: einen Raum, in dem sie sprechen können und angehört werden.

Manchmal sehe ich mir die Frauen mittleren Alters in Japan an und bin von Ehrfurcht erfüllt. Oftmals sehen sie so alt aus, wie sie tatsächlich sind – nicht, wie die Amerikanerinnen, wütend und selbstzerstörerisch damit beschäftigt, der ewigen Jugend hinterherzulaufen – und oftmals wirken sie glücklich. Wenn ihre Kinder erwachsen sind, werden viele von ihnen abenteuerlustig. Für einige ist es der Gesellschaftstanz oder *koto*, Hobbies, die sie während der geschäftigen Jahre der Kindererziehung aufgegeben haben. Andere kandidieren für die Kommunalpolitik oder arbeiten für die Schulreform oder in Friedens- und Umweltgruppen. KWU nimmt seit kurzem auch »zurückkehrende Frauen« – ältere Frauen, deren Kinder erwachsen sind – in den Promotionsstudiengang auf, und die Erfolgsrate sowohl an der Universität als auch im nachfolgenden Berufsleben ist sehr beeindruckend.

Das sind die Gedanken, die ich mir mache, wenn ich die hervorragenden jungen Frauen an der Kansai Women's University unterrichte. Ich denke an ihre Zukunft und hoffe, daß sie eines Tages, früher oder später, nicht mehr mitmachen, daß sie dann auf ihre eigene Stimme hören und sich an ihre jugendliche Begeisterung erinnern.

5 Typische Japanerinnen

Anders als meine amerikanischen Studenten besuchten mich die Studentinnen der Kansai Women's University während meiner Bürostunden nur selten. Dann interviewte mich eines Tages die Reporterin einer Lokalzeitschrift für eine Kolumne, in der ansässige *gaijin* die Frage beantworteten: »Welchen Eindruck haben Sie von der typischen Japanerin?«

Ihre Frage traf mich völlig unvorbereitet. Bevor ich nach Japan kam, hätte ich ohne zu zögern antworten können. Ich hatte dieselben vorgefaßten Meinungen, welche die meisten Westler über japanische Frauen haben – unterwürfige Hausfrauen, kokette Geishas, willige Prostituierte der legendären »Floating World«. Nach den paar Monaten, die ich jetzt in Japan lebte und lehrte, fiel es mir schwer, die Frauen zu charakterisieren, denen ich begegnet war. Ganz allgemein war ich beeindruckt von ihrer Stärke und Unabhängigkeit. Die Frage nach der »typischen Japanerin« jedoch wußte ich nicht zu beantworten.

»Gibt es die denn?« fragte ich schließlich hilflos.

Ich erzählte der Reporterin, ich wisse jetzt, was *nicht* typisch ist (ich war nur zwei Geishas begegnet), hätte aber keine Ahnung, wie die typische Japanerin aussehen und leben könnte.

»Vermutlich werde ich das restliche Jahr damit verbringen, sie ausfindig zu machen!« scherzte ich.

Ich weiß nicht, wie dieser Kommentar letztendlich in dem Zeitungsartikel formuliert wurde, aber man sagte mir, man habe mich als eine »feministo« vorgestellt, die zum Teil deshalb nach Japan gekommen sei, um mehr über die Japanerinnen zu erfahren. Offensichtlich war dies der magische Satz. Plötzlich besuchten mich die Studentinnen in meinen Bürostunden, als habe der Zeitungsartikel sie dazu aufgefor-

Der Fuji neben dem Wasserfall

dert. Ich hatte öffentlich mein Interesse bekundet, mehr über die Japanerinnen zu erfahren – jetzt wurde meine Neugierde befriedigt. Und da ich eine Außenseiterin war, konnten sie persönliche Probleme mit mir besprechen und sich meinen Rat holen, ohne sich zu kompromittieren.

Die meisten von ihnen kamen zu mir, um über ihre Berufschancen zu sprechen. Ich bin eine typische Japanerin meiner Generation, sagen sie. Ich möchte etwas anderes als das, was meine Mutter wollte. Ich möchte keine Bürodame werden. Ich will einfach nicht irgendeinen *sarariiman* heiraten. Ich möchte Übersetzerin, Journalistin, Schriftstellerin, Auslandskorrespondentin, Professorin werden.

»Ich würde gerne Fumiko Enchi ins Englische übertragen, damit auch Ausländer die Schönheit ihres Werks schätzen können«, erklärt eine Studentin. Ich versuche ihr zu vermitteln, daß die besten Übersetzer normalerweise aus einer fremden Sprache in ihre Muttersprache übersetzen.

»Aber ich glaube, kein Ausländer könnte Enchi-san im Original verstehen«, beharrt sie. »Sie ist zu japanisch.«

Zu japanisch. Wir vereinbaren, daß sie mir in der nächsten Woche fünf oder zehn Seiten ihrer Übersetzung zeigt. Diese ist grammatikalisch korrekt – aber so dröge wie ein englischer Highschool-Aufsatz. Wieder schlage ich ihr vor, sie möge doch versuchen, eine ihrer amerikanischen Lieblingsautorinnen ins Japanische zu übertragen.

»Nein, *sensei*«, ereifert sie sich. »Wir Japaner übersetzen bereits hunderte von westlichen Schriftstellern ins Japanische. Ich möchte, daß die Amerikaner sehen, was für ausgezeichnete Schriftstellerinnen wir haben.«

Sie sieht sich meine Anmerkungen zu ihrer Übersetzung an. »Ich werde härter daran arbeiten. Ich werde mein Bestes geben.«

Andere Studentinnen kommen mit weniger eindeutigen

Bitten. »Wie haben Sie Ihre Karriere begonnen?« fragt eine und fügt dann später hinzu: »Wie könnte ich meine angehen?«

Sie möchten, daß ich ihnen sage, wie sie es machen sollen, was sie machen sollen, und wohin sie gehen sollen. Sie wollen *mein* Leben haben – es scheint lustig, locker und glamourös zu sein.

»Sie und Ihr Mann sind ein glückliches Paar«, sagen einige von ihnen in fast gleichlautender Formulierung. Ich bin mir sicher, daß sie sich darüber ausgetauscht haben. Sie sind in Fantasialand und vertrauen mir auch an, daß Ted ihrer Meinung nach genau wie James Dean aussieht und ich wie die junge Audrey Hepburn. Ein Amerikaner würde nicht einmal im Traum daran denken, solche Vergleiche anzustellen.

Ich weiß nicht, wie ich ihren Romantizismus durchbrechen soll, und noch weniger weiß ich, wie sie ihr Leben führen könnten.

»Ich hasse den Mann, den meine Familie für mich ausgesucht hat«, vertraut mir eine umwerfend schöne junge Frau an. Sie hat schimmernde Augen und ein herzförmiges Gesicht. Mir ist aufgefallen, daß sie zugenommen hat, und im Verlauf unseres Gesprächs komme ich dahinter, daß ihre Gewichtszunahme Strategie ist. Sie erzählt mir, ihre Eltern hätten schon vor langer Zeit eine Heirat für sie arrangiert, und zwar mit dem Sohn des Geschäftspartners ihres Vaters. Als moderne Eltern hoffen sie, die Heirat werde ihre Tochter glücklich machen, aber um ihre Wünsche geht es dabei gar nicht. Sie weiß, daß ihre Eltern ihr nie verzeihen werden, wenn sie sich weigert, den jungen Mann zu heiraten, deshalb ißt sie und ißt – in der Hoffnung, so fett zu werden, daß der Mann die Heirat von sich aus absagt.

Sie trägt ihr Gewicht sehr sinnlich, wird mit jedem Pfund anziehender. Sie ist verzweifelt, als sie zu mir kommt, um sich Rat zu holen, doch was kann ich ihr raten? Ich kann mir ja nicht einmal vorstellen, was es für sie bedeuten wird – welche *Konsequenzen* es hätte –, falls sie ihn ablehnt.

»Ich bin eine Außenstehende«, gebe ich zu bedenken. »Ich weiß nicht genug über eure Kultur, um einen Rat geben zu können. Vielleicht sollten Sie mit einer Ihrer japanischen Professorinnen darüber reden.«

Sie kommt meinem Vorschlag nicht nach. Wann immer ich ihr begegne, stopft sie Pizza, Reiskugeln und süßes Gebäck in sich hinein.

»Ich möchte ein Jahr lang in Amerika studieren«, sagt eine meiner besten Studentinnen während der Sprechstunde. »Könnten Sie mir bitte beim Ausfüllen der Formulare für das Stipendium helfen?«

Bereitwillig helfe ich. Dies ist etwas, was ich tun kann.

Nicht alle sprechen mit mir. Eine junge Frau sitzt wie ein Gespenst hinten im Raum, während ich meine »Amerikanische Literatur im Überblick« vortrage. Sie sieht aus, als sei sie magersüchtig, die Wangen eingefallen, brennende Augen, ein leerer Blick. Manchmal sitzt sie nur da und starrt mich während der ganzen Stunde an. In diesem Kurs sind über siebzig Studentinnen, deshalb fordere ich sie nur gelegentlich auf, Fragen in Teamarbeit zu beantworten, doch als dies einmal vorkommt, verläßt sie den Raum. Ihre Banknachbarin eilt nach vorne, um sich für sie zu entschuldigen, sie erklärt, daß ihre Freundin heute einen anderen Termin hätte, daß es ihr aber peinlich sei, mit mir darüber zu sprechen.

Ich bin angehalten, an der KWU Anwesenheitslisten zu führen. Ich hatte schon gedacht, sie würde ständig fehlen, doch eines Tages merke ich, daß sie hier ist, im Klassenzimmer, aber einfach nicht reagiert, wenn ich sie aufrufe: »Miss Saitō.« Wenn ich sie ein zweitesmal auffordere und dabei direkt anschaue, wendet sie sich von mir ab und blickt demonstrativ aus dem Fenster.

Eines Tages starrt sie während des ganzen Unterrichts nach draußen. Ich versuche, sie zu ignorieren, ertappe mich aber dabei, daß meine Augen ständig in ihre Richtung schweifen, und ich beobachte, wie sie sich erst Haut von ihren Fingern schält und dann ein kleines Messer herausholt, um die Haut abzuschneiden. Blut tröpfelt auf das Pult.

So lässig wie möglich beende ich die Stunde und entlasse die Studentinnen vorzeitig. Ich eile den Korridor hinunter und suche im Englischen Seminar nach Hilfe. Zwei Kolleginnen sind in ein Gespräch versunken. Ich unterbreche sie und berichte von der Frau mit dem Taschenmesser in meinem Kurs.

»Das kann doch nur Miss Saitō sein?« bemerkt die ältere *sensei*, ohne aufzustehen. Als ich zustimmend nicke, versichert sie mir, mit Miss Saitō sei alles in Ordnung.

»Wir beobachten sie«, fährt sie fort. »Wir haben mit der Familie gesprochen. Danke, daß Sie uns Bescheid geben. Doch Sie brauchen sich nicht für sie verantwortlich zu fühlen.«

»Wird sie sich etwas antun? Wird sie jemand anderen verletzen?« Ich versuche ruhig zu bleiben, obwohl ich sehr aufgebracht bin. Eine junge Frau hat sich in meinem Kurs die Finger wie Karotten abgeschält, und mir sagt man, es sei alles in Ordnung.

»Es tut mir sehr leid, daß Sie so eine beunruhigende Erfahrung machen mußten, aber bitte machen Sie sich deswegen keine Sorgen,« sagt die ältere Lehrerin und wendet sich wieder an ihre jüngere Kollegin, um das Gespräch auf japanisch fortzuführen.

Später an diesem Tag erfahre ich von einer der hier ansässigen ausländischen Dozentinnen, daß Miss Saitōs Familie die KWU für die Probleme ihrer Tochter zur Verantwortung ziehen möchte. Sie hat ganz offensichtlich eine Art Nervenzusammenbruch, aber die Familie will dies so lange nicht zugeben oder professionelle Hilfe einholen, bis es nicht mehr zu umgehen ist, denn ein Bericht über psychische Probleme würde ihre Chancen auf dem Heiratsmarkt mindern. Sie durchlebt jetzt *omiai*, ein paar Jahre früher als üblich, denn die Familie würde sie gerne verheiratet sehen, bevor es noch schlimmer wird. Und wenn sie schon völlig psychotisch werden sollte, dann möchte die Familie, daß dies passiert, während sie die KWU besucht: Schuldruck ist (mehr oder weniger) einer der wenigen akzeptablen Gründe für einen Nervenzusammenbruch. Die Universität andererseits hofft, daß sie bis zur nächsten Woche, dem Beginn der Sommerferien, durchhalten wird, damit die Familie endlich selbst die Verantwortung übernimmt.

In der folgenden Woche kommt sie zu spät in den Kurs. Es ist ein elend heißer und feuchter Tag, der letzte Tag vor den Sommerferien, und die Klimaanlage läuft auf vollen Touren. Als erstes geht sie im Klassenzimmer nach hinten und stellt den Ventilator ab. Sie will sich nicht setzen. Sie steht einfach mit herausfordernder Miene in der letzten Reihe.

»*Nippongo tsukatte kudasaii!*« schreit Miss Saitō an diesem letzten Unterrichtstag auf mich ein und verlangt, daß ich japanisch spreche.

»Entschuldigen Sie«, sage ich und bemühe mich, freundlich zu sein, obwohl ich weiß, daß die Wut in meiner Stimme zu hören ist. »Kann ich etwas für Sie tun?«

»*Nippongo tsukatte kudasaii!*« schreit sie wieder.

Ich wiederhole meine Frage auf japanisch, wie kann ich Ihnen helfen?

Sie wendet mir den Rücken zu.

Ich halte es für besser, sie einfach zu ignorieren und meine Stunde fortzusetzen. Ich drehe mich zur Tafel und schreibe einige englische Wörter auf, höre aber rasche Schritte näherkommen. Ich drehe mich sofort um und sehe in ihr wutverzerrtes Gesicht.

Sie schiebt sich an mir vorbei, streift mit dem Ärmel ihrer Bluse meinen Arm. Aggression ohne Gewalt. Die Spannung im Raum ist unerträglich. Keiner atmet. Miss Saitō nimmt ein Stück Kreide und schreit: »*Nippongo, Nippongo, Nippongo*«, wobei sie jedes englische Wort an der Tafel mit einem X durchkreuzt und dann aus dem Klassenzimmer rennt.

»*Gomen nasai*«, wende ich mich an die Klasse und verbeuge mich tief. Es tut mir sehr leid, sage ich auf *Nippongo.* Ich sage ihnen, wir werden uns im September nach der Sommerpause wiedersehen und bedaure für uns alle diesen unglücklichen Auftritt. Meinen Schülerinnen wünsche ich schöne Ferien. Ich versuche mit aller Kraft, meine Gefühle unter Kontrolle zu halten.

Eine der Studentinnen springt auf und verbeugt sich tief. »*Gomen nasai*« entschuldigt sie sich bei mir. Alle meine Studentinnen stehen, verbeugen sich und entschuldigen sich bei mir, dann packen sie schweigend ihre Bücher zusammen.

Ich mache mich auf den Weg zum Englischen Seminar, um das Geschehene zu berichten. Wieder Entschuldigungen, doch es ist eindeutig, daß keiner etwas davon hören will.

»Miss Saitō sucht jetzt einen Arzt auf. Vielleicht bekommt sie Medizin und es geht ihr bald besser«, beruhigt mich eine Kollegin. »Wenn Sie finden, daß die Situation in Ihrem Kurs inakzeptabel war«, fährt sie fort und wägt jedes Wort ab, »könnten wir offiziell dagegen vorgehen. Doch bald sind ja Sommerferien.«

Ich weiß, was diese japanische Andeutung eigentlich bedeutet: Wir wären total sauer auf dich, wenn du hier einen Aufstand machst, ausgerechnet jetzt, wo wir bald nach Hause dürfen.

Natürlich weiß ich, daß so etwas nicht nur in Japan vorkommt. Auf der KWU ist es eine Frage der Verantwortung. Die Schule möchte vor der Familie nicht als der Sündenbock dastehen. Ein ähnliches Szenarium, wenn auch mit anderen

Motiven, habe ich auf einer amerikanischen Ivy League-Universität erlebt, wo der verhaltensgestörte Sohn eines reichen Ehemaligen mit Samthandschuhen angefaßt werden mußte, damit man sich nicht die Spenden verscherzte, die von der Familie zu erwarten waren. Wahrscheinlich gibt es überall solche Vorfälle. Aber dieser Blick aufs größere Ganze ist keine Beruhigung. Es ist hier in meinem Klassenzimmer passiert, und ich bin zutiefst verstört. Während der Sprechstunde an diesem Tag lege ich meinen Kopf in die Armbeuge und schließe die Augen. Ich möchte für diese junge Frau weinen, ich möchte für all diese jungen Frauen weinen, die mit ihren Problemen zu mir kommen, ohne daß ich sie lösen kann, und ich möchte für mich weinen.

Ein zaghaftes Klopfen an meiner Tür. Es ist eine Abordnung von Studentinnen, die Frauen aus der Reihe von Miss Saitō, es ist ihre »Gruppe«.

Wir verbeugen uns höflich voreinander, und ich bitte sie, sich zu setzen. Eifrig schaffen sie sich Platz, indem sie Bücher und Papier beiseite räumen und die Stühle in meinem kleinen Büro zu einer festen Reihe zusammenschieben. Jede ihrer Gesten hat etwas Flehentliches. Sie erkundigen sich nach meinen Plänen für den Sommer, sie geben ihrer Hoffnung Ausdruck, daß Mr. Davidson und ich irgendwohin gehen, wo es kühler ist, weg vom feuchten Sommerwetter in dieser Gegend Japans.

Dann spricht die Gruppenleiterin.

»Saitō-sans Zustand hat nichts mit Ihnen zu tun«, sagt sie freundlich. »Es ist nichts Persönliches. Wir möchte alle, daß Sie das wissen.«

Nachdem sie das gesagt hat, steht die junge Frau auf und macht eine tiefe Verbeugung. All die anderen Studentinnen stehen auf und verbeugen sich. Ich stehe auf und verbeuge mich ebenfalls.

Ihre Aufmerksamkeit rührt mich. Natürlich nehme ich das

persönlich. Als ich ihnen für ihr Kommen danke, muß ich mit den Tränen kämpfen.

Noch ein Abschiedsritual, noch mehr Verbeugungen, noch mehr Wünsche für glückliche Sommerferien.

»Bitte machen Sie sich keine Vorwürfe«, wiederholt die Gruppensprecherin noch einmal, als sie schon aus dem Raum schlüpft, »Saitō-san führt sich in allen Kursen so auf, die von *gaijin*-Lehrern gegeben werden.«

Bei allen *gaijin*-Lehrern.

Ist so etwas möglich? Daß man nur vor denen zusammenbricht, die sich außerhalb des Systems befinden, die keinen zu nachhaltigen Schaden anrichten können? Oder kommt es zum Zusammenbruch, *weil* wir Ausländer sind?

»Darf ich Sie fragen, warum das so ist?«

Die Studentinnen unterhalten sich untereinander in schnellem Japanisch. Ich verstehe mehr, als ihnen klar ist – Miss Saitō steht zu sehr unter Druck; sie hat das Gefühl, die *gaijin*-Lehrer schauen auf sie herab, weil sie Japanerin ist; sie ist unglücklich und verzweifelt. Die Worte »*muzukashii*« (schwierig, kompliziert) und »*gaijin*« tauchen immer und immer wieder gemeinsam auf. Sie versuchen zu einer Lösung zu kommen, wie sie mir auf taktvolle Weise vermitteln können, daß *gaijin* Miss Saitō aus der Fassung bringen, ohne daß es sich so anhört, als gäben sie mir die Schuld an ihrem Zusammenbruch.

»Vielleicht hat sie eine Art Komplex entwickelt«, sagt die Gruppensprecherin schließlich. »Wir Japaner fühlen uns manchmal den Ausländern unterlegen. *Gomen nasai*«, sie verbeugt sich tief.

»*Gomen nasai*«, sage auch ich.

Als ich von der KWU über den Hügel hinunter zum Zug laufe, muß ich an alle diese Studentinnen denken. Obwohl sie in etwa gleich alt sind, hervorragend und fleißig arbeiten, aus reichen Familien kommen, die vor allem dem Kansaigebiet Westjapans entstammen, gibt es nichts, was »typisch« an ihnen wäre. Sie sind so verschieden und einzigartig wie meine Studentinnen in den Vereinigten Staaten auch.

»*Sensei, sensei*!« höre ich eine aufgeregte Stimme. Es ist meine hübsche Studentin. Sie sitzt auf einer ruhigen Bank und ißt ein Eclair. »Ich bin mir nicht sicher, aber ich glaube, sein Interesse hat nachgelassen!«

Mir fehlen die Worte. Soll ich sie zu dieser verrückten Leistung beglückwünschen? Habe ich Angst, eine andere Verbindung könnte darunter leiden? Mache ich mir Sorgen, ob sie sich von ihrer Familie entfremdet hat? Ich merke, daß ich auch in einer ähnlichen Situation in Amerika nicht wüßte, wie ich reagieren soll. Ich bringe meine Hoffnung zum Ausdruck, daß sie sehr glücklich wird, was auch immer geschehen mag. Es ist ein lahmer Kommentar, aber das Beste, was ich heute noch zustande bringen kann.

»Schöne Ferien, *sensei*!« ruft sie fröhlich und wendet sich wieder ihrem Eclair zu.

»*Ich* bin die typische Japanerin«, behauptet meine Nachbarin, Frau Okano, eines Morgens, ein paar Tage nach Erscheinen des Zeitungsinterviews. Wir haben uns vor zwei oder drei Wochen zum letztenmal gesehen. Ich komme gerade vom Einkaufen zurück, und sie steht unten im Treppenhaus und wartet, wie sie mir erzählt, auf den Postboten.

»Ich meine es ernst«, sagt sie. »Wenn Sie irgend etwas Typisches über japanische Frauen erfahren wollen, können Sie mich fragen.«

Ted nennt Frau Okano »die Bürgermeisterin« von Maison Shōwa, unserem Wohnkomplex. Vormittags um elf ist sie meist an den Briefkästen anzutreffen, wo sie Klatsch, Neuigkeiten und Informationen mit den anderen Frauen austauscht, die in ihren Hauskleidern im Stil der fünfziger Jahre und mit ihren Plastikschlappen herunterkommen. In dieser

Gruppe bin ich die Außenseiterin, die einzige Ausländerin in der Maison Shōwa, aber sie schafft es immer, mich in ihre Gespräche einzubeziehen. Als eine Nachbarin Zwillinge bekommen hat, ein Ereignis für die Maison Shōwa, erzählt sie es mir und ist sehr erfreut, als ich ihr antworte, daß meine Stiefschwestern Zwillinge sind. Sie sagt, sie werde sich darum kümmern, daß die Nachbarin es erfährt, und vielleicht könnten wir uns ja irgendwann einmal über Zwillinge in Japan und Amerika unterhalten. (»Wußten Sie schon«, fragt sie mich, »daß Zwillinge in Amerika doppelt so häufig vorkommen? Manche Wissenschaftler meinen, es hänge mit unserer Ernährung zusammen. Vielleicht zuviel Sojasauce«, scherzt sie.) Oftmals versorgt sich mich aber mit banaleren Informationen: Eines Tages warnt sie mich vor einer aufbrechenden Erdbebenspalte, und ein anderes Mal erzählt sie mir, daß eine Frau vom NHK (dem staatlichen Fernsehsender) vorbeikommen werde, um eine »freiwillige, aber erwünschte« Benutzungsgebühr zu kassieren.

Zweimal hat sie mich bereits in ihre Wohnung zum Nachmittagstee eingeladen. Es ist eine Zwei-Zimmer-Küche-Bad-Wohnung wie unsere, nur ein wenig kleiner. Sie ist vollgestopft mit Möbeln, wozu auch einige riesige, freistehende Schränke gehören, in denen außer Frau Okanos Kleidung auch die ihres Mannes, die ihrer beiden Kinder und die seiner Mutter untergebracht ist. Ihre Wohnsituation ist nicht untypisch, auch nicht für diesen wohlhabenden Vorort. Ich habe herausgefunden, daß Herr Okano Angestellter in einer größeren Firma ist; sie fahren einen Audi und sind in elektronischer Hinsicht aufs feinste ausgestattet. Aber die Mieten sind hier astronomisch. Eine neue Wohnung ist in der Gegend von Kansai schwer zu finden, und es wird ein unverschämtes »Schlüsselgeld«, manchmal eine Jahresmiete, verlangt, das im voraus bar auf den Tisch zu legen ist. Frau Okano macht gelegentlich Andeutungen, daß sie bald umziehen werden, wechselt aber immer wieder zu näher liegenden Themen, so daß wir nie über ihr neues Zuhause sprechen.

Nie habe ich ihren Mann oder ihre Kinder gesehen. In unseren Gesprächen erfuhr ich, daß der Sohn auf der Junior-Highschool und die Tochter auf der Highschool ist. Beide sind an fünf Abenden pro Woche in einer *juku* eingeschrieben.

»Es muß sein«, lautet ihr einziger Kommentar, mit dem sie alle weiteren Fragen abblockt, die ich bezüglich ihrer Kinder haben könnte, die so viel Zeit in der Schule verbringen und so schwer lernen. »Außerdem«, lacht sie befangen und deutet auf das vollgestopfte Wohnzimmer, »können sie in der *juku* ihre Füße ausstrecken.«

Beim Tee erzählt sie mir, ich sei die erste *gaijin*, die sie in ihrer Wohnung zu Gast habe. Kurz vor ihrer Hochzeit hat sie in der Highschool Englisch unterrichtet, doch dies ist für sie seit Jahren die erste Gelegenheit, ihre Sprachkenntnisse wieder einzusetzen. Sie ist eine der wenigen Japanerinnen in unserer Wohnanlage, die an Nationalfeiertagen die japanische Flagge hißt, deshalb gehe ich davon aus, daß ihre politische Einstellung ziemlich konservativ sein muß, aber darüber reden wir nicht. Wir unterhalten uns über unsere Stadt, Japan, Kinder, Amerika und alles, was sonst noch anfällt. Da keine von uns beiden die Sprache der anderen fließend beherrscht, verbringen wir viel Zeit mit dem Blättern in Wörterbüchern, mit Gestikulieren und Deuten. Wir führen eine eigenartige Unterhaltung – irgendwo zwischen Englisch und Japanisch angesiedelt – und sind manchmal völlig frustriert, weil jede von uns die gleichen Wörter in der Sprache der anderen kennt.

»Interessant«, sagt sie zum Beispiel.

»*Omoshiroii*«, antworte ich.

»*Muzukashii*«, sage ich dann.

»Das ist schwierig, kompliziert«, übersetzt sie.

Sie war auch in meiner Wohnung zum Tee und hat allen Nachbarinnen erzählt, daß ich alte Kimonos wie Kunstwerke an die Wände hänge, und *soba* verwende, um Spaghetti zu machen. Wir haben voneinander gelernt und uns zusammen wohlgefühlt.

»Warum halten Sie sich für ›typisch‹?« will ich von ihr wissen.

»Weil ich's bin«, stellt sie lakonisch fest. »Bei mir gibt es nichts Ungewöhnliches!«

»Ich finde es ungewöhnlich«, sage ich bewundernd, »wenn jemand zugibt, normal und durchschnittlich zu sein. Die meisten Menschen halten sich doch für etwas Besonderes.«

»Oh, das mag in Amerika so sein«, meint sie. »Aber in Japan hält sich jede Frau für typisch.«

Wir lachen beide, als die Briefträgerin auf ihrem roten Motorrad näherkommt. Frau Okano entschuldigt sich und geht ihr entgegen. Sie erinnert die Briefträgerin daran, daß sie heute umzieht, und daß ihre Post dann an ihre neue Adresse geschickt werden soll.

»Sie ziehen *heute* um?« frage ich und bin überrascht, wie sehr mich diese Neuigkeit verletzt.

»*Gomen nasai, gomen nasai*«, entschuldigt sie sich, als sie merkt, daß ich nicht auf dem neuesten Stand bin. Wahrscheinlich wissen es alle anderen in der Maison Shōwa schon seit Wochen.

Ich sage ihr, wie leid es mir tut, daß sie auszieht, und daß ich hoffe, sie möge sich in ihrer neuen Wohnung wohlfühlen.

»Es ist ein *Haus*«, sagt sie und kann ihren Stolz nicht verbergen.

Sie erwartet heute nachmittag die Umzugsleute, läßt es sich aber nicht nehmen, mich einzuladen, damit sie mir die Kopie eines von ihr ordentlich gezeichneten Plans geben kann, auf dem der Weg zu ihrem Haus eingetragen ist.

»Jetzt können Sie mich besuchen kommen«, strahlt sie. »Ich habe meinem Mann heute morgen einen Plan mitgegeben, damit er heute abend nach der Arbeit den Weg zu unserem neuen Haus findet.« Sie sagt dies beiläufig, während wir schon mit den üblichen Abschieds-Verbeugungen anfangen.

»Ich habe Sie nicht ganz verstanden. Wollen Sie damit sagen, daß er sich nicht mehr an den Weg erinnert?«

»Er ist noch nie dort gewesen.«

»Das verstehe ich nicht«, wiederhole ich diesmal auf japanisch. »Er ist nie dort gewesen?«

Jetzt ist sie verwirrt angesichts meiner Verwirrung und wiederholt in ihrem besten Englisch, daß sie ihm deshalb einen Plan gezeichnet habe, weil er selbst noch nie in diesem Haus gewesen sei.

»Entschuldigen Sie bitte«, sage ich und springe auf die Höflichkeitsebene meines Japanisch. »Ich verstehe nicht, wie er ein Haus kaufen konnte, ohne es zu sehen?«

»Er hat das Haus nicht gekauft, das war ich.«

»Und er hat es, ehe Sie es kauften, nicht gesehen?«

»Natürlich nicht. Das ist Frauenarbeit. Ich habe Ihnen ja gesagt, daß ich eine ganz normale Japanerin bin. Machen die Frauen in Amerika das nicht auch so?«

Frau Okano ist schockiert, als ich ihr erzähle, daß nur wenige Amerikanerinnen größere finanzielle Entscheidungen treffen, ohne sich vorher mit ihren Männern zu besprechen, und daß ich keine verheiratete Frau kenne, die losziehen und auf eigene Faust ein Haus kaufen würde. Es mag sicher ein paar geben, aber ich kenne keine.

»Tatsächlich?« Sie kann mir so wenig glauben wie ich ihr.

»Niemals.«

»Und wie ist es bei einem Auto?« fragt sie mich.

Ich schüttle verneinend den Kopf.

»Geräte – Kühlschrank, Fernseher?«

»Nicht üblich.«

»Möbel?«

»Wahrscheinlich nicht. Ich glaube, die meisten Amerikaner würden durchdrehen, wenn sie nach Hause kämen und entdeckten, daß ihre Ehefrau gerade eine neue Couch oder ein Eßzimmer gekauft hat, ohne es vorher besprochen zu haben.«

»Ich dachte, alle amerikanischen Frauen arbeiten und verdienen sich ihr Geld selbst?« Sie kennt mich gut genug, um zu wissen, daß ich ihr nichts vormache, aber sie findet das ganze Gespräch bizarr.

»Es stimmt, daß viele Amerikanerinnen arbeiten gehen«, fange ich nochmal langsam an. »Aber selbst diejenigen, die selbst ihr Geld verdienen, diskutieren größere Anschaffungen mit ihren Ehemännern.«

»Und das nennen die Amerikaner dann ›women's lib‹?« Frau Okano lacht laut los, hält sich dann aber die Hand vor den Mund. Sie entschuldigt sich für ihre Unhöflichkeit, lacht aber unentwegt weiter.

Bis mittag wird jeder in unserer Wohnanlage von der armen *gaijin*-Frau erfahren haben, die zwar eine Ganztagsstelle als Collegedozentin hat, sich aber nicht einmal ein popeliges Sofa kaufen würde, ohne zuerst ihren Gatten zu fragen.

»*Kawaisō!*« sagt sie schließlich, und ihr Lachen wird ersetzt vom rituellen Ausdruck des Mitgefühls (wie erbärmlich, wie bemitleidenswert!). Sie streckt ihre Hand aus und tätschelt ermutigend meinen Arm, als wäre ich ein kleines Kind, das dringend getröstet werden muß.

»Kein Wunder, daß Sie Japan so mögen!« stellt sie fest.

Es dauerte eine Weile, bis mir klar wurde, daß Frau Okano – jedenfalls in Gelddingen – wirklich eine typische Japanerin ist. Ich bezweifle zwar, daß sich viele japanische Frauen ohne irgendwelche Investitionen ihres Gatten ein Haus kaufen würden, aber alles, was ich gelesen oder gehört habe, legt nahe, daß es die Frauen sind, die die größeren und kleineren Einkäufe für ihre Familie tätigen. Japanische Feministinnengruppen geben zu Recht zu bedenken, daß Haushaltsplanung und Kaufverantwortung nicht mit einem eigenen Einkommen gleichzusetzen sind, doch nur wenige Westler sind sich tatsächlich bewußt, daß die japanischen Frauen über die gesamte häusliche Macht verfügen. In Veröffentlichungen von japanischen Frauengruppen habe ich zu meiner Überraschung gelesen, daß siebzig Prozent der verheirateten Frauen mit Kindern im Teenageralter arbeiten gehen, doch daß sogar die Frauen, die kein Geld verdienen, darüber entscheiden, wieviel eine Familie spart oder ausgibt. Mein Abschiedsgespräch mit Frau Okano gab dem, was ich über die japanischen Frauen als heimliche Kraft hinter dem erstaunlichen ökonomischen Erfolg dieser Nation gelesen habe, eine neue Bedeutung.

Viele japanische Firmen überweisen in der Tat den Lohn des Mannes direkt auf das Bankkonto seiner Frau. Ich habe Professoren scherzen hören, daß sie nur dann Gastvorträge halten, wenn man sie diskret und direkt bezahle, damit sie auch einmal etwas Bargeld besäßen, von dem ihre Frauen nichts wüßten und das somit der Kontrolle entzogen sei. Viele japanische Frauen verwalten das gesamte Familieneinkommen und geben ihren Ehemännern Taschengeld. Häufig beklagen sich Männer untereinander über ihre knauserigen Frauen. Im Fernsehen ist der hart arbeitende *sarariiman*, dessen Ehefrau ihm nicht genug Geld läßt, damit er zum Trinken oder zum *pachinko*, dem von der Nation heißgeliebten Flipperspiel, gehen kann, ein beliebter Komödienstoff. Der Vorteil einer Firmenbar ist somit auch, daß die Rechnung direkt vom Gehalt abgezogen wird und dieses Geld gar nicht erst auf dem Konto der Frau landet.

Beobachtet man jedoch die Wirtschaftskultur, käme man nie auf die Idee, daß Japans vorrangige Konsumenten die

Frauen sind. Die japanische Werbung zielt auf männliche Fantasien, als seien Männer die potentiellen Kunden, die es zu überzeugen gilt.

»Ist aber das nicht auch typisch japanisch?« antwortete mir eine meiner Freundinnen, als ich sie dazu befragte. »Wir Frauen tun so, als hätten die Männer alle Macht – und leben dann unser eigenes Leben. So lange die Männer *glauben*, die Kontrolle zu haben, können wir tun und lassen, was wir wollen.«

Diesen Gegensatz zwischen dem Anschein der Unterwürfigkeit und der in Wirklichkeit starken Kontrolle hat Ted ziemlich schnell erkannt, vor allem, weil er immer wieder ausländischen Männern mit japanischen Freundinnen oder Ehefrauen begegnete. Es trifft gewiß nicht auf alle *gaijin* zu, aber Ted macht sich gern darüber lustig, daß es einige *gaijin*-Männer gibt, die sich selbstbewußt auf die Verabredung mit einer Japanerin freuen und dabei die westlichen Fantasien von der vollkommen ehrerbietigen Asiatin im Kopf haben. Doch denjenigen, die erfahren hatten, welch eiserner Wille und welche enormen Fähigkeiten hinter dem spröden Lächeln der »unterwürfigen« japanischen Frau stecken, sah man ihre Enttäuschung unmißverständlich an.

»Sie hat dafür gesorgt, daß ich an der Universität eine ganze Stelle bekam und an vier anderen Institutionen Kurse gebe«, vertraute ein Kollege Ted an. »Jetzt, wo das zweite Baby unterwegs ist, sucht sie nach einer größeren Wohnung. Ich fürchte, ich werde mir noch einen Teilzeitjob aufhalsen müssen.«

Doch das Stereotyp der unterwürfigen Asiatin sitzt immer noch in den Köpfen der Ausländer. Jede englischsprachige Veröffentlichung in Japan ist voll mit hoffnungsvollen Privatanzeigen, wie diese aus einer englischsprachigen Zeitschrift, die in Kobe erscheint:

Gehorsam. Amerikaner, gefühlvoll aber streng, sucht sensible und sanftmütige Frau, die willens ist, den ganzen Bedeutungsradius dieser Worte zu erforschen. Was halten Sie von dem alten chinesischen Sprichwort »Er, der herrscht, dient wahrhaft, und sie, die dient, herrscht wahrhaft«? Interessierte schreiben bitte an ...

Der bedauernswerte Verfasser dieser Anzeige hat zum Teil recht: in Japan ist die Person, die die Macht hat, gleichzeitig jene, die am wenigsten machtvoll handelt. Diese nur scheinbare Unterwürfigkeit könnte erklären, wie japanische Frauen in einem System überleben, das von Tradition und Gesetzes wegen den Männern einen höheren Rang garantiert. Wieder fällt mir Frau Okano ein. Ich bezweifle, daß sie irgendeinen Widerspruch darin sieht, das Haus, das in unserem Vorort gut und gerne eine Million Dollar kostet, auszusuchen und dessen Finanzierung zu regeln, und gleichzeitig fürsorglich dazusein – sozusagen mit gezücktem Kochlöffel –, wenn ihr Mann von der Arbeit oder den feierabendlichen Gelagen nach Hause kommt. In unseren Gesprächen bezieht sie sich auf ihren Mann immer mit der altmodischen Wendung *teishu*: »Mein Gebieter«.

Wenn sie wirklich typisch japanisch ist, verbringt Frau Okano einen Teil ihres Tages mit dem Lesen von Wirtschaftsberichten und Telefonaten mit ihrem Broker. Frauen beteiligen sich aktiv am Nikkei, dem japanischen Aktienmarkt, und Japans erstaunliche Sparquote von zwanzig Prozent (eine der stärksten Waffen im momentanen Handelskrieg) ist fast vollkommen auf die Finanzgewohnheiten der Japanerinnen zurückzuführen.

Meine Freundin Sally erzählte uns vom ersten Urlaub mit ihrem Mann Toshi. Toshi wollte wissen, wieviel sie von ihren Einkünften gespart habe. Sie war schockiert, denn als Geschöpf der amerikanischen Mittelklasse-Spießigkeit hatte sie es für ihre Pflicht gehalten, das Geld mit vollen Händen auszugeben; sie war davon überzeugt gewesen, er würde sich um die Finanzen kümmern. Es waren in kultureller und ehelicher Hinsicht größere Korrekturen nötig, als sie feststellten, daß jeder vom anderen erwartet hatte, daß er die Ausgabenbremse ziehen würde – und da keiner es getan hatte, waren sie pleite.

Toshi, direkter Nachkomme eines berühmten *samurai*-Klans, erklärte, daß die Kleidung eines *samurai* überhaupt keine Taschen habe. Kein *samurai* würde sich dazu herablassen, Geld mit sich zu führen; das war Frauensache.

»Das ist auch der Grund, warum die Jungs so schlecht in Mathematik sind«, bemerkte Toshi. »Gäbe es nicht einen niedrigeren Mathematikstandard für Jungs als für Mädchen, dann wären unsere besten japanischen Universitäten voller Frauen.«

Andere japanische Freunde bestätigten uns das. Jungen haben in Japan häufig eine Mathematikphobie. Es gibt spezielle *juku*-Kurse, um diese Angst zu überwinden.

Eine 1980 in Amerika erstellte Studie »bewies«, daß Mädchen aufgrund ihres geringeren Testosteronspiegels für Mathematik weniger begabt seien; ich kopierte diesen Artikel aus dem *Time*-Magazin und brachte ihn in meinen Rhetorikkurs an der Kansai Women's University. Ich bat die jungen Frauen, den Artikel erst durchzulesen und dann gemeinsam einen Essay darüber zu verfassen.

Es war eins der wenigen Male, daß meine Studentinnen spontan loslachten, ohne sich vorher abzusichern, ob es ihnen auch »erlaubt« war.

»*Gomen nasai*!« sagte eine meiner Schülerinnen und konnte kaum ihr Grinsen verbergen. »Wir wissen, daß dieser Artikel nicht komisch sein soll, aber er ist es. Wir alle helfen unseren Brüdern beim Rechnen.«

»Seid *ihr* typische Japanerinnen?« erkundigte ich mich aus Spaß bei den Frauen, mit denen ich im Zug nach Shirahama saß, einem Urlaubsort am Meer, wohin ich von den Mitgliedern der Japanischen Gesellschaft für Frauenstudien zu einer Klausurtagung eingeladen worden war. Diese Feministinnen und sozial engagierten Frauen gingen mein Zeitungsinterview immer und immer wieder durch, kommentierten den Artikel und zogen mich damit auf, daß er so japanisch gefärbt sei. »Der Nagel, der hervorsteht, wird reingeschlagen«, heißt ein altes japanisches Sprichwort. Ein kleines bißchen Ruhm, und du mußt damit rechnen, von deinen Freunden auseinandergenommen zu werden.

»O ja, wir sind sogar noch typischer als die *typische* Japanerin,« scherzte Kazue-san.

»Aber *inwiefern* seid ihr typisch?« wollte ich wissen.

Sie sagten es mir.

»Wir verbringen unsere Zeit nicht damit, die Geschäftsfreunde unserer Männer zu unterhalten«, stellte Atsumi-san mit Nachdruck fest. »Das machen die typischen Amerikanerinnen der Mittelklasse doch?«

»Ja«, bestätigte Itami-san. »Ich fände es schrecklich, wenn man von mir erwartete, daß ich die Karriere meines Mannes unterstützte.«

Sie sprach über das, was man in Japan eine »Eisenbahn-Beziehung« nennt, in der verheiratete Paare ein voneinander unabhängiges und individuelles Leben führen, mit eigenem Freundeskreis, eigener Arbeit und eigenständigem Sozialleben, doch mit gewissen Berührungspunkten – wie Kinder, gemeinsamer Haushalt, elterliche Verantwortung und, manchmal, Liebe –, die die Ehe zusammenhalten. Die Scheidungsrate ist in Japan sehr viel niedriger als in den Staaten, zum Teil, weil die Scheidung als solche ohne gemeinsame Zustimmung fast nicht durchzusetzen ist, zum großen Teil aber auch deshalb, weil die Japaner die romantische Idee des

Westens nicht teilen, daß die Ehe emotionale Bedürfnisse befriedigen muß.

»Manchmal hörte sich das für mich in amerikanischen Filmen seltsam an«, gestand Kazue-san, »wenn eine amerikanische Frau sagt: ›Mein Mann ist mein bester Freund.‹ Mein bester Freund *ist* mein bester Freund!«

Eine andere Frau, Uenoyama-san, meinte, ihre Erwartung einer guten, vom Staat geförderten Kinderbetreuung mache sie schon zur typischen Japanerin. Sie sprach von den Problemen des japanischen Systems und erzählte, daß Müttergruppen daran arbeiteten, eine staatliche Kinderfürsorge zu entwickeln, doch könnten Mütter in Japan nur mit minimaler staatlicher Absicherung und gesundheitlicher Fürsorge rechnen, bei Gebühren, die sich nach der Höhe des Einkommens richten.

»Ich denke, typischen Japanerinnen ist auch der Mutterschaftsurlaub ein Anliegen«, fügte Sakamoto-san hinzu und tätschelte ihren anwachsenden Bauch. »Dem Gesetz nach wartet mein Job auf mich, wenn ich mein Baby habe – und meine Universität zahlt mir das Gehalt für die sechs Monate weiter, die ich weg bin.«

Sie sagte, sie könne nicht verstehen, wie amerikanische Frauen sich damit abfänden, daß ihre Nation eine höhere Säuglings- und Kindbett-Sterblichkeitsrate habe als viele Länder der Dritten Welt. »Eine typische Japanerin gäbe sich damit nicht zufrieden«, behauptete sie.

Unsere Unterhaltung hatte bei den »typisch japanischen Frauen« angefangen, doch meine neuen Freundinnen hatten eine Diskussion über die Unterschiede zwischen »typisch« amerikanischen und japanischen Frauen daraus gemacht. Die amerikanischen Frauen kamen nicht gut dabei weg. Den Rest unserer langen Zugfahrt nach Shirahama sprachen wir über Vergewaltigung (laut offizieller Statistik gibt es in Amerika zehnmal mehr angezeigte Vergewaltigungen als in

Japan), Gewalt in der Familie (wieder in Amerika größer) und Geburtenkontrolle. Ich erfuhr, daß die Pille in Japan verboten ist, nachdem Studien die kritischen Nebenwirkungen aufgezeigt hatten. Das Kondom ist die populärste Art der Empfängnisverhütung, gefolgt vom legalen, sicheren Schwangerschaftsabbruch.

»Aber wenigstens haben die Amerikanerinnen im Berufsleben bessere Chancen als wir«, meinte eine der Frauen und wollte mir helfen, mein Gesicht zu wahren. »Japanische Frauen stellen 40 Prozent der gesamten Arbeitsleistung – aber wir bekommen nur 51 Prozent dessen, was die Männer verdienen.«

Ich wies darauf hin, daß es in Amerika laut einer Statistik von 1980 auch nur 59 Prozent waren, also nicht viel mehr.

Darauf folgte ein langes Schweigen.

»Vielleicht können wir auf unserer Tagung auch über diese Punkte sprechen«, schlug ich vor. »Ich wüßte gerne, wie japanische Feministinnen solche Probleme handhaben, damit ich es den Frauen in Amerika erzählen kann.«

»Gut!« lachte Akiko-san. »Jetzt, wo wir auf gleicher Basis stehen, können wir über die ernsten Probleme sprechen, mit denen sich typische Frauen – in Amerika *und* in Japan – auseinandersetzen müssen.«

Natürlich *gibt* es ernste Probleme in Japan, nämlich die, die wir immer und immer wieder in der amerikanischen Presse lesen. Wir wissen, daß es für japanische Frauen nahezu unmöglich ist, selbst in den progressivsten Firmen über eine gewisse Verantwortungsebene hinauszukommen; nur zehn Prozent der japanischen Arbeitnehmerinnen besetzen Managerpositionen (verglichen mit fast 45 Prozent in den Vereinigten Staaten). Wie in Amerika sind die Frauen im Parlament kläglich unterrepräsentiert. Wir wissen, daß es für verheiratete Männer keine echte Verpflichtung zur Monogamie gibt, und daß die gesetzliche Grundlage der Ehe vollkommen patriarchalisch ist: Eine Frau wird mit der Heirat aus ihrem Familienregister gelöscht und in das ihres Ehemannes eingetragen, ein weiterer Grund, warum Scheidungen so schwierig sind, und warum es für eine Frau so schwer ist, nach der Heirat ihren eigenen Familiennamen zu behalten. Eine Tochter wird nicht als echtes, dauerndes Gut betrachtet, da man von ihr erwartet, daß sie heiratet und Teil der Familie ihres Mannes wird. Ich habe gehört, daß in Nagano, wo die Familien in den Bergen nach wilden *matsutake* (großen Pilzen, für die bis zu fünfzig Dollar das Stück gezahlt werden) suchen, die jungen Töchter nicht mit zur Pilzsuche gehen dürfen, weil sie ja nach der Hochzeit die geheimen Pilzplätze ihrer Familie den Schwiegereltern verraten könnten.

Alle diese Punkte werden von den Japanerinnen wahrgenommen, nicht nur von organisierten Feministinnen, sondern auch von den »typischen« Frauen aller politischen Richtungen. Ich bin japanischen Feministinnen begegnet, die gegen die Ausbeutung der *japa-yuki*, Frauen aus anderen Ländern – hauptsächlich Filipinas, Thai-Frauen oder Koreanerinnen –, protestieren, die mit dem Versprechen legaler Arbeit nach Japan geholt und dann zur Prostitution gezwungen werden. Dieselben Feministinnen sind auch gegen die Diskriminierung der Koreaner, der *burakumin* und anderer Geächteter.

»Aber ihr vergeßt etwas«, bemerkte eine koreanische Feministin auf einem unserer Treffen. »Manchmal werden *unsere* Männer von der japanischen Gesellschaft dazu gezwungen, sich ihren Lebensunterhalt als Zuhälter zu verdienen.«

Da die Koreaner und die *burakumin* sich mit der Durchschnittskultur Japans nicht vermischen dürfen (es gibt Detekteien, die darauf spezialisiert sind, die Herkunft einer zukünftigen Braut zu recherchieren, um sicherzugehen, daß kein koreanisches oder *burakumin*-Blut den Familienstammbaum »befleckt«), sind ihre wirtschaftlichen Möglichkeiten sehr eingeschränkt. Aus purer Not lassen sich einige auf das organisierte Verbrechen ein – die einzige Chance zum Überleben.

Andere japanische Feministinnen fordern gleiche Arbeitsbedingungen für Frauen. Aber dies stellt sich als weiterer Streitpunkt heraus, weitaus komplizierter, als ich anfangs gedacht hatte. Viele japanische Frauen *wollen* gar nicht so lange arbeiten, wie es vom *sarariiman* erwartet wird. Sie wollen nicht einfach nur den japanischen Mann imitieren. Ihnen geht es darum, in ihrer Kultur das ganze Arbeitssystem zu verändern; sie wollen, daß es für die Männer besser und für die Frauen offener wird.

Dieses Thema behandelten wir in meinem Kurs für mündliches Englisch.

»Ich hätte gerne einen Job«, sagt eine meiner Studentinnen, was mit einem Nicken ihrer Kommilitoninnen bestätigt wird, »aber ich möchte dabei nicht zum Arbeitstier werden!«

Viele Japaner behaupten, daß die Geschlechterrollen sich rasch verändern, vielleicht zu rasch. Man ist beunruhigt, weil die Frauen eine Heirat immer länger hinauszögern. Das durchschnittliche Heiratsalter der Männer liegt in Japan, verglichen mit allen anderen Ländern der Welt, am höchsten, und 1992 erklärten vierzehn Prozent der Frauen in einer Umfrage, nie heiraten zu wollen. Und wenn sie verheiratet sind, wollen sie entweder gar kein Kind oder nur eines. Die gegenwärtige Geburtenrate liegt bei 1,53 Kinder, weit unterhalb der »Ausgleichsrate«. Das kommt fast einem biologischen Streik gleich, und die Regierung entwickelt immer verlockendere Programme, damit Frauen heiraten und Kinder bekommen: angefangen bei Steueranreizen und der

Ankündigung, sexistische Gesetze zu ändern, bis hin zum Druck auf die Wirtschaft, den Müttern ihren Erziehungsurlaub zu erleichtern und ihnen zusätzliche Vergünstigungen zu verschaffen.

Da Japan die weltweit niedrigste Geburtenrate und die höchste Lebenserwartung hat, sind die Zukunftsängste groß. Wer wird all die alternden Japaner unterstützen? Im Kulturleben manifestieren sich der »Baby-Streik« und andere Aspekte der sich ändernden Geschlechterrollen. Bei den Zeitschriften ist ein rascher Zuwachs an Heften mit Männermode festzustellen. Fast gleichzeitig mit *Seventeen* und *Glamour* kamen Zeitschriften wie *Fine Boys* oder *Gainer* auf den Markt, für junge Männer, die verzweifelt nach einer Frau suchen. Diese Zeitschriften veröffentlichen regelmäßig Vorher-Nachher-Fotos von Männern, auf denen sie in meinen Augen praktisch identisch aussehen. Doch es stellt sich heraus, daß auf dem einen die billige Imitation, auf dem anderen Foto das einzig Wahre zu sehen ist. Pfeile deuten auf Kragen, Manschetten, Gürtelschnallen, und die Bildlegenden kommentieren, warum diese Details des Armani-Originals der billigen Kopie unbestreitbar überlegen sind – und warum jede Frau im heiratsfähigen Alter in der Lage sein wird, die armselige Imitation sofort zu erkennen (und ablehnend reagiert).

Es gibt Vorher-Nachher-Fotos von Haarschnitten (mit Modetips, welcher Haarschnitt welchem Gesicht am besten steht); Vorher-Nachher-Einkleidungen; Ratschläge für Liebeskranke und Umfragen, bei denen junge Frauen sich darüber auslassen, was sie an einem Mann wirklich mögen. Einer dieser Artikel, der repräsentativ ist, beschreibt die Verabredungen einer jungen Frau mit vier Männern, die ihr Bestes geben, sie mit Speisen, Getränken und ihrer Gesellschaft zu verwöhnen. Die Frau berichtet dann, welche Verabredung ihr am besten gefallen hat und warum. Gewinner ist der junge

Mann, der sie nicht nur in ein teures Restaurant zum Abendessen führte, sondern sie auch noch auf einen virtuellen Spaziergang in den Cyberspace mitnahm.

»Sehr einfühlsam – ganz und gar nicht wie ein *sarariiman*«, bemerkt eine meiner Studentinnen zu diesem Artikel. »Ich weiß nicht, ob ich so einen Mann heiraten würde, denn ich will noch nicht heiraten, doch mit ihm würde ich mich verabreden.«

Sobald ich mit den Mitgliedern der Japanischen Gesellschaft für Frauenstudien in Shirahama ankam, war mir klar, daß dies kein typischer Dreitages-Aufenthalt am Meer werden würde. Anstatt in ein eigenes Zimmer geführt zu werden, wurde mir *unser* Zimmer gezeigt, ein gigantischer Tatami-Raum. Außer der Zeit, die wir draußen am Meer verbringen, so sagt man mir, werden wir uns hier aufhalten und nachts alle fünfzehn hier schlafen. Jetzt müßten wir uns aber beeilen, um gemeinsam unser Bad zu nehmen, anschließend würde das Abendessen in diesem Raum serviert werden.

»Sie haben doch schon einmal japanisch gebadet?« erkundigt Kazue-san sich ein wenig nervös, als wir den Flur entlang zum Frauenbad gehen.

»O ja, natürlich«, behaupte ich gelassen.

Natürlich habe ich noch nicht, doch das werde ich nicht zugeben. Das Wesentliche weiß ich aus den Reiseführern: sorgfältig waschen *bevor* man ins Bad geht; darauf achten, daß das gemeinsame, saubere Badewasser durch nichts verunreinigt wird. Ich gehe davon aus, daß es anhand dieser Einzelheiten ein leichtes für mich sein wird.

Wir ziehen uns in einem kleinen Vorraum aus und legen unsere Kleider ordentlich in die Körbe auf den Regalen. Mit unseren winzigen weißen Frotteewaschlappen gehen wir ins Bad.

An der einen Wandseite reihen sich die Wasserhähne zum

Waschen, mit Abläufen im gefliesten Boden, der ein Gefälle hat. Auf der anderen Seite befindet sich neben üppigen Tropenpflanzen das mit meerblauem Mosaik geflieste Bad.

Ich habe in Amerika in den Duschräumen der Turnsäle schon nackte Frauen gesehen, aber die Stimmung in diesem japanischen Bad ist gänzlich anders. Nie habe ich Menschen erlebt, die so sehr mit ihrem Körper eins sind. Es sind fünfundzwanzig oder dreißig Frauen im Raum, unsere Gruppe und eine Gruppe von *obāsan* (Großmüttern), die hier Urlaub macht sowie einige Mitglieder einer Lehrervereinigung aus Osaka, die ihr Jahrestreffen abhalten. Die älteste Frau geht wahrscheinlich auf die Neunzig zu, die jüngste ist drei. Es herrscht eine ruhige Fröhlichkeit, man ist ausgesprochen entspannt.

Nackt sitzen wir auf den niedrigen Holzstühlen und seifen uns mit den Frotteewaschlappen ein, spülen mit den roten Kübeln nach, die am Hahn gefüllt und dann über den Körper gegossen werden. Die Unterhaltung ist gedämpft, träge, wie das Wasser, wie die dampfige Luft.

Ich habe bereits meinen ganzen Körper gewaschen, als ich merke, daß die meisten Frauen noch mit ihrem ersten Arm beschäftigt sind. Ich werde langsamer und beginne noch einmal von vorn, wasche und wasche, der seifige Lappen, das warme Wasser, die Atmosphäre scherzhaften Plauderns und Lachens, die Körper. Die Frauen meiner Gruppe sind jetzt beim zweiten Arm. Wieder werde ich langsamer und nehme mir vor, es diesmal richtig zu machen und mich ganz japanisch auf ein Bein zu konzentrieren. Ich liebkose jeden Zeh, jeden Zehennagel, jede Hautfalte und bemerke zum erstenmal seit Jahren wieder die kleine Narbe an meinem Knöchel, wo ich mich als Teenager am Auspuff eines Motorrads verbrannt habe. Ich bin fasziniert von dieser rituellen Aufmerksamkeit, die man seinem Körper entgegenbringt, so ganz anders als die im Westen übliche forsche Morgendusche zum

Aufwachen. Als ich (wieder einmal) fertig bin und anfange, mir die Haare zu waschen, sehe ich, daß die meisten Frauen noch immer an sich herumschrubben. Ich gebe es auf. Das erfordert Übung. Nie habe ich eine so aufwendige Körperpflege erlebt.

Das Bad ist aus einem anderen Grund eine Offenbarung. Ich habe gelesen, daß ein einstündiges Bad denselben physiologischen Effekt hat wie vier Stunden Schlaf. Vielleicht ist das, denke ich, die japanische Art der rituellen Unterbrechung eines ansonsten hektischen Tages.

Als ich diesen Frauen zusehe, wie sie sich langsam und konzentriert einseifen, ist es mir fast unmöglich, sie mir so vorzustellen, wie sie sonst immer sind: Familienmütter, Vollzeitkräfte, verantwortlich für all die Haushaltsangelegenheiten und die Finanzen, so beschäftigt wie kaum eine Amerikanerin.

Ich teile dies meiner Freundin Kazue-san mit.

»Wenn man nackt ist, fällt es schwer, umtriebig zu sein«, meint sie lächelnd. »Das sieht so blöd aus!«

Ich muß lachen. Überall um mich herum sind die Körper typischer Japanerinnen, jede anders, alle gleich.

»Soll ich Ihnen beim Haarewaschen helfen?« erkundigt sich Kazue-san, als ich versuche, mir aus dem kleinen roten Plastikeimer Wasser über den Kopf zu gießen.

»Lassen Sie mich das machen!« unterbricht uns eine der *obāsan*, die mich schon seit einigen Minuten beobachtet. Sie ist sehr alt, wahrscheinlich über Siebzig oder sogar an die Achtzig. Als sie neben mir steht, und ich auf dem kleinen Hocker sitze, erreicht sie meine Augenhöhe. Sie geht gebückt, den Körper fast parallel zum Boden. Kazue-san meint, sie sei wahrscheinlich wegen der Mangelernährung während der Kriegsjahre zum Krüppel geworden und von dem Kalziummangel in der japanischen Ernäherung, sicher auch vom Bücken bei der alljährlichen Reispflanzung und -ernte.

»Ich wette, sie macht noch immer Feldarbeit«, flüstert Kazue-san mir auf englisch zu, und ich lächle der alten Frau in ihr freundliches Gesicht. Ihr Haar ist schlohweiß, ihr Gesicht von spinnwebartigen Linien durchzogen, doch ihre Augen sind absolut klar und glänzend. Sie stellt sich vor und verbeugt sich dabei noch tiefer. Sie heißt Keiko Doi. Ich bin zu gehemmt, um aufzustehen, und nenne verlegen meinen Namen, wobei ich versuche, mich respektvoll zu verbeugen, ohne von meinem kleinen Stuhl aufzustehen. Die anderen Damen im Bad beobachten uns. Sie scheinen sich wegen Doi-sans Dreistigkeit zu schämen, doch sie sind auch höchst erfreut. Eine der alten Damen meint, man könne nie wissen, was Doi-san als nächstes tun werde. Sie ist ihre Anführerin, eine echte Persönlichkeit.

»Sie kennt keine Scham!« sagt eine der Großmütter halb kritisierend, halb bewundernd über die schelmische Doi-san.

»Bin zu alt, mich zu schämen!« entgegnet Doi-san, und die andere alte Frau muß so lachen, daß ich Angst habe, sie könne sich verletzen. Sie zieht einen Stuhl heran, setzt sich neben uns und kann ihr Lachen nicht unterdrücken, als sie uns beobachtet.

Doi-san drückt sich das Shampoo in die Hand und reibt dann kräftig ihre Hände aneinander. Sie beherrscht ihr Handwerk. Sie massiert das Shampoo in mein Haar und fährt mit ihren breiten Fingerkuppen in kreisartigen Bewegungen über meinen Schädel. Dann legt sie mir eine Hand auf den Kopf und fängt an, mit der anderen draufzuschlagen, von oben nach unten, es hört sich an, als schlage sie mit Kastagnetten. Es fühlt sich großartig an. Nach über zehn Minuten streicht sie mir mit der Handkante über meinen Kopf, meinen Nacken und meine Schultern, eine Art Shiatsu-Massage.

In diesem Augenblick möchte ich widerstandslos sterben. Ich komme mir vor, als wäre ich gerade vier Jahre alt und unendlich geborgen, während mir diese winzige Großmutter den Nacken und die Schultern massiert, Schädel und Stirn. »Gefällt es Ihnen?« erkundigt sie sich immer wieder. »Ist es angenehm?«

Ja, ja.

Die anderen alten Damen überbieten sich gegenseitig, machen Scherze, und Doi-san duscht eine von ihnen mit einem Kübel voller Wasser. Die Frau kippt ihr ebenfalls einen Schwall Wasser über, und eine andere wirft mit dem Waschlappen nach Doi-san. Kazue-san meint, wir wären in eine Gruppe achtzigjähriger Straftäter geraten. Sie hat in ihrem Leben noch nichts Vergleichbares erlebt, und sie meint zu Doi-san, scherzhaft aber bewundernd, sie wäre die unmöglichste alte Dame von allen. Auf englisch nenne ich Doi-san nur noch »Leader of the Pack«.

»Schsch!« Doi-san verbietet uns, miteinander englisch zu sprechen. Sie reicht mir ein Tuch, das ich mir über die Augen lege und gibt ihren Freundinnen ein Zeichen. Jede füllt ihren Eimer und stellt sich in den Kreis,den die Frauen um mich herum bilden. Sie wechseln sich ab; die erste schüttet mir einen vollen Kübel wie einen Wasserfall über den Kopf. Vor dem nächsten Schwall hole ich Luft. Das Wasser hat genau die richtige Temperatur.

Als sie fertig sind, bleibe ich noch eine Weile sitzen und fühle mich sauberer denn je.

Die alten Damen können gar nicht mehr aufhören zu lachen, und manche von ihnen klopfen Doi-san auf den Rücken, tadeln sie für ihr unmögliches Verhalten, sind aber auch sehr stolz auf ihre unverschämte Freundin.

Ich frage Doi-san, ob ich ihr das Haar waschen darf, aber sie verneint. Jetzt, befiehlt sie, müsse ich mich im Bad einweichen. Es wäre an der Zeit, mich zu entspannen.

Ich sage, daß ich das Wasser nicht so heiß vertrage wie die Japaner, und eine der Fremden, die schon in der Wanne sitzt, zeigt auf den Platz neben sich, wo es, wie sie sagt, am kühlsten sei. Ich lasse mich langsam hineinsinken, damit mein Körper sich an die Hitze gewöhnt.

Als ich mich umschaue, ist Doi-san verschwunden. Die Spitzbübin und ihre Bande von achtzigjährigen Bäuerinnen haben sich aus dem Staub gemacht. Eine neue Gruppe Badender kommt herein. Erst sind sie verdutzt, mich, eine *gaijin* zu sehen, kümmern sich aber dann um ihre eigenen Angelegenheiten. Wahrscheinlich sind es Schulmädchen der Highschool oder der Junior-Highschool, viele von ihnen noch im letzten Stadium pummeliger Adoleszenz, absolut ungehemmt in ihrer Nacktheit.

»Das war sie«, flüstert Kazue-san mit unbewegter Miene, als sie sich neben mir ins Wasser gleiten läßt.

»Wer? Was meinen Sie damit?« frage ich, anfangs verwirrt, dann skeptisch angesichts Kanzue-sans schelmischen Lächelns.

»Na, die typische Japanerin«, neckt sie mich. »Doi-san. Ich glaube, Sie haben sie endlich gefunden.«

Der Fuji vor Sonnenaufgang

6 Nächtliche Gänge

Meine Visapapiere reduzieren mich auf das Wesentliche: *Geschlecht:* Weiblich. *Status:* Ausländische Gastprofessorin. Doch das Wort *ausländisch* in der Kombination mit *weiblich* schien Probleme aufzuwerfen, die mir nicht ganz verständlich waren. Da 1980 die meisten Gastprofessoren männlich waren, gab es womöglich noch keine Verhaltensregeln für Frauen in meiner Position. Die japanischen Professoren waren alle freundlich zu mir, und doch fiel mir auf, daß vor allem die männlichen Kollegen nicht so recht wußten, wie sie mit mir umgehen sollten. Sollten sie mich nach Feierabend in eine Kneipe einladen, wie das bei männlichen Gastprofessoren üblich war, oder wäre das eine Beleidigung für mich (beziehungsweise - noch schlimmer - für meinen Mann)? Sollten sie mich auch von den gesellschaftlichen Dingen ausschließen, an denen japanische Professorinnen routinemäßig nicht teilnahmen, oder würde ich dies als beleidigend empfinden, von sexistisch gar nicht zu reden? Was war höflich, anständig, kollegial - und wo waren die Grenzen?

Weiblich und *ausländisch* paßten auch außerhalb der Universität nicht gut zueinander. Meine Freundin Hiroko-san behauptete immer, mit mir durch Japan zu reisen, wäre wie mit einem Mann zu reisen - oder vielleicht sogar ein Mann zu *sein.* Einmal besuchten wir ein kleines Töpferdorf auf dem Land. Sie fragte einen Ortsansässigen am Bahnhof, wo wir ein Taxi bekommen könnten. Er stotterte nervös herum, bevor er ihr antwortete - und als er es tat, wählte er für die Anrede die maskuline Form. So lange sie mit mir unterwegs war, war Hiroko-san in den Augen der anderen nicht wirklich weiblich. Auch war sie nicht immer Japanerin. Später erkundigte sie sich bei einem Dorfbewohner nach dem Weg zu einem ganz speziellen Laden. Er flüchtete vor uns und rief uns über die Schulter zu, es täte ihm leid, aber er könne nicht helfen, da er kein Englisch spreche. Natürlich wurde der gesamte Wortwechsel auf japanisch geführt.

In beruflicher Hinsicht bestätigten mir japanische Kolleginnen, daß man über mich oder mit mir in jener Respektform sprach, die in Japan Männern vorbehalten ist. Diese Frauen waren so tolerant, um sich darüber zu amüsieren. Sie gaben zu, daß man mir wohl deshalb mit Respekt begegnete, weil ich nicht wirklich zählte. Ich entstammte einer anderen Welt, jenseits der Grenzen des beruflichen Wettbewerbs, und außerhalb des japanischen Geschlechterkampfes. Meine Fremdheit versetzte mich in eine dritte Geschlechtskategorie, einerseits nah und erregend, andererseits androgyn und fern.

Mehr darüber erfuhr ich, als ich im Zug nach Takarazuka fuhr. In Takarazuka, der Endstation dieser Eisenbahnlinie, ist die Takarazuka-Revue zu Hause, ein Frauentheater, das sowohl japanische Dramen als auch westliche Musicals aufführt. Mit ihren in kräftigem Rostrot gefärbten Kurzhaarschnitten und ihrem langbeinigen Gang fallen die Takarazienne, die die männlichen Rollen (*otoko-yaku*) spielen, ganz besonders auf. Sie geben sich betont westlich und haben ihren besten Auftritt als schneidige Helden in Klassikern wie *Die drei Musketiere*, *Die Kameliendame* oder dem neueren Stück *Me and My Girl*. Hunderte junger Mädchen versammeln sich täglich vor dem Takarazuka-Theater und erhoffen sich einen Blick auf die weiblichen »Männer«. Die Fans seufzen und weinen und schreien vor lauter Liebe wie amerikanische Teenager bei einem Rockkonzert.

Im Zug begegnete ich regelmäßig den Takaraziennen und ich sah auch, daß sie mich beobachteten, registrierten, wie ich saß, meine Gesten, selbst meinen Gesichtsausdruck studierten. Später, als ich Nomura-san kennenlernte, eine ehemalige Takarazienne, fragte ich sie danach.

»Ganz einfach«, antwortete sie mit ihrem scheuen Lächeln. »Wir beobachten oft westliche Frauen, um besser zu verstehen, wie man als Mann handelt.«

Marlene Dietrich, Greta Garbo, Katharine Hepburn, Bette Davies, Joan Crawford – das Standardrepertoire westlicher Transvestiten – das sind die Schauspielerinnen, denen die Takarazuka-Frauen nacheifern, um romantische männliche Hauptrollen in westlichen Dramen zu porträtieren.

»Und den jungen Marlon Brando«, fügt Nomura-san mit einem Blinzeln hinzu, »als er noch hübsch war.«

Viele Ausländerinnen in Japan machten die gleiche Erfahrung wie ich, als ich in ein elegantes japanisches Restaurant eingeladen wurde. Bei zwei oder drei unterschiedlichen Gelegenheiten konzentrierte sich die lächelnde, verführerische Aufmerksamkeit einer Hostess oder einer Geisha auf mich. Sie flirtete und versuchte mich in einen Blickwechsel zu verstricken, als wäre ich ein Mann.

»Es ist nicht, was du denkst«, flüsterte ich eines Abends meiner lesbischen Freundin, einer Schriftstellerin aus den Staaten, zu, als sie von der Geisha angeflirtet wurde.

Später, bei einer Kabuki-Vorstellung, die ich mit dieser Autorin und meiner Freundin Hiroko-san besuchte, mußte ich passen, als die Amerikanerin wissen wollte, warum Hunderte von Frauen draußen warteten – von jungen Mädchen bis hin zu betagten Großmüttern – und wegen Tamasaburo in Ohnmacht fielen. Tamasaburo ist eine umwerfend schöne Schauspielerin, bekannt für ihre Rolle der *onnagata*, der stilisierten Frauenrolle im Kabuki-Drama.

»Die japanische Sexualität ist und bleibt mir ein Rätsel«, erwiderte ich auf ihre Frage nach der Tradition des berufsmäßigen Geschlechterrollentausches und der Begeisterung, die dieser bei den offensichtlich vollkommen heterosexuellen Männern und Frauen im Publikum auslöste.

»Es mag ein Rätsel sein, aber es scheint dir zu gefallen,

Cathy-san!« zog mich Hiroko-san auf. Wir waren beide in der Takarazuka-Revue und beim Kabuki gewesen, und wir schauten oft gemeinsam den Sumo-Ringern im Fernsehen zu. Es gab Zeiten, in denen wir wie Schulmädchen über die gutaussehenden Darsteller kicherten.

»Ich kann deine Faszination für Frauen, die Männer spielen und für Männer, die Frauen spielen, verstehen«, meinte meine amerikanische Freundin scherzhaft, »aber für einen dieser vollgestopften Sumo-Ringer? Wie kannst du nur, Cathy?« Sie wollte mir nicht glauben, daß ich (und mit mir über 120 Millionen Japaner) den Sumo-Star Chiyonofuji für einen der attraktivsten Männer der Welt hielt.

Das Unerwartete und Unvorhersehbare reizt immer (und mich in jeder Hinsicht). Und es liegt zum Teil am Überraschungsmoment, daß Japan auf mich so anziehend, so *sexy*, wirkt. Mir gefällt die Spannung, die sich daraus ergibt, daß ich keine Ahnung von dem habe, was sich um mich herum abspielt. Situationen, die in Amerika banal oder verwirrend wären, sind hier interessant, weil ich sie erkenne und doch auch wieder nicht. Mehr als einmal hat mich die Aufmerksamkeit der japanischen Männer verblüfft, weil ich mir nicht sicher war, ob das, was mich erreichte, reine Höflichkeit war oder ein zweideutiges Angebot. In Amerika würde ich eine Anmache sofort spüren, aber in Japan gibt es Rituale des Komplimente-Machens und Sich-Unterwerfens – beinahe wie Flirten –, die auch Männer untereinander austauschen. Ich habe es auch unter Frauen erlebt: dieses Manövrieren zwischen Ebenen der Höflichkeit und dem Status-Code, das eine intimere Kenntnis des Japanischen voraussetzt, als ich sie besitze.

Kennt man die Regeln nicht, gewinnt die einfachste Interaktion an Intensität und Spannung. Ich denke, das färbt auch auf die Japaner ab. Sie können Ausländern gegenüber ihre Kultur interpretieren oder sogar neue Regeln erfinden,

»Japan« aus dem Stegreif schaffen. Das ist das Vergnügliche und das Gefährliche: man weiß nie, wie weit man seinem Führer trauen darf. Als eine Freundin als Gastprofessorin in Dänemark war, erzählte ihr ein Student, daß er einmal zwei arrogante Engländer zu einem noblen Restaurant geschickt hatte, ausgerüstet mit dem einen dänischen Satz, der, wie er ihnen versicherte, bedeutete: »Wir haben reserviert.« In Wirklichkeit ließ er sie sagen: »Ich bin kein Bleistift.«

Meine schwierigste Erfahrung mit dem Geführt-Werden – oder In-die-Irre-geführt-Werden – machte ich, nachdem ich mit einigen japanischen Akademikern und Journalisten an einer Diskussionsrunde teilgenommen hatte, in der es um den Internationalismus in Japan ging. Einer der Redner, ein japanischer Professor, erkundigte sich, ob ich am Abend Zeit hätte, um mit ihm einige ausgefallene Restaurants von Osaka zu besuchen, kleine Kneipen im Vergnügungsviertel, in denen Ausländer kaum verkehrten. Ich willigte sofort ein, begeistert, eine neue Seite Japans kennenzulernen. Als ich Professor Itō zur ausgemachten Stunde traf, überraschte es mich, daß nur wir zwei an diesem Abend aufbrachen, um in die Stadt zu gehen.

Ich war davon ausgegangen, daß auch die anderen Teilnehmer der Diskussionsrunde mitkommen würden und zögerte anfangs. Mir kam es vor, als sei dies einer jener existentiellen Augenblicke im Leben einer glücklich verheirateten Frau. Einerseits war Professor Itō ein gutaussehender Mann, überaus gepflegt, mit einem ständigen Blitzen in den Augen. Andererseits hatte ich keinen Grund anzunehmen, daß er mir etwas anderes vorschlug, als das, was er mir mehr oder weniger angeboten hatte: seine Stammlokale in Osaka kennenzulernen. Außerdem platzte ich vor Neugier auf das Vergnügungsviertel, jene fabelhafte »Floating World«, über die ich in praktisch jedem Buch gelesen hatte, das von westlichen Männern verfaßt worden war. Diese Berichte gehen fast immer ins Detail der freizügigen Erfahrungen, die sich in der keinen Repressalien ausgesetzten Welt der Vergnügungsviertel machen lassen. Oben ohne, unten ohne, Sex live, das ganze Spektrum geheimnisvoller orientalischer Verführungskünste, die (wie man uns sagt) keine westliche Frau jemals beherrschen kann, und man braucht nur darum zu bitten und bekommt es, ohne Schuldgefühle, in einer fließenden Welt, die glücklicherweise sowohl vom Puritanismus als auch vom Feminismus unberührt geblieben ist.

Ich hatte gedacht, der Zugang zu diesem Teil Japans bliebe mir für immer verwehrt, und jetzt war da Professor Itō, jeder Zentimeter ein Schulmeister, und er gab mir die Chance, diese Welt als Voyeurin, als Spionin zu betreten. »Zu schade, daß Ihr Mann heute abend nicht hier ist«, sagte Professor Itō mit einer schwungvollen Verbeugung. »Vielleicht können wir ein andermal zu dritt ausgehen. Doch heute ...«

Er deutete auf die Straße, die strahlenden Lichter Osakas leuchteten vor uns.

Während wir durch das Vergnügungsviertel schlendern, versuche ich ganz offen und neugierig zu sein, Teil der schrillen Feststimmung um uns herum. Es funktioniert nicht. Als wir an einem Schaukasten nach dem anderen voll mit Fotos nackter Frauen vorbeikommen, einige davon *gaijin*, vollbusig und mit festen Pobacken, macht sich Verlegenheit in mir breit. Die Männer, denen wir auf der Straße begegnen, schauen mich an, als gehörte auch ich zum Angebot. Es ist heiß an diesem Abend, aber ich ertappe mich dabei, daß ich meine Jacke fest um meinen Körper ziehe.

Professor Itō geht dicht neben mir, beschützend und sogar galant. Er läßt einen Scherz über diese »schrecklichen Plätze« fallen, als spüre er meine Angst, er könnte mich in eine dieser Oben-ohne-Bars schleppen. Er biegt in eine kleine Seitengasse ab, wo es ruhiger ist, in der weniger Neonschilder gleißen und kaum noch Nacktfotos hängen. Hier gibt es einige *nomiya* (kleine Kneipen), vor denen hübsche rote Papierlaternen hängen. Professor Itō erzählt mir vom »Leitertrinken«, der japanischen Version einer Kneipentour, und ich beeile mich zu erklären, daß ich keine besonders standfeste Trinkerin sei. Er lacht und meint, das sei auch nicht nötig, aber es gebe drei oder vier Kneipen, die er mir gern zeigen würde. Sie seien klein und intim, und er versichert mir, es sei dort genauso, als würde man in Amerika einen Abend bei jemandem im Wohnzimmer verbringen. Er könne fast jeden Abend damit rechnen, daß ihm in einer seiner Stammkneipen ein Bekannter über den Weg laufe. Wir reden darüber, daß dieses ausgeklügelte System von Bars und Restaurants im Vergnügungsviertel zum Teil als Ausgleich für den beschränkten Raum in den winzigen japanischen Wohnungen dient, die keinen Platz für Einladungen bieten.

Mir fällt noch ein Grund ein, warum Paare sich nicht gegenseitig einladen. Im Vergnügungsviertel sieht man Männer und Frauen, doch für gewöhnlich kommen und gehen sie allein. In dieser Welt treten die Männer als Solisten oder in Gruppen auf, und die Frauen winken – tatsächlich oder weitaus öfter bildlich – von den üppigen Fotografien. Lokalwerber – vielleicht auch Zuhälter – stehen in den Türen und machen Versprechungen über das, was drinnen geboten wird.

Professor Itō führt mich vorbei an einem schrillen Striptease-Lokal und einer Show, die Live-Sex verspricht, in einen kleinen, ruhigen Laden aus dunklem, altem Holz. Hier fühle ich mich sicher und geborgen, besonders nach dem Glitzer draußen. Es scheint kein Schild zu geben, nur einen *noren* (Vorhang), der andeutet, daß geöffnet ist. Wir bleiben eine Weile, trinken Sake und nehmen einen kleinen Imbiß, dann gehen wir zu einem anderen Lokal, das fast genauso aussieht wie das erste, und später zu noch einem anderen.

In jeder Kneipe sind fünf bis zehn Sitzplätze um einen

kleinen Bartresen angeordnet. In jeder gibt es Sake, Bier und einen besonderen Imbiß: in Tofu gebackenen Aal, Walfischspeck und gekochte Sachen, die ich nicht identifizieren kann. Jedesmal wenn Professor Itō etwas für mich bestellt, protestieren die anderen Gäste: »Ausländer essen so etwas nicht!« Ich mag das japanische Essen fast immer, und gerade heute will ich beweisen, daß ihre Stereotype über Ausländer nicht zutreffen. Ich koste alles, was man mir vorsetzt. In einem von Professor Itōs Stammlokalen werden mir drei spatzenartige Vögel im Ganzen auf einem Gebilde serviert, das wie ihr Nest aussieht. Später erzählt mir jemand, daß es ein Nest *war*. Ich habe gelernt, nicht zu fragen.

Es überrascht mich festzustellen, daß die meisten Lokale von Frauen betrieben werden. Typischerweise ist eine lächelnde, attraktive Frau mittleren Alters oder auch älter, eine *mama-san* Besitzerin des Lokals. Professor Itō sagt, daß vielen dieser Frauen das Lokal wirklich gehört, einige es aber für jemand anderen führen. Das Temperament dieser *mama-san* bestimmt die Stimmung im Lokal, und die ist so unterschiedlich wie das Essen. Eine *mama-san* ist ausgelassen und derb, eine andere sprudelt über vor Fröhlichkeit, und eine dritte ist fast mißmutig. Einige von ihnen sind ehemalige Geishas und beherrschen deren verbale und soziale Fähigkeiten. Manche waren früher Entertainerinnen oder Bardamen, wieder andere sind Mätressen, denen der wohlhabende Liebhaber ein Lokal vermacht hat. Das ist Japans Halbwelt.

Besonders fasziniert bin ich von dem Auftreten der *mama-san*. Ihre Rolle wird selten detailliert beschrieben, wenn ausländische Männer über die *mizu shōbai* schreiben, die fließende Welt außerhalb der Ehrbarkeit, von der die japanische Kultur so durchdrungen ist. Diese wird immer als eine Männerwelt beschrieben, obwohl ich gehört habe, daß es auch Bars gibt, die von verheirateten Frauen besucht werden. Dort sind attraktive junge Animateure zu treffen, die mit ihren weiblichen Gästen flirten und sie verwöhnen; und das alles zu den gleichen exorbitanten Preisen, die Hostessen in Firstclass-Bars berechnen (fünfzig Dollar für das Bringen von ein paar Erdnüssen, einhundert dafür, daß man sie dir kokett in den Mund schiebt). Ich habe einen Artikel gelesen, in dem diese jungen Männer interviewt wurden und sich darüber beschwerten, wie ordinär und herzlos sie manchmal von den weiblichen Gästen behandelt würden, für die sie nichts als Sexobjekte seien. Aber diese Animationslokale sind eine Ausnahme, nicht die Regel. Die Floating World dient in erster Linie dem männlichen Vergnügen. Die Restaurants, die ich mit Professor Itō aufsuche, sind voll mit japanischen Männern. Außer der *mama-san*, außer mir.

In dieser Männerwelt hat die *mama-san* alles unter Kontrolle. Geübt geht sie mit ihren Gästen um, flirtet mit ihnen, wie es sich für diese Stunde gehört. Sie flirtet auch mit mir, ganz mühelos. In jeder dieser Bars achtet Professor Itō darauf, mich mit meinem vollen Titel vorzustellen. Er erzählt den anderen Gästen (seinen Zufallsbekannten, die dieselben Bars besuchen wie er) daß ich, obwohl man mich für eine Studentin halten könnte, wirklich eine Professorin an einer der zehn großen Universitäten der Vereinigten Staaten bin (»Big Ten!« bemerken seine Zuhörer bewundernd, wenn sie damit auch ein wenig irren, aber in Japan muß alles eingestuft sein). »*Hontō da!*« rufen sie, oder manchmal, im Dialekt Osakas: »*Honma ya!*«, unübersetzbare Ausdrücke der Bewunderung und des Staunens, ziemlich ähnlich einem »O Mann!« Ich bin eine Akademikerin im Schlepptau eines Akademikers, aber mir wird unmißverständlich klar, daß ich heute abend ein ganz besonderes Vorzeigeexemplar bin, wie ein Schreikranich oder ein Schneeleopard. Ich bin Professor Itōs Coup: Eine-*gaijin*-Professorin-einer-amerikanischen-Big-Ten-Universität-die-keine-Angst-hat-seltsames-japanisches-Essen-in-japanischen-Restaurants-mit-einem-Mann-einzunehmen-den-sie-kaum-kennt. Ich bin seine Opfergabe, die er dieser anderen Welt macht, seiner Feierabendwelt im Vergnügungsviertel, wo er an einigen intimen, handverlesenen Plätzen bekannt und immer willkommen ist.

Ist mein Status erst einmal festgestellt, wird das Gespräch rasch wieder zum geschickten Schlagabtausch. In einer Bar, die Professor Itō als sein Lieblingslokal bezeichnet, bittet mich ein etwas schäbig, aber intellektuell aussehender Mann todernst, ihm ein kurzes Gedicht nachzusprechen. Anhand der Mienen und verschiedener Ausrufe der anderen Gäste sehe ich, daß sie von seiner Bitte irritiert sind. Aber dieser Mann, dessen Englisch sehr gut ist, weiß genau, welche japanischen Laute für Engländer oder Amerikaner schwer zu sprechen sind. Die Männer brüllen vor Lachen, als ich das kurze Gedicht wiederhole, und Professor Itō, der ebenfalls lacht, erklärt mir, ich hätte aus einer klassischen Umschreibung für Dämmerung – »die Schleier des Abends« – eine heftige Prahlerei über mein unstillbares Verlangen gemacht. Ich will kein Spaßverderber sein und stimme in das Gelächter ein, doch als mir die Röte ins Gesicht steigt, wird mir bewußt, wie sehr ich mich zum Lachen *zwinge*. Professor Itō bemerkt mein Unbehagen und erklärt mir mit seiner besten *sensci*-Stimme, daß zu diesem Fehler verschiedene komplizierte Wortspiele führen, die sich durch meine falsche Aussprache des Wortes *boshoku* (Dämmerung) als *bōshoku* (gewaltige Völlerei oder auch Lust) ergeben. Ich nicke wie eine Schülerin. Der Mann, der damit anfing, entschuldigt sich und versichert mir, er habe es nicht bös gemeint. Dann bittet er seine Kumpel, ihm einen englischen Satz nachzusprechen, der zu einer Reihe komischer Verwechslungen von *Latte* und *Ratte* führt. Professor Itō, der Mann und ich verstehen den Spaß, und jetzt sind es die anderen Männer an der Bar, die nicht wissen, was sie Lustiges gesagt haben. Die Spannung hat sich verlagert. Professor Itō übersetzt für die anderen.

Mehr Gelächter, mehr Sake. Ich habe eine Art Test bestanden und gezeigt, daß ich über mich lachen kann, eine Tugend, die im Japan der Überstunden geschätzt wird, doch ich glaube, daß es mir auch gelungen ist, mein Gesicht zu wahren, eine Tugend, die immer wichtiger wird, je weiter der Abend voranschreitet.

»Manchmal sehr dumm«, flüstert *mama-san* mir auf japanisch zu und füllt meine Sake-Schale. Die Sorte Satz bezieht sich nicht ausdrücklich auf jemanden; sie nickt mir zu, blinzelt, tätschelt meine Hand und tut die Männer mit einem Achselzucken ab. *Sie* – die Männer – sind sehr dumm. Sie will mir zu verstehen geben, daß ich nicht allein bin. Ich bin in *ihrer* Bar. *Mama-san* hat alles im Griff. Sofort fühle ich mich sicherer. Ich bestelle einen grünen Tee, und es geht mir gleich besser, als ich an der bitteren warmen Flüssigkeit nippe.

Professor Itō sieht mir zu, während ich meinen Tee trinke. Er macht Komplimente über die Grazie, mit der ich die kleine japanische Teeschale halte und beugt sich vor, um mir eine Wimper von der Wange zu streichen. Sein Finger verweilt ein klein wenig länger. »Eine Wimper.« Lächelnd beantwortet er die Frage, die ich gar nicht gestellt habe. Seine Zähne sind klein, ebenmäßig, weiß.

Ich lächle zurück.

»Darf ich Ihnen Ihre Jacke abnehmen?« fragt er immer noch lächelnd. »Es ist warm hier drin. Vielleicht wäre es Ihnen angenehmer.«

Er hilft mir, als ich meine Jacke über die Arme streife und hängt sie hinter einen Vorhang, der zum Flur neben der Bar führt. Offensichtlich bleiben wir noch eine Weile.

Es stellt sich heraus, daß die erste Runde von Aussprache-Scherzen nur zum Warmlaufen für die echte linguistische Unterhaltung an diesem Abend diente. Professor Itō erzählt mir, daß eines seiner Hobbies *rakugo* ist, eine Art traditionelles Geschichtenerzählen, das für gewöhnlich in einem Wortspiel endet. Dazu sind komplizierte Wortwitzeleien, archaische semantische Assoziationen und bizarre Satzwendungen nötig. So obskur es einem Westler auch erscheinen mag, *rakugo* ist in der Tat sehr beliebt. Japan hat sogar eine *rakugo*-Show zur Hauptfernsehzeit, in der die Vortragenden in traditionellen Gewändern auftreten und für besonders raffinierte Wortspiele und Formulierungen ein zusätzliches *zabuton* (Bodenkissen) erhalten, um darauf niederzuknien. Am Ende der Show balancieren die Kandidaten auf verschieden hohen Kissenstapeln. Professor Itō erprobt seine verbalen Fähigkeiten bevorzugt in dieser Bar, wo ihm die anderen Gäste nach einer unausgesprochenen Regel ein Rätsel stellen, das er zu lösen versucht. Statt *zabuton* aufeinanderzuhäufen, fließt zur Belohnung der Sake.

Ganz plötzlich wird mir bewußt, daß ich als einzige nicht weiß, wer die anderen Gäste sind. Sie könnten Lehrer an der Highschool sein (es gibt Indizien, die dafür sprechen) oder Manager, aber ich bin mir nicht sicher. Jeder in der Bar kennt den sozialen Status der anderen, was ganz typisch ist, denn im hierarchisch strukturierten Japanisch ist es schwer, miteinander zu kommunzieren, ohne zu wissen, wen man anspricht. Im Englischen machen wir ständig ähnliche Anpassungen, doch unsere Regeln sind nicht so kodifiziert oder offenkundig. Aus Professor Itōs galanter und förmlicher Vorstellung weiß jeder, wer ich bin (eine Professorin, nicht irgendein *gaijin*-Mädchen, das er irgendwo im Vergnügungsviertel aufgelesen hat), aber von den anderen Leuten weiß ich nur die Namen. Die *mama-san* und die anderen Gäste sprechen Professor Itō als *»sensei«* an, weshalb ich annehme, daß Professor Itō hier die Person mit dem höchsten Rang sein muß. Es ist möglich, daß es unter den Gästen Klassenunterschiede gibt. Der Mann, der so angeschlagen aussieht, fast wie ein Penner, bringt mich am meisten aus dem Konzept, denn er spricht ausgezeichnetes Englisch (was in der japanischen Arbeiterklasse bestimmt nicht üblich ist). Vielleicht wirken die Frage-und-Antwort-Wortspiele ausgleichend, ohne die Statusunterschiede zu verletzen. Was mir jedoch in aller Deutlichkeit bewußt wird, ist der neue, aufreizende Kick, den Professor Itō̄s Spiel heute bekommt: mehrsprachig, weiblich, *gaijin*.

»Ehrenwerter Professor«, wendet sich einer der Männer mit gespielter Feierlichkeit an meinen Begleiter, »heute abend werden Sie für Professor Davidson übersetzen.« Man lacht, viele nickende Köpfe. Japanische Wortspiele können sehr komplex sein. Um alle Verdrehungen, Wendungen und Anspielungen einer Geheimsprache in etwas zu übersetzen, was ich verstehen kann, ist Professor Itōs ganzes Geschick gefordert, und das insbesondere deshalb, weil japanische Wortspiele nicht nur das Gehör ansprechen, sondern auch eine etymologische und visuelle Dimension haben. Worte werden sowohl gehört als auch gesehen. Bei dem Versuch, einen Begriff zu denken, fährt ein Japaner oft mit dem Finger durch die Luft und entwirft ein *kanji*-Zeichen, ehe das richtige Wort wieder ins linguistische Gedächtnis springt. Diese visuellen Bezüge, für Japaner so natürlich wie das Atmen, können im Englischen nur langsam und unvollkommen wiedergegeben werden. Das Ziel ist hoch gesteckt in dieser Bar. Vor dieser *gaijin*-Lady steht das Ego auf dem Spiel.

Professor Itō richtet sich auf seinem Barhocker auf. Mit einem Schluck Sake und einem Fingerkreisen in der Luft nimmt er die Herausforderung aller Teilnehmer an, bezwingt er jedes Wortproblem, das die Männer ihm aufgeben. Der *Macho*-Aspekt dieser Vorführung ist greifbar und erinnert mich an die Szene in Hemingways *The Sun Also Rises* [dt.: Fiesta], wo Lady Brett an der Vorbereitung für das Stierrennen in Pamplona teilnimmt. Aber hier gibt es keine Hemingway-Helden – Toreros, Boxer oder Kampfpiloten –, nur einen Professor, ein paar Leute in zerknitterten Anzügen, *mama*-

san und mich. Anstatt dem Stier ins Auge zu sehen, nimmt Professor Itō es mit einem Sperrfeuer von Wortspielen auf.

Die letzte Herausforderung kommt von einem ziemlich zwielichtig aussehenden Typen mit einem glänzenden Goldzahn, der plötzlich einen Stakkatosatz losläßt, insgesamt vielleicht acht oder neun Worte. Eine lange Pause entsteht, dann *«Hontō da!«* und *«Honma!«*-Rufe, als die Gäste die Komplexität seines Wortspiels erfassen, und noch mehr Gelächter, als ihnen klar wird, welch schwierige Aufgabe dieser Goldzahn-Typ dem bedeutenden Akademiker gestellt hat. Professor Itō macht ein zischendes Geräusch, das klingt, als ob ein Kind mit seinem Strohhalm den letzten Rest Milchshake aus seinem Glas saugt. Es ist ein sehr geläufiger Laut, Teil des vielschichtigen japanischen subverbalen Vokabulars, und es vermittelt Bestürzung und warnt: »Das wird schwierig werden. Möglicherweise kann ich Ihnen dabei nicht helfen.« Taxifahrer wenden es oft an.

Professor Itō läßt sich von der *mama-san* ein Stück Papier geben. Aus seiner Anzugtasche zieht er einen Mont-Blanc-Füller, dann beugt er sich nach vorn und zeichnet zwei komplizierte *kanji*-Zeichen. Wie ich schon weiß, gibt es zwischen dem japanischen Laut des und seiner visuellen Umsetzung nur wenig Verbindendes. Ein *kanji* kann verschiedene Bedeutungen haben, und die Aussage eines bestimmten Lautes wird erst erkennbar, wenn man den Kontext weiß, denn es gibt im Japanischen nur eine begrenzte Anzahl von Lauten und fast fünfzigtausend *kanji*. *San* zum Beispiel kann ›Berg‹ heißen oder ›drei‹ oder ›Geburt eines Kindes‹. Der Typ mit dem Goldzahn hat einen kurzen Satz mit vielen möglichen Bedeutungen gesagt – doch es kommt darauf an, die *richtige*, die komischste Lesart, die allerbesten Wortspiele zu finden, und diese auf ebenso kluge Weise in andere umzubauen. Professor Itō erklärt mir das alles und teilt mir ein paar der Möglichkeiten mit, die er in Erwägung zieht. In jedem *kanji*, sagt er, gibt es eine Identität der Wurzel oder Etymologie, die sich oft vom eigentlichen Wort unterscheidet, wie beispielsweise auch »Radieschen« und »radikal« etymologisch zusammengehören. Er macht ein Wortspiel, zeichnet ein neues *kanji* für das Wortspiel, isoliert die Wurzel und macht wieder ein anderes Wortspiel daraus. Um den ursprünglichen Satz zu erklären, braucht er mehr als fünfzehn Minuten. Die ganze Zeit über versorgt *mama-san* den Professor mit aufmunternden Worten, während die Männer an der Bar ihn mit ihrem zustimmenden Lachen sowie gelegentlichen *Honma!*-Rufen anfeuern. Bei einer besonders schwierigen Stelle beratschlagt die Gruppe gemeinsam, begleitet von einem Chor Strohhalm-im-leeren-Glas-Lauten des Bestürztseins. Die versammelten Kräfte führen schließlich zu einer neuen Formulierung, die sich um die einfachen japanischen Wörter *katai* (hart) und *chiisai* (kurz) dreht.

Professor Itō hat das Rätsel gelöst, und alle freuen sich. Er braucht es jetzt nur noch ins Englische zu übersetzen und hat gewonnen.

Kurz vor dem Sieg wird Professor Itō plötzlich still. Sogar rot. »*Hazukashii*!« murmelt er verlegen. Er starrt auf die *kanji*, übersetzt nicht, spricht nicht.

Der Mann mit dem Goldzahn beginnt zu lachen, gackert regelrecht. Er grinst anzüglich zu mir herüber und klatscht triumphierend mit der Hand auf den Tresen. Erst grinsende Gesichter, dann breites Lächeln, dann Gelächter im Raum, als alle langsam kapieren, was vor sich geht. Es war ein abgekartetes Spiel. Der Mann mit dem Zahn hatte damit gerechnet, daß Professor Itō zu anständig sein würde, diesen ordinären Scherz für eine amerikanische Professorin aus einer der zehn großen Universitäten zu übersetzen, und er hatte recht gehabt. Professor Itō ist an der Grenze gestolpert, über die wir den ganzen Abend immer wieder gehuscht sind.

»Sie haben wohl gewonnen«, sagt er zu dem Mann mit

dem Zahn. Er sieht mich nicht an, als er eine Entschuldigung murmelt: *Gomen nasai.*

»*Iie, iie*« (Nein, ganz und gar nicht). Ich berühre seine Hand. »*Daijōbu*«, sage ich zu ihm (Ist schon in Ordnung).

Das ist Schwachsinns-Japanisch, aber es ist egal: *Ich habe den Scherz kapiert.* Ich habe ihn sofort durchschaut, denn es gibt nicht viel, was japanischen Männern einfällt, wenn sie Westler lächerlich machen wollen.

»Mag unserer auch kürzer sein, sind wir doch härter und bleiben länger!« verkünde ich gelassen auf englisch, ein wenig amüsiert über die Rolle, die ich bei dem »wir« einnehme.

Professor Itō blinzelt, schüttelt den Kopf und übersetzt dann meine Pointe. Wieder herrscht einen Augenblick lang erstauntes Schweigen, und dann kapieren es alle. Erschöpft und ausgelaugt bricht Professor Itō über der Bar zusammen.

Die *mama-san* hält lachend die Hand hoch, und wir tauschen Handschläge aus. Sie gibt für jeden an der Bar eine Runde Sake aus. Die Männer toasten uns zu, als wir aufbrechen, folgen uns unter Verbeugungen und Applaus nach draußen und laden mich ein, doch wiederzukommen.

Draußen auf der Straße treffen Professor Itō und ich wieder auf zahlreiche Betrunkene und andere Männer. Überall Prostitution, Live-Sex-Shows, »keine Hosen«-Cafés, Obenohne- und Unten-ohne-Cabarets, ausgestellte Brüste, Beine, Pobacken. Jede Frau auf dieser Straße scheint Freiwild zu sein, ganz besonders eine *gaijin.* Professor Itō ist über einsfünfundsechzig groß, schlank, aber drahtig, doch keine Gestalt, die man als »bedrohlich« bezeichnen würde. Fasziniert stelle ich fest, daß er beim Verlassen des Restaurants seinen Körper strafft, seine Muskeln im Gesicht, seinen Blick. Keiner belästigt uns, als wir durch die Straßen laufen. Man nennt das *kamaeru*, sich Haltung verschaffen. Es ist eine Haltung, die man im Schwertkampf, beim Bogenschießen oder einer anderen der traditionellen japanischen Kampfkünste einnimmt. Sie signalisiert: »Ich bin bereit. Für alles.« Die Menge teilt sich und macht uns Platz. Nicht eine Bemerkung fällt über meine Anwesenheit. Ohne meinen Arm auch nur zu berühren – die gebieterische Haltung, mit der westliche Männer ihre Begleiterin führen und für sich beanspruchen –, signalisiert Professor Itō, daß man mich in Ruhe zu lassen hat.

Es ist ein bizarrer Abend. Die sexuelle Dynamik ist sehr verwickelt und beherrschend. Die ganze Tragweite vermag ich nicht zu erfassen. Ich bezweifle, daß Professor Itō eine japanische Kollegin zu so einer Tour eingeladen hätte. Ich versuche, mir einen vergleichbaren Abend mit einem amerikanischen Kollegen vorzustellen, kann es aber nicht. Wir haben beide das Sicherheitsnetz genossen, das durch Andersartigkeit entsteht, und doch war der Abend wie ein Sturz ins Bodenlose. Fremdheit – unser Fummeln an den Knöpfen und Reißverschlüssen der Sprache – ist der Sex dieses Abends.

Irgendwann gegen Mitternacht eilen wir durch die Seitenstraßen von Osaka, um einen der letzten Züge zu erwischen; er wohnt in einem Viertel außerhalb der Stadt, ich fahre zurück nach Nigawa. Nach dem trüben Schummerlicht der Bars wirkt die neongleißende Helligkeit des Umeda-Bahnhofs wie ein Schock. Wieder einmal fühle ich mich ausgesetzt. Wie bei den meisten Japanern wird auch mein Gesicht rot, wenn ich Sake trinke, und mir wird klar, daß ich entsetzlich aussehen muß. Überrascht stelle ich mit einem Seitenblick auf Professor Itō fest, daß auch sein Gesicht gerötet ist, seine Augen glasig sind. Taktvoll vermeiden wir jeden Augenkontakt. Wir verbeugen uns höflich voreinander, und Professor Itō dankt mir in förmlichem Englisch für meine Begleitung. Ich danke ihm in gestelztem Japanisch dafür, daß er sein Versprechen gehalten hat und mir eine Seite von Japan zeigte, die ich wahrscheinlich nie wieder sehen werde.

Im Zug finde ich einen Platz nahe der Tür, neben der einzigen mitreisenden Frau. Hier bin ich vor Fummlern sicher.

Es vergehen einige Monate bis ich Professor Itō wieder über den Weg laufe. Wieder halten wir beide Vorträge auf einer Konferenz, ich über den Anfang der gedruckten Massenmedien, er über einen schwer verständlichen englischen Dichter aus einem anderen Jahrhundert. Als ich meine Rede halte, fühle ich seine Augen auf mir ruhen, und ich vermeide es tunlichst, in seine Richtung zu schauen. Während seiner Rede sieht er einmal hoch, fängt meinen Blick auf und stolpert über den nächsten Satz.

Bei einem kleinen Cocktail-Empfang für die Konferenzteilnehmer gehen wir einander aus dem Weg, bis es zu auffällig wird. Wir sprechen uns in aller Form an, wie es unter den Gelehrten in Japan üblich ist, und versichern den Kollegen, die uns einander vorstellen wollen, daß wir uns schon einmal auf einer anderen Konferenz begegnet seien. Ich will gerade anfangen, Professor Itō für unsere Tour durch Osaka zu danken, doch eine plötzliche Veränderung seines Gesichtsausdrucks hält mich davon ab. Dies ist nicht der Ort dafür. Unsere Kollegen beobachten uns, hören zu. Rasch wechsle ich das Thema und frage ihn etwas Banales über die Poetik des achtzehnten Jahrhunderts. Ich nehme ein winziges Lächeln wahr, das in seinen Augenwinkeln spielt, eine Sanftheit, die einzige Veränderung seiner Mimik. Die nächsten zehn Minuten langweilt er uns mit einem Vortrag über die Poetik des achtzehnten Jahrhunderts.

Ein Teil von mir (der amerikanische Teil) verspürt so etwas wie Enttäuschung, sogar Wut, wie ein junges Mädchen, das am Morgen vergebens auf den Anruf wartet, den ihm der Angebetete am Abend zuvor versprochen hat. Wie ich aus zahllosen Gesprächen mit meinen japanischen Freunden weiß, ist dieser Hang, die Dinge festzunageln, sie zu definieren, die Bedeutung einer Erfahrung, eines Moments, einer Tat auszuloten, »sehr amerikanisch«. Dennoch bin ich ärgerlich über mich selbst, daß ich nicht über diesen Abend spreche, und ebenso ärgere ich mich darüber, daß Professor Itō es vermeidet, sich an unsere – zugegebenermaßen flüchtige – Beziehung zu erinnern.

Dies ist der Punkt, an dem mein japanischer Anteil überhand nimmt und die ganze Szene anders beleuchtet. Wenn ich etwas an Japan liebe, so ist es die Negation der westlichen Idee, daß ein Mensch ein stabiles, unveränderliches, immer gleichbleibendes Wesen ist, ein absolutes Selbst. In Japan hängen Verhalten und sogar Persönlichkeit teilweise vom Kontext ab, von den Regeln der gegebenen Situation. Das ist ein Grund, warum so viele der G.I.s, die nach dem Zweiten Weltkrieg als Besatzungsmacht kamen, so überrascht waren, als sie auf sanfte und großzügige Japaner trafen. Sie hatten die barbarischen Übeltäter des räuberischen Überfalls auf Nanjing, des Todesmarschs von Bataan oder die Angreifer von Corregidor erwartet und fanden statt dessen Zivilisten, die sich zivilisiert verhielten. Nur aus westlicher Perspektive ist dies ein Widerspruch. Für die Japaner entspricht dies der Zufälligkeit und der Wahrheit des Lebens.

Mein japanisches Ich merkt, daß einiges unerklärlich ist und sich die Dinge nicht auf etwas reduzieren lassen, was wir im Westen gerne als »logisch« oder »gesunden Menschenverstand« bezeichnen. Mein japanisches Ich versteht, daß die Frau und der Mann, die einen Abend damit zugebracht haben, die »Floating World« zu erkunden, andere Menschen, andere Individuen sind als die beiden Professoren, die hier stehen und zweisprachige Namensschilder tragen, in einem sterilen Konferenzzimmer Weißwein aus Plastikbechern trinken und an Käsehäppchen knabbern, die von Zahnstochern zusammengehalten werden.

Nach kurzer Zeit verbeugen Professor Itō und ich uns voreinander und mischen uns dann unter die anderen Gäste, als hätte unser Nachtspaziergang durch Osaka nie stattgefunden.

7 Heilige Orte

Charles kam nach Japan, kurz bevor an der Kansai Women's University die Sommerferien begannen. Charles ist mein Stiefsohn, Teds Sohn aus erster Ehe. Seit er vier ist, verbringt er jedes Jahr eine gewisse Zeit bei uns, vor allem in den Sommerferien. Ted und ich haben unser Leben nach seinem Kommen und Gehen eingerichtet und arbeiten die übrige Zeit des Jahres hart, um im Sommer Zeit für Charles zu haben. Auch er hat sein Leben so planen müssen, daß er die Sommer fern von seiner Familie und seinen Freunden in New York verlebt. Der Sommer war für uns drei eine Möglichkeit zusammenzusein, einander wieder kennenzulernen – wir versuchten, unsere Beziehung in diese paar Monate zu pressen.

In diesem Jahr geschah es an den heiligen Orten Japans.

Als Charles das erste Mal eine Tempelanlage betrat, war er ergriffen – von der Stille, der Gelassenheit, der kühlen Luft, selbst an den heißesten Sommertagen. Er wollte sämtliche Tempel sehen, und obwohl wir der Erfüllung dieses Ziels nicht sehr nahe kamen, besuchten wir doch über zweihundert in zwei Monaten. Wir kauften die üblichen Tempelbücher für Pilger und fanden in jedem Tempel den Priester, der uns den Namen des Tempels und das Datum eintragen konnte und dann die Seite mit dem üblichen roten *hanko* stempelte. Gegen Ende des Sommers erweckten die Bücher die Aufmerksamkeit der Priester: sie waren verblüfft, daß drei *gaijin* sich der Mühe unterzogen und so viele der japanischen Tempel besuchten:

Sambōin, Zuishin'in, Shisendōji, Manshūin, Shinnyōdō, Shōren'in, Tōdaiji, Kannōji: dies sind nur einige der Namen in unseren Tempelbüchern, geschrieben in einer Kalligraphie, die zu entziffern für uns zu kompliziert ist.

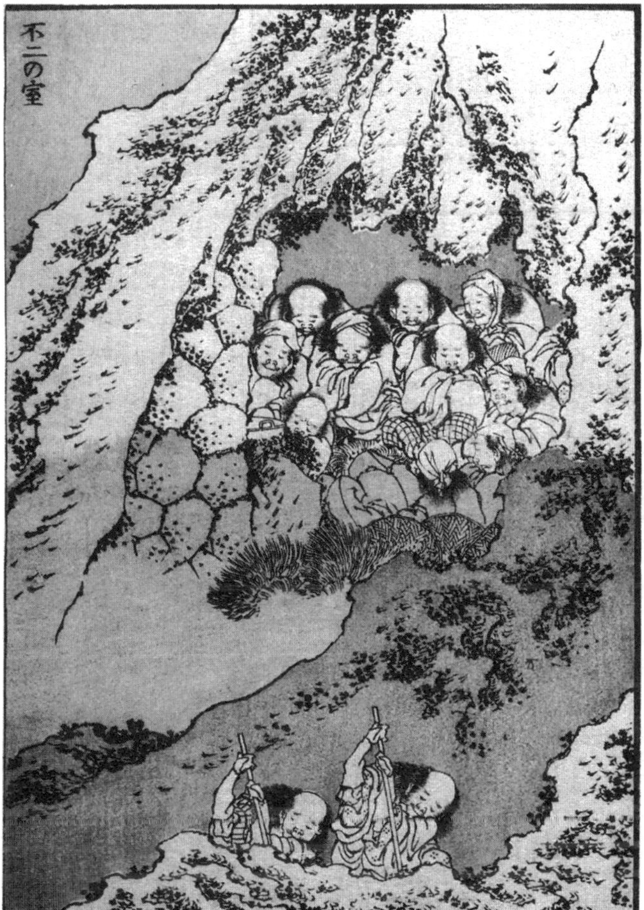

Pilger nützen die Heilkraft in einer Höhle des Fuji

Anfangs, als Charles in Japan ankam, hatte er das Gehabe des jungen Brando: Hände in den Taschen, Schultern nach vorne, stramme Muskeln, den Gang eines Sechzehnjährigen, der gelernt hat, sich zu schützen, und, was noch wichtiger ist, der weiß, wie er sich zu geben hat, um den Eindruck zu erwecken, er wäre in der Lage, jeder Gefahr zu trotzen.

»Versucht es nur!« schienen seine Schultern zu sagen, sein Kiefer so zusammengepreßt wie eine geballte Faust.

In jeder Kultur ist die Körpersprache wichtig und vielschichtig. Wir nehmen sie so automatisch wahr, daß wir sie kaum noch beachten. In Japan, wo es schwer ist, »nein« zu einer sozial gleich oder höher gestellten Person zu sagen, und wo man das Subjekt eines Satzes oftmals unausgesprochen läßt, weisen die Haltung des Sprechenden und der Ton seiner Stimme auf das hin, was hier wirklich gesagt wird. Charles' Körpersprache war darauf ausgerichtet, mit den harten Jungs von der Straße zu kommunizieren. Wenn Japaner mit Charles zusammenkamen, machte er ihnen oftmals Angst. Das konnte man ihren Gesichtern ablesen.

Entspann' dich, sagten wir ihm. Keiner will dir hier etwas.

Entspann' dich: Du bist in einem Land, wo das Schlimmste, was dir passieren kann, ist, daß Schulkinder dir auf der Straße »*Harō!*« nachrufen oder versuchen, ihr Englisch an dir auszuprobieren.

Hinter den dicken Wänden der Tempelanlagen von Kyoto oder Nara wurde Charles lockerer. Eines heißen Nachmittags stiegen Ted und Charles in der Stadt Arashiyama den steilen Hügel zum Tempel hinauf und bekamen von einem Priester, der sich still neben sie setzte, Tee angeboten. Sie gaben sich der Bewunderung der schlichten Schönheit hin, dem Lüftchen, das durch die Tempelanlage hoch auf dem Hügel wehte. Sie konnten sich nicht durch Sprache verständigen, aber an diesem Ort war das nicht von Belang. Ehe sie aufbrachen, schrieb der Priester in ihre Tempelbücher.

An einem anderen Tag saßen wir in Kyoto fast eine Stunde lang auf dem Tatami eines Teehauses mit Blick auf einen wunderschönen Garten. Dort drinnen war es mindestens fünfzehn Grad kühler als draußen auf den geschäftigen Straßen der Stadt.

»Hier könnte ich leben«, flüsterte Charles, als er auf den Teegarten starrte mit seinen hundert Grünschattierungen – Moose, Blätter, Flechten – zwischen den wie ferne Berge wirkenden Steinen.

Was ich in Charles' Stimme hörte, überraschte mich, und ich sah ihn an. Aus Charles' Schultern war die Anspannung gewichen. Er kniete auf japanische Weise, die Arme locker und frei. Die Muskeln seines Gesichts waren entspannt, und in seinen Mundwinkeln spielte ein zartes Buddha-Lächeln. In wenigen Wochen hatte er sich verändert, seine Bänder und Knochen waren anders ausgerichtet, nicht mehr städtisch und amerikanisch, aber auch noch nicht ganz japanisch.

Als ich Charles betrachtete, fiel mir auf, daß Ted und ich uns in den vier Monaten, seit wir nach Japan gekommen waren, auch verändert hatten. Mir wurde bewußt, daß ich gelernt hatte, furchtlos durch die harten Viertel einer Stadt wie Osaka zu gehen. Es war fast erschreckend, wie leicht ich mein wachsames, städtisches Auftreten aufgegeben hatte. Ich hatte gelernt, mich automatisch zu verbeugen, eine schlichte Geste der Anerkennung gegenüber Menschen, denen ich noch nie begegnet bin, und ich war dazu übergegangen, in zwischenmenschlichen Beziehungen darauf zu vertrauen, daß man sich gegenseitig Achtung erweist, einer dem anderen. In wenigen Monaten hatte ich gelernt, meinen normalerweise breiten und ausladenden Gesten Zügel anzulegen. Um mich in den unvorstellbar winzigen Läden voller teurer und zerbrechlicher Dinge bewegen zu können, lernte ich, mich klein und vorsichtig zu machen und war mir der verletzenden Kraft eines unkontrollierten Körpers bewußt.

Da waren wir also alle drei zusammen an einem von Charles gewählten Ort, wie in den Sommern zuvor. Doch etwas war anders. Die Dringlichkeit war weg, der Druck, alles in ein paar Wochen hineinzupressen. Wir knieten auf dem Tatami, der Atem zirkulierte durch unsere Lungen, der Blutdruck fiel merklich – Ruhe des Körpers, Gelassenheit des Geistes, keine Empfindungen: dieser Augenblick ist die Welt.

Zufriedenheit.

Als Charles sechzehn war, hatte er schon ausgiebig östliche Literatur und Philosophie gelesen, weitaus mehr als ich in den turbulenten Sechzigern. Er spielte mit Begeisterung keltische Musik auf seiner Flöte und seinem irischen Dudelsack, und er las Lao Tse, Li Po, Tu Fu, Wang Wai. Und Bashō:

Auf einer Reise, krank,
und über Felder dürr, wandern
Träume.

Während wir auf seinen Besuch im Sommer gewartet hatten, schrieben wir ihm von dem hübschen kleinen Tempel auf dem Berg über unserem Haus, der von Kōbō Daishi, dem Begründer des Shingon Buddhismus, errichtet worden war, einer Sekte, die für ihre Kasteiung und ihre Strenge bekannt war. Als er ankam, hatte er bereits alles ihm zur Verfügung stehende über Kōbō Daishi gelesen, einen der bekanntesten heiligen Männer Japans. Kōbō Daishi war als junger Mann nach China gereist, um heilige Schriften zu studieren und ins Japanische zu übersetzen. Er gehört zu den großen Philosophen der Welt, hat sich aber auch durch andere Leistungen hervorgetan, wie die Errichtung eines starken Damms, der seine Heimatinsel Shikoku vor der Flut schützte.

»Laßt uns zum Berg Kōya gehen«, sagte Ted eines Tages, als er über Landkarten und Reiseführern hockte. Berg Kōya, von Kōbō Daishi im Jahre 816 gegründet, ist das Zentrum des Shingon Buddhismus und Kōbō Daishis letzte Ruhestätte.

Eine der Sekretärinnen der Anglistischen Fakultät an der KWU rief für uns an und arrangierte, daß wir in einem kleinen Tempel auf dem Berg wohnen konnten, der lange nach Kōbō Daishis Tod errichtet worden war. Wir kamen kurz vor der Abenddämmerung an und ließen unser Gepäck im Tempel zurück. Der Frau, die uns dort begrüßt hatte, sagten wir, daß wir zum Friedhof wandern wollten, aber bald zurück seien.

Der Berg war wunderschön, kühl selbst im heißen, feuchten Sommer, doch wir waren enttäuscht, daß es von Menschen nur so wimmelte, und wir schimpften, weil Kōya-san mehr einem Jahrmarkt als einem geheiligten Ort glich. Doch als wir uns vom Hauptplatz der Stadt entfernten, wurde der Menschenstrom dünner. Die Leute, denen wir begegneten, kehrten in die Stadt zurück, wollten nicht hinaus. Bald waren wir so gut wie allein auf unserem Weg, der uns im schwindenden Licht an riesigen Zedern und hochaufgetürmten Grabsteinen vorbei zu Kōya-sans Allerheiligstem führte, dem *okunoin* und der letzten Ruhestätte von Kōbō Daishi.

Als die Sonne hinter dem Berg untergeht, ist es fast kalt. Die Luft ist geschwängert von den graugrünen Weihrauchschwaden, die sich wie Moos über die Grabsteine und Bäume legen. »Heiliger Rauch« nennt Charles es.

Der Weg zum Allerheiligsten ist von Grabsteinen gesäumt. Praktisch jede bedeutende Persönlichkeit der japanischen Geschichte hat an diesem heiligen Ort ein Denkmal. Doch auch viele Unbekannte fanden hier ihre letzte Ruhe. Vielleicht weil Charles dabei ist, fallen mir heute weniger die Denkmäler dieses Friedhofs ins Auge als die kleinen, traurigen Steinstatuen von Jizō, einer androgynen Gestalt, der

Heiligen der Kinder. Den Boden umarmend, unter Baumwurzeln hingekuschelt, unter Felsnasen aneinandergekauert, sprenkeln die kleinen Statuen von Jizō den Weg zu Kōyasans Allerheiligstem. Jizō hat Mitleid mit den armen, toten Kindern, die auf ewig dazu bestimmt sind, einen Turm aus Steinen zu errichten, um auf ihm ins Paradies klettern zu können. Nackt holen sie sich Steine aus dem Flußbett und häufen sie auf, aber Dämonen werfen den Turm um, ehe er hoch genug ist. Jizō beschützt die Kinder so gut es geht und versteckt sie in ihren weiten Ärmeln. Die Erwachsenen auf der Erde ziehen den Statuen warme Kleider an und häufen Steine neben ihnen auf, um den Kindern bei ihrer nicht enden wollenden Aufgabe zu helfen. Als wir uns dem Allerheiligsten nähern, kommen wir an Dutzenden von kleinen Jizō-Statuen vorbei, bekleidet mit den Mützen und Lätzchen der verstorbenen Kinder, traurig im Schatten der Grabmale von Japans berühmten und unbekannten Toten.

Obwohl wir einen Seitenweg und nicht die Hauptallee des Friedhofs gewählt haben, ist auch dieser sehr frequentiert. Über eine Million Pilger kommen jährlich zum Kōya-san. Zum Allerheiligsten sind es nicht mehr als zwei Kilometer, wie man uns gesagt hat, aber da wir zum erstenmal hier sind, wissen wir nicht genau, wohin wir gehen und wonach wir suchen, und es wird schon dunkel.

Charles erzählt uns eine Geschichte. Er erzählt uns, daß im siebzehnten Jahrhundert der Haiku-Dichter Bashō in seinen Pilgersandalen aus Stroh durch Japan pilgerte und Reiseskizzen und Gedichte schrieb, in denen er über den Sinn des Lebens reflektierte. Die Bücher hatten Titel wie *Die Aufzeichnungen eines dem Wetter ausgesetzten Skeletts* oder *Die enge Straße in den tiefen Norden*. Bashō war schon früh in seinem Leben am Berg Kōya gewesen, und wir stellen uns vor, daß er vielleicht in unserem Tempel gewohnt hat. *Unserem* Tempel.

Wir gehen schneller, und uns ist bewußt, daß wir uns im Dunkeln werden zurücktasten müssen. Je dämmriger es wird, um so größer und dichter kommen uns die Denkmäler vor, eine Stadt der Toten.

Wir nähern uns dem *okunoin*. Wir sehen den Laternensaal, ein großes Gebäude voll mit leuchtenden Lampions, Geschenke von Pilgern, die vor uns hierhergekommen sind. Es gibt auch noch ein anderes Gebäude, ein Oktogon, doch wir sind uns nicht sicher, ob es das ist, in dem Kōbō Daishi beerdigt wurde. Unsicher halten wir inne.

Ein Mönch in safrangelbem Gewand tritt aus dem Schatten und stellt sich neben uns. Wir erschrecken nicht, seine Bewegungen sind so geräuschlos wie die einer Katze. Vielleicht ist er ein Führer oder ein Priester, der hier wohnt, oder einfach ein heiliger Mann, der zu Diensten ist, wenn jemand ihn braucht. Er deutet hinter den Laternensaal auf ein unscheinbares, auf einer kleinen Erhebung gelegenes Gebäude, das im Dämmerlicht kaum zu sehen ist. Wir verbeugen uns und danken ihm, dann gehen wir in die von ihm gewiesene Richtung. Als wir uns umdrehen, ist er nicht mehr zu sehen.

Ohne Führer hätten wir das Mausoleum nicht gefunden, obwohl wir lange genug in Japan sind, um zu wissen, daß der heiligste Ort oftmals am wenigsten Eindruck macht. Unvorstellbar hohe Zedern umstellen diese Grabstätte.

Der Raum drumherum strahlt eine unbeschreibliche Präsenz aus. Dic Luft schwillt an und zieht sich zusammen wie beim Atmen.

Keiner sagt ein Wort.

Im Laternensaal bringen wir den Tempelgong zum Klingen, rufen die Götter an. Wir klatschen mit den Händen und verbeugen uns. Zweihundert Tempel haben wir in Kyoto und Nara besucht, und jetzt wird uns bewußt, daß wir die ganze Zeit für diesen Augenblick in Kōya-san geprobt haben. Heute abend müssen uns die Götter erhören.

Schweigend gehen wir den Pfad zurück, die letzten Lichtstrahlen hängen in den Weihrauchschwaden. Es ist, als gingen wir durch Wolken.

Wir sind müde und erschöpft, als wir im Dunkeln unseren Tempel erreichen.

»Ich habe mir Sorgen um Sie gemacht«, sagt die Frau im Tempel. Sie trägt einen hellgeblümten *yukata*, den Sommerkimono aus Baumwolle. »Doch ich sehe Ihren Gesichtern an, daß Sie es bis zum *okunoin* geschafft haben.«

Sie kennt den Blick. Wir nicken und murmeln eine höfliche Erwiderung, merken, daß wir wieder sprechen müssen.

Wir ziehen unsere Schuhe aus und stellen sie im Vorhof des Tempels ins Schuhregal. Wir schlüpfen in bereitstehende Pantoffeln, deren Standardgröße Ted und Charles vor einige Probleme stellt.

Die Frau führt uns durch einen langen Korridor aus unbehandeltem Zedernholz, das durch jahrhundertelanges Pantoffelschlurfen glattgerieben wurde. Als wir zu unserem Zimmer kommen, schiebt sie die *fusuma*, die Papiertüren, zurück. Unsere Taschen warten auf uns. Drei frische *yukata* liegen ordentlich gefaltet mitten im Zimmer. Es sei noch Zeit für ein Bad vor dem Abendessen, sagt die Frau, und sie deutet auf das Männerbad für Ted und Charles und für mich auf das Frauenbad. Ehe wir ihr danken können, ist sie verschwunden und hat die Papier-*fusuma* geräuschlos hinter uns geschlossen.

Wir nehmen das Zimmer in Beschlag. Es ist ein perfektes japanisches Tempelzimmer, aufs Notwendigste beschränkt und doch einmalig. Der einzige Schmuck befindet sich im *tokonoma*-Alkoven, eine Keramikvase mit Ikebanagesteck unter einer Schriftrolle, auf der eine kleine Tuschzeichnung ferner Berge zu sehen ist. Keine Einrichtungsgegenstände, nur Tatami auf dem Fußboden und drei *zabuton*, auf denen wir nach dem Bad sitzen oder knien können, wenn uns das

Essen auf Lacktabletts serviert wird, jedes Tempelgericht in der ihm angemessenen Schale aus Keramik oder Holz.

Als die Tabletts weggeräumt sind, machen wir noch einmal einen Gang um den Tempel und schenken dem Garten vor unserem Zimmer in seiner strengen Schönheit aus geharktem Sand und aufragenden Steinen größere Beachtung. Charles meint, die grellen, weißen Steine erinnerten ihn an Geister, die sich aus Angst vor ihren eigenen Schatten im Mondlicht zusammenkauern.

Es gibt gepflasterte Wege, die in andere Gärten führen und wir erkunden alle in unseren *yukata* und den zu kleinen Pantoffeln. Wir empfinden uns als eine Familie, die ihre eigenen Späße, ihre eigene Geschichte hat. Als wir in unser Zimmer zurückkehren, sind Futons über die Tatami-Matten gebreitet. Innerhalb von zwei Stunden hat sich der Raum vom Wohnzimmer in ein Eßzimmer und dann in ein Schlafzimmer verwandelt. Die Leere des traditionellen japanischen Raums, dem keine eindeutige Funktion zugeordnet ist, erlaubt es, all diese Funktion zu erfüllen. Im Buddhismus ist Leere der höchste Wert. Architektur ist Metaphysik, das haben die Japaner immer gewußt.

»Fragt ihr euch nicht auch«, meint Charles, »ob all dieser Reichtum in Japan einen Wert hat? Der ganze Baubetrieb, den es in Japan gibt, zerstört er nicht das eine Gebäude, das man nicht bauen *kann*?«

Wir halten uns nicht für religiös im herkömmlichen Sinn, doch wir sind hier, und hier sehnen wir uns nach dem, wofür dieser Raum, dieser Tempel, dieser Berg stehen. Charles sagt, Buddhismus habe für ihn viel Ähnlichkeit mit Flötespielen – es kommt aufs Üben an, nicht auf den eigentlichen Vortrag. Er sagt, er könne beim Üben manchmal eine Stimmung *hören* – Trauer, Angst, Ärger – noch bevor er sie empfinde. Dann müsse er sie loswerden, mit ihr klarkommen und den richtigen Ton finden.

»Auch das ist wie Buddhismus«, sagt er und spricht dabei ganz leise, um die Leute im Nebenraum nicht zu stören.

Ted meint, wir sollten schlafen gehen. Wegen der buddhistischen Andacht müssen wir schon vor der Morgendämmerung aufstehen. Als er geht, um das Licht auszumachen, klopft Charles auf die Tasche seiner Jeans, die er neben dem Kopf zusammengefaltet hat, und versichert uns, er habe für alle Fälle sein Schweizer Armeemesser mitgebracht. So sehr ihm auch dieser Tag gefallen habe, müsse er doch zugeben, nicht recht zu wissen, ob er sich damit anfreunden könne, ohne richtiges Schloß an der Türe unter all den fremden Menschen zu schlafen. Wobei es ja nicht einmal richtige Türen sind, nichts, was man zumachen könnte, nur Stellwände aus Papier. Charles ist sechzehn und an eine Wohnungstür aus Metall mit einem Polizeischloß und Stahlgittern an den Fenstern gewöhnt, und jetzt soll er in einem Raum aus Papier schlafen, umgeben von Fremden, die in einer Sprache flüstern, die er nicht versteht. Doch trotz dieser Bemerkung über sein Messer ist er entspannt, wie ich ihn selten erlebt habe, und es erstaunt mich nicht, daß er sofort einschläft. Dieser stille Tempel auf dem Berg Kōya ist für ihn etwas Neues, etwas, das er nicht für möglich gehalten hätte.

Als der kleine Reisewecker loslegt, kommt es mir vor, als wäre kaum Zeit vergangen. Ich hatte ihn auf vier Uhr morgens gestellt, für den Fall, daß wir den Tempelgong überhören sollten. Unmöglich. Zum ersten Mal ist es laut im Tempel. Übernächtigte Menschen ziehen ihre wärmsten Kleider an und bereiten sich darauf vor, im Lotossitz auf dem Boden einer ungeheizten Bergkirche Platz zu nehmen. Wir hören sie in ihren Pantoffeln den Gang entlangeilen. Als wir unsere *fusuma* zurückschieben, werden wir gewahr, daß im Nachbarraum eine Gruppe von zehn oder fünfzehn jungen Männern gewohnt hat. Sie warten, bis auch die letzten ihrer Gruppe fertig sind, um gemeinsam zum Haupttrakt des Tempels zu gehen, wo die Andacht stattfindet. Höflich nicken sie uns zu und flüstern: »*Ohayō gozaimasu*!« (Guten Morgen!) Sie sind ganz offensichtlich erstaunt, daß ihre nächtlichen Nachbarn drei Ausländer waren. Uns wiederum erstaunt es, eine ganze Batterie von Bierflaschen zu sehen – insgesamt etwa einhundert – die in Reih und Glied auf dem Fußboden und auf einem Tisch im Flur vor dem Zimmer stehen. Da hat nebenan ein Gelage stattgefunden, aber so leise, daß wir es durch die Papierwände nicht hören konnten! Ted scherzt, daß es wohl wirklich kulturelle Unterschiede gebe.

Charles kniet während der Andacht zwischen Ted und mir. Unsere Schultern berühren sich. Wir drei sind glücklich, hier zu sein. Der Gesang setzt ein, einfach, lang und unbeschreibbar mit seinem gutturalen Brummen, das hypnotisierend wirkt, immer wieder unterbrochen vom Schlagen eines kleinen Gongs. Es sind drei Priester, zwei junge im einfachen braunen Gewand und ein etwas aufwendiger gekleideter Oberpriester. Sie knien mit dem Rücken zu uns. Wir schauen alle auf einen Altar, dessen Tür offensteht, doch es ist zu dunkel – es ist immer zu dunkel –, um die Kostbarkeit zu sehen, die er beherbergt.

Wir drei knien unter Fremden. Anfangs bewegen wir unsere Lippen und summen tief, trauen uns aber nicht, in den buddhistischen Gesang einzustimmen. Wir werden mutiger, als uns klar wird, daß auch die Japaner im Raum die Worte der alten buddhistischen Sutren nicht kennen. Nach und nach stimmen wir mit einem bedeutungslosen aber richtig intonierten Gemurmel ein, und unsere Stimmen harmonieren mit dem Gesang, den wir nicht verstehen, mit den Menschen, die wir nicht kennen, umhüllt von schwerem Weihrauch und düsterem Licht.

Manchmal sind die Phrasen so lang, daß kein Raum zum Atmen bleibt. Anfangs schaffen wir es mit dem Atemholen gar nicht bis zum erlösenden Gongschlag. Nach und nach lernen wir, mit der Luft hauszuhalten. Wir schaffen es, die Muskeln von Kehle, Kiefer, selbst von Schultern und Rücken zu entspannen. Wir lernen, den Schmerz in unseren Beinen nicht mehr wahrzunehmen. Doch nur vorübergehend. Wenn wir uns zu sehr auf die Nadeln konzentrieren, die uns in die Füße pieksen, verlieren wir den Gesang, kommen ins Stocken und schnappen nach Luft. Wir denken nicht mehr. Wir existieren, um zu singen. Wenn wir uns genügend entspannen, formt der Atem sich selbst zum Klang. Diese Dinge lernen wir durch Versuch und Irrtum. Es gibt keine Anweisungen, kein Lehrbuch. Doch nach und nach scheint jeder im Raum ein Gebet, einen Gesang und Worte zu finden, die bedeutungsvoll sind, ohne etwas zu bedeuten.

Die Priester modulieren die Lautstärke und das Tempo des Gesangs, lauter, dann wieder leiser, dann wieder anschwellend, schneller, langsamer, und dann der Gong – das gemeinsame Einatmen. Fast wie bei einer Hypnose gibt man die Kontrolle auf. Das geht nur mit Vertrauen. Obwohl von höchster Privatheit, würde es ohne die Nähe von Fremden nicht funktionieren. Es ist ein berauschendes Freiheitsgefühl und zwar genau deshalb, weil alles einem kollektiven Zwang unterliegt – die Erschöpfung, die Taubheit vom Knien, die Schwäche aufgrund der Kälte und des Weihrauchs und des rhythmischen Atmens. Und der Gesang geht noch weiter. Das sind Dinge, die mir später einfallen. Nicht jetzt, nicht dort, nicht in diesem Klangraum. Moonies, Mahareshi Mahesh Yogi, Hare Krishnas: ein Teil von mir versteht die Anziehungskraft dieser so anderen östlichen Welt, die verführerische Gewalt der Gewaltlosigkeit. Für einige könnte dieser Raum das Leben sein.

Ein paar Wochen, nachdem Charles nach New York zurückgekehrt ist, ruft mich jemand von der U.S. Information Agency an und fragt mich, ob ich einen Vortrag an der University of the Ryukyus auf Okinawa halten möchte, und zwar über Literatur und Alltagsleben zur Zeit des amerikanischen Bürgerkriegs, Thema eines Buchs, an dem ich schreibe. Ted hält in derselben Woche einen Vortrag in der kanadischen Botschaft in Tokyo, und so nutze ich diese Möglichkeit, um allein zu einem neuen Teil Japans aufzubrechen. Als meine Maschine in Naha landet, vermisse ich Charles und Ted, aber ich bin entschlossen, es mir gutgehen zu lassen.

Drei Professoren von der University of the Ryukyus holen mich am Flughafen ab und machen eine Inselrundfahrt mit mir. Ich erkundige mich nach den seltsamen Zementgebäuden, die auf den Hügeln stehen. Mausoleen, erklärt man mir. Ich bin schockiert über soviel Tod.

Die alten Häuser der Lebenden mit ihren roten Ziegeldächern liegen hingeduckt am Boden. Oft hockt an jedem Ende des Dachs ein kleiner Löwenhund aus Keramik, *shiisā*. Andere Häuser ähneln amerikanischen Bungalows im Stil der fünfziger Jahre. Man hat sie nach den enormen Zerstörungen des Zweiten Weltkriegs errichtet. Auf diesen Dächern sitzen keine *shiisā*, um vor Taifunen zu schützen. Die Sonne blendet wie auch das Wasser, und doch hat dieser Ort etwas Trauriges. Dies ist eine Insel der Toten, der Schauplatz entsetzlicher Schlachten - zur See, in der Luft und auf dem Land - zwischen den Alliierten und den Japanern, und auf der ganzen Insel erinnern Gedenktafeln an dieses Blutvergießen.

An einem Schauplatz halten wir an, und einer der Professoren übersetzt die Inschrift, ohne sie zu lesen. Eine viertel Million Menschen starben, Soldaten und Zivilisten, nachdem sie zweiundachtzig Tage lang hart mit den Alliierten gekämpft hatten. Er fügt noch etwas hinzu, was auf der Tafel stehen mag oder auch nicht: für die hunderttausend japanischen Soldaten, die nach Okinawa geschickt worden waren, um die Truppen der Alliierten zu bekämpfen, waren die Bürger von Okinawa »überflüssig«, und so starben Zehntausende der Inselbewohner von japanischer Hand. Er fügt hinzu, dies habe Geschichte. Okinawa sei erst seit 1879 unter japanischer Herrschaft, und die Menschen von Okinawa seien gegenüber dem Mutterland Japan noch immer diskriminiert. Das sei der Grund, warum Okinawa an die Amerikaner abgetreten worden sei und in den Jahren 1945 bis 1972 quasi als Militärstützpunkt der Vereinigten Staaten gedient habe. »Sie hielten uns für *überflüssig*«, betont er noch einmal.

Nachdem ich mein Interesse an Volkskunst bekundet habe, nimmt sich eine reizende und liebenswürdige Dozentin der Universität, Professor Shō, trotz ihres vollen Stundenplans Zeit, um mich zu einer Glashütte, zu einer Töpferei und zu einer Werkstatt zu fahren, in der Handwerker aus getrockneten Bananenfasern Stoffe weben. Die Schönheit des Kunsthandwerks, die Vielfalt und Unverwechselbarkeit der Kultur Okinawas beeindrucken mich. Professor Shō sagt, dieses traditionelle Kunsthandwerk sei früher auf allen Inseln der Ryukyu-Kette verbreitet gewesen, werde jetzt aber kaum noch ausgeübt.

Zum Mittagessen führt man mich in ein altes okinawisches Restaurant. Geschmack und Konsistenz des Essens sind neu für mich. Auch das Japanisch, das ich hier höre, klingt manchmal anders. Ein Professor der University of the Ryukyus erklärt mir, daß die Bediensteten fast alle vom Land kommen und nur *hōgen* (Dialekt) sprechen, den man hier *uchināguchi* (den Okinawa-Mund) nennt. Trotz der japanischen Versuche, diesen Landesdialekt auszurotten, existiert er Seite an Seite mit dem üblichen Japanisch. Ich verstehe kein einziges Wort, und ein anderer Dozent versichert mir, ich würde selbst dann Schwierigkeiten haben, wenn Japanisch meine Muttersprache wäre. Okinawa hat auch eine landeseigene Religion, einfach Religion von Okinawa genannt. Sie ist matriarchalisch und pantheistisch, mit schamanischen Priesterinnen und heiligen Hainen, eine animistische Religion, die sich sehr stark von anderen chinesischen oder japanischen Religionen unterscheidet. Die Japaner haben natürlich versucht, sie durch den Buddhismus oder den staatlichen Shintoismus zu ersetzen.

Ich habe verstanden. Mag Okinawa jetzt auch zu Japan gehören, so hat es doch eine lange Geschichte und seine eigene Überlieferung. Eine nationalistische Bewegung kämpft jetzt für die Trennung Okinawas von Japan, und eine frühere Bewegung hat Unabhängkeit und ein Ende der amerikanischen Nachkriegsbesatzung gefordert. Als ich Professor Shō zum okinawischen Nationalismus befrage, antwortet sie schlicht: »Manchen Leuten fällt es schwer, den Krieg zu vergessen.«

Im Inselmuseum sind Fotografien aus der Zeit vor und nach dem Krieg ausgestellt. Ich muß gegen meine Tränen ankämpfen. Allgegenwärtige Zerstörung wie auf den Fotografien von Hiroshima nach dem Abwurf der Atombombe. Als Professor Shō mich einen Moment allein läßt, zeigt mir ein anderer Kollege das Modell des alten Herrscherpalastes von Okinawa, der von den Japanern zerstört wurde, und erzählt stolz, daß Professor Shōs Ehemann ein direkter Nachkomme des früheren Königs von Ryukyus ist. Als wir an ihrem Grundstück vorbeifahren, zeigt mir jemand, wo der Herrscherpalast einst gestanden hat.

Als das offizielle Essen, das nach meiner Rede stattfand, zu Ende war, bot mir Christine an, mich in mein Hotel zu fahren. Ich war ihr in den Vereinigten Staaten ein paarmal begegnet und hatte dabei immer ihre Abenteuerlust bewundert. Sie hat allein die ganze Welt bereist, auch den Nahen Osten. Die meisten Amerikaner würden nicht einmal im Traum daran denken, diese Orte auf eigene Faust zu erkunden. Jetzt arbeitet Christine als Dozentin an der University of the

Ryukyus. Sie ist eine ungewöhnliche Frau, und sie hat das Aussehen einer hochaufgeschossenen Schönheitskönigin, die in jeder Kultur Aufmerksamkeit erregt, eine Aufmerksamkeit, der sie sich mit Leichtigkeit und Anmut entzieht.

»Wenn Sie Lust haben, Ihr schönes Zimmer im Hilton aufzugeben«, schlägt sie vor, »könnte ich Sie morgen früh abholen und in einem wackligen Boot durch das von Haien wimmelnde Meer nach Kudakajima bringen, eine matriarchalische Insel. Wir könnten bei Frau Nishimai wohnen, einer Priesterin der Religion von Okinawa.«

Früh am nächsten Morgen brechen wir auf. Kudakajima ist weniger als eine Stunde von der Hauptinsel entfernt. Wir sehen keine Haie auf unserer Reise, aber die anderen Leute im Boot warnen mich immer wieder, daß sie hier überall anzutreffen seien. Ich werde auch vor Quallen, den Meerwespen, den Kegelmuscheln und vor *habu*, einer Art Schlange, gewarnt. Sie alle sind giftig. Die eine tötet dich in dreißig Minuten, die andere in sechzig. Das nächste Krankenhaus befindet sich auf der Hauptinsel, und das Boot kommt nur zweimal am Tag.

Als wir auf Kudakajima ankommen, verstehe ich, warum man mich gewarnt hat. Wie auf der Hauptinsel säumen auch hier Grabmale die Küste, aber auf dieser winzigen Insel scheint der Tod tatsächlich allgegenwärtig zu sein. Wohin man auch schaut, überall sieht man die schildkrötenartigen Gräber. Dies ist eine Kultur des Erinnerns, und es hat den Anschein, als gäbe es viel zu erinnern, nicht nur wegen der Zerstörungen des Kriegs, sondern auch wegen des alltäglichen Lebens, der giftigen Kreaturen dieser subtropischen Klimazone, der Taifune, die über die Insel hinwegfegen, der heimtückischen Gezeiten, die alljährlich das Leben vieler Fischer fordern.

»Die Sterblichkeitsrate ist sehr hoch«, sagt Christine. »Die meisten Männer sind Fischer, die mit Netzen oder Speeren auf Fang gehen; manche der Frauen tauchen nach Perlen oder Schalentieren. In jeder Familie gibt es überraschende Todesfälle.«

Dabei sieht es hier aus wie im Paradies. Eine lange Straße, die durchs Zentrum der Insel führt, ist von kleinen Dattel- und Bananenbäumen gesäumt, deren leuchtendes Grün sich von einem tiefblauen Himmel abhebt.

Christine erzählt mir, daß es auf der Insel keine Unterscheidung zwischen religiösem Glauben und sozialer Struktur gebe. In den Händen der Priesterinnen liege die Religion wie auch das Geschäftsleben der Insel.

»Und was machen die Priester?« will ich wissen.

Sie lacht. »Es gibt keine Priester. Darum ist es ja eine matriarchalische Gesellschaft. Die Frauen machen alles.«

Um *nūru* (Priesterin) zu werden, müsse man Witwe sein, erklärt sie, und eine *nūru* könne sich nicht wieder verheiraten. Damit scheint man dem Ungleichgewicht zwischen der erwachsenen männlichen und der weiblichen Bevölkerung Rechnung zu tragen, die entsteht, weil die Männer so häufig auf dem Meer umkommen. Alle zwölf Jahre findet eine Zeremonie statt, *izaihō*, in der die jüngsten Witwen zu Priesterinnen berufen werden. Und jedes Jahr treffen sich die Priesterinnen und teilen das Land neu auf – je nachdem, welche Familie ein Kind bekommen, einen Sohn oder Ehemann verloren hat, oder in welcher, was immer häufiger vorkommt, sich ein Familienmitglied für das Leben auf den Hauptinseln (Okinawa oder Japan) entschieden hat. Erstaunlicherweise scheinen alle mit dieser Aufteilung zufrieden zu sein. Die Zäune sind eine Reihe nebeneinandergelegter Steine, so groß wie eine Grapefruit, und trennen ein Feld vom anderen. Einmal im Jahr schmücken sich die *nūru* mit Kleidern und Kopfputz und gehen hinaus aufs Feld, um die Steine umzusetzen.

Kudakajima, so sagt man mir, ist einer der letzten matriarchalischen Orte auf Erden und hat sich ganz dem Gemeinwohl verschrieben, ein Satz, der mich während meines Aufenthalts verfolgt wie die schildkrötenartigen Gräber an der Küste.

Wir halten vor einem winzigen Bungalow, der an eine Ranch erinnert und in dem Frau Nishimae, die Oberpriesterin, lebt. Das Haus hätte aus den Chikagoer Vororten meiner Jugend stammen können. Selbst die Farbe – Doris-Day-Grün – kenne ich gut, habe sie aber lange nicht mehr gesehen. Ich sehe eine winzige Frau in weißer Bluse und grauer Hose durch die gläserne Eingangstür auf uns zukommen. Ihr Haar ist schwarz gefärbt und dauergewellt. Sie sieht wie eine ganz normale Frau mittleren Alters aus – Mutter, Freundin, Bäuerin, Geschäftsfrau und, wie mir wieder einfällt, eine hohe Priesterin dieser letzten gemeinschaftlich matriarchalischen Religion. Nur die zarten Linien um ihre Augen entsprechen dem Bild, das ich mir von einer *nūru* gemacht habe.

Frau Nishimae heißt uns in ihrem Heim willkommen. Christine versteht nur ein wenig *uchināguchi*, aber das scheint nichts auszumachen. Hier auf Okinawa berühren sich die Menschen weitaus offener als im Mutterland Japan, und Frau Nishimae scheint von Christine gar nicht genug zu bekommen. Sie streichelt ihr den Arm, tätschelt ihre Schulter, lächelt zu ihr hoch. Christine ist die Lehrerin ihres Sohnes, der schon seit längerem an der University of the Ryukyus studiert. Sie hat ihm bei seinem Englisch geholfen und auch mit ihm zusammengearbeitet, als er und seine Freunde Bücher sammelten, um auf der Insel eine Bibliothek und ein Gemeindezentrum zu errichten. Im Wechsel kommen sie an den Wochenenden herüber und kümmern sich darum. Die Priesterin strahlt vor Stolz, als Christine ihr über die neuesten Fortschritte ihres Sohnes an der Universität berichtet. Sie bekommt ganz offensichtlich nicht alles mit, aber das Wichtigste kapiert sie: ihr Sohn ist ein Star.

Frau Nishimae geht zum Schrank und holt für Christine einen Umschlag heraus. Darin sind Fotografien auf denen sie, Christine und ein gutaussehender junger Mann gemeinsam glücklich lächelnd in dieser Küche von Kudakajima sitzen. Sie erkundigt sich, ob ich Kinder habe, und ich ziehe eine Fotografie von Ted, Charles und mir heraus, alle drei mit *yukata* bekleidet. Das Bild wurde aufgenommen, als wir gemeinsam im Tempel am Berg Kōya übernachteten.

Frau Nishimae sagt etwas auf *uchināguchi*. In ihrer Stimme schwingt Traurigkeit mit. Wie so viele meiner Gespräche in Japan ist auch dieses multilingual, doch es erfordert mehr an Übersetzung als normalerweise. Christine kann Japanisch und ein wenig Okinawa-Dialekt. Frau Nishimae hat noch zwei weitere Übernachtungsgäste in ihrem Haus. Einer ist Speerfischer, der jedes Jahr für ein paar Monate nach Kudakajima kommt, um Aale zu fangen, die er dann geräuchert und eingelegt auf der Hauptinsel verkauft. Seine Muttersprache ist *uchināguchi*, aber er kann auch ein wenig Japanisch. Der andere Mann ist *denki* (Elektriker) und repariert gerade den Hauptgenerator der Insel. Er spricht sowohl Japanisch als auch *uchināguchi*, und sogar ein bißchen G.I.-Englisch, das er während des Kriegs gelernt hatte. Er ruft immer wieder »Fuck!«, als wäre dies ganz einfach ein englischer Ausdruck der Überraschung oder der Freude (wie das japanische *Hontō!*), und es freut ihn ganz offensichtlich, daß er über ein paar brauchbare englische Brocken verfügt.

Wenn Frau Nishimae spricht, übersetzen es der Speerfischer und der *denki* nach einer kurzen Unterredung für Christine, die es dann an mich weitergibt.

»Sie werden groß«, hat die *nūru* über unsere Söhne gesagt.

Ich nicke traurig.

Dann sagt sie etwas mit einem Lachen, und der Scherz nimmt denselben Weg vom *uchināguchi* ins Japanische, wobei jeder lacht, bis er endlich auf englisch ankommt: »Und für die Mütter ist es gut, daß es so ist!« übersetzt Christine Frau Nishimaes Pointe, und endlich kann ich in das Gelächter mit einstimmen.

Ich frage Christine, ob die Priesterin uns mehr über die okinawische Religion erzählen könne. Vor ein paar Jahren haben skandinavische Journalistinnen über diese Insel und die rituelle Einführung der neuen Priesterinnen einen Film gedreht. Christine hat mir das Buch gezeigt, das mit dieser Dokumentation entstand, und mir die Bildunterschriften unter den Fotografien erklärt. Besonders fasziniert mich der *utaki*, der heilige Hain, in dem die neuen Priesterinnen alle zwölf Jahre ihre Initiation erhalten. Im japanischen Stammland sind die Frauen von vielen religiösen Ritualen ausgeschlossen und dürfen die meisten heiligen Orte nicht einmal betreten. Erst in neuerer Zeit ist es den Frauen gestattet, den Gipfel des Berg Kōya oder des Fuji zu betreten. Doch auf Kudakajima sind es die Männer, denen man den Zutritt zum heiligen Hain verwehrt, und ich bin neugierig, warum.

»Weil sie sonst überall hinkönnen«, sagt sie lachend, doch der *denki* fügt korrigierend hinzu, er wisse nicht recht, ob er mit dieser Antwort einverstanden sei.

Mir fällt ein, wie erfreut Charles gewesen wäre, den *utaki* zu sehen, und ich frage, ob Frau Nishimaes Sohn jemals im heiligen Hain war.

»Ach, ich denke der geht lieber nach Shinjuku«, scherzt sie und spielt dabei auf das berühmte Vergnügungsviertel von Tokyo an.

»Fuck! Fuck!« ruft der *denki* und unterstreicht das noch mit einem Händeklatschen, nachdem er für Frau Nishimae übersetzt hat.

Die Priesterin ist eine Ulknudel. Bald bringt sie uns alle furchtbar zum Lachen, und mir wird klar, daß sie jetzt nicht über die Religion Okinawas reden will. Ich weiß, daß es in dieser Religion um die Verehrung der Ahnen geht und um die Bande, die Lebende und Tote miteinander verknüpfen. Rituale gegen das Vergessen; es geht um die Allgegenwärtigkeit der Geister in der natürlichen Welt und um jene Gräber, die auf das Meer hin ausgerichtet sind. Das Meer trifft auf Land und das Land trifft auf Palmen und die Palmen berühren den Himmel. Die Menschenseele ist nur Teil der Gezeiten der Welt. Kaum eine lustige Angelegenheit. Und heute ist ein Abend zum Feiern: Schließlich ist die Lehrerin von Frau Nishimaes klugem Sohn zu Gast.

Wir werden immer ausgelassener, und Frau Nishimae redet wie ein Wasserfall, wobei nur Bruchstücke über die Übersetzungshürden zu mir gelangen, was aber egal ist, denn sie schenkt uns immer mehr *awamori* ein, ein bemerkenswertes Gebräu des Landes, und der *denki* schreit alle paar Minuten vor lauter Freude »Fuck!«

Draußen ist Musik zu hören. Man hat uns gesagt, daß später ein paar Nachbarn kommen würden, um der Lehrerin von Frau Nishimaes Sohn einen Besuch abzustatten.

»Auf Kudakajima singen und tanzen alle – und manche der ortsüblichen Tänze sind ziemlich derb«, erklärt Christine und weiß nicht, was sie von der Gesellschaft halten soll, die sich auf der Straße nähert.

Ein alter Mann steckt seinen Kopf durch Frau Nishimaes Küchentür. Er hat eine *sanshin* dabei (das dreisaitige Instrument, wie es auf Okinawa üblich ist, eine Vorläuferin der japanischen *samisen*). Andere Leute aus den Nachbarhäusern haben sich zu ihm gesellt, und mehr und mehr *awamori* macht die Runde, zwanglos, trotz der Anwesenheit zweier Fremder. Hier fühlt man sich als *gaijin* freier als im japanischen Stammland. Die Nachbarn sind etwa alle so alt wie Frau Nishimae. Unsere Gastgeberin serviert eine Platte mit Leckereien (getrockneten Tintenfisch, getrocknete Algen und andere getrocknete Dinge, die ich mir lieber nicht so genau ansehe), und Christine fragt mich, ob ich gerne den Kudakajima-Tanz lernen möchte. Alle schauen lächelnd zu, als sie ihn mir beibringt, ihre Handgelenke wirbeln läßt und vor und zurück geht wie bei einem griechischen Kreistanz. Der alte Mann scheucht uns nach draußen, wo wir alle zusammen tanzen, in die Hände klatschen und mit den Füßen in einem Takt vor- und zurückgehen, der für westliche Ohren synkopiert und arhythmisch klingt. Wie im japanischen Stammland klatscht man auch hier neben dem Takt.

Die Musik wird schneller und langsamer, die Worte ändern sich mit dem Tempo, aber die Schritte bleiben im Grunde die gleichen, mit ein paar einfachen Abwandlungen. Während eines Lieds wird lauthals gelacht, und ich nehme an, daß es sich um eines jener derben Lieder handelt, von denen Christine mir erzählte. Vom Meer her kommt ein kühles Lüftchen, aber es ist noch immer heiß und feucht, selbst so spät nachts, und bald kehren wir erschöpft ins Haus zurück und freuen uns auf das Bad vor dem Schlafengehen.

Da Christine der Ehrengast ist, darf sie zuerst ins Bad. Sie sagt mir auf englisch, daß sie eine Weile brauchen werde, denn das Wasser sei viel zu heiß für sie. Dennoch wolle sie niemanden verletzen, indem sie diese Ehre abschlage. Sie werde warten, bis es sich etwas abgekühlt habe, und das sähe dann so aus, als nähme sie ein schönes und langes Bad, was Frau Nishimae sicherlich sehr freuen werde. Sie wünscht mir Glück, öffnet die Tür zum Badezimmer und verschwindet in einer Dampfwolke.

Gleich darauf wendet Frau Nishimae sich mir zu. Der Speerfischer übersetzt ein paar Worte ins Japanische, doch ich stehe vor einem Rätsel, entweder wegen meiner eigenen Sprachschwierigkeiten oder wegen seines ungewohnten Akzents, ich weiß es nicht. Irgendwie geht es ums Tanzen. Ich nehme einen Stab, stehe auf und zeige, daß ich den Kudakajima-Tanz auch ganz alleine kann.

Frau Nishimae schüttelt den Kopf. Sie läßt die Sprache

beiseite und deutet auf mich, auf meine Füße. Ich mache einen kleinen Tanzschritt und sehe sie fragend an. Sie nickt. Der Speerfischer erklärt es mir, und diesmal, in der Kombination von Sprache und Pantomime, begreife ich: die *nūru* möchte, daß ich ihr einen Tanz *meiner* Heimat zeige.

Gestärkt von einigen Gläsern *awamori* nehme ich mir vor, Frau Nishimae den Soft-Shoe zu zeigen. Dazu brauche ich einen Handstock, aber ich kenne das japanische Wort dafür nicht und mache deshalb eine Zeitung. Der Speerfischer nickt, verschwindet nach draußen und kommt mit einem der getrockneten Aale zurück, die Frau Nishimae für ihn in der kleinen Hütte hinter dem Haus räuchert. Der harte, schwarze Aal biegt sich oben, ein perfekter Stock. Warum nicht? Ich zeige der Priesterin und dem Speerfischer den Soft-Shoe und singe »Tiptoe through the tulips, you'll come with me.« Ich weiß nicht, ob der Text stimmt, aber mir fällt kein anderer ein, und eigentlich ist es auch egal. Ich fange wieder an, die Priesterin und der Speerfischer stimmen ein, summen mit und versuchen sich in einer Art Steptanz. Dieser Abend ist wie ein kleines Wunder, Lachen und Tanzen ohne Sprache. Ich bewundere Frau Nishimae sehr, eine Frau, die so viel Leid erfahren hat und sich doch ihre Fähigkeit bewahrt hat, Freude zu empfinden. In meinen Augen schwimmen Tränen aus Dankbarkeit für ihre Großzügigkeit und ich fühle mich geehrt, weil sie an diesem Abend auch mir ihre Gastfreundschaft erwiesen hat.

Als Christine erfrischt von ihrem Bad zurückkommt, eine strahlende Erscheinung in dem *yukata*, den Frau Nishimae ihr geliehen hat, umarme ich sie und danke ihr, weil sie mich hierhergebracht hat. In dieser Nacht schlafen wir auf der einen Seite von Frau Nishimaes Wohnraum, während der Speerfischer und der *denki* auf der anderen schlafen. Frau Nishimae schläft in einem winzigen Zimmer neben der Küche. Ich schließe die Augen und lausche: ich höre jeden einzelnen atmen, kann die Schlafgeräusche unterscheiden und zuordnen. Ich muß an die Nacht denken, die Charles, Ted und ich gemeinsam auf dem Berg Kōya verbracht hatten. Charles ist jetzt wieder in New York, genau im richtigen Alter, um von Gangs überfallen zu werden, er ist so weit weg. Er fehlt mir sehr. Frau Nishimaes Sohn lebt in Naha, weniger als eine Stunde Bootsfahrt entfernt – doch ein ganzes Universum trennt ihn von der gemeinschaftlich orientierten matriarchalen Insel Kudakajima. Er ist ein guter Junge, der regelmäßig nach Hause kommt; manche Kinder kommen nur zu Beerdigungen zurück, wie Frau Nishimae erzählte. Ich frage mich, ob die Religion von Okinawa eine Hilfe bei der Kindererziehung, bei der Trennung von den Kindern darstellt. Sie werden groß, hat die Priesterin gescherzt. Sie sagt aber nicht, obwohl es überall auf der Insel gegenwärtig ist, daß immer weniger junge Menschen auf Kudakajima bleiben. Trotz ihres Liederreichtums und der Tänze, trotz der heiligen Rituale ist dies eine gefährdete Kultur. Sie ist die letzte ihrer Art, ein lebender Anachronismus, und wenn nicht mehr junge Leute auf der Insel bleiben oder wieder zurückkehren, ist ihr Ende besiegelt.

»Eines Tages werden sie nach Hause kommen«, erklärt Frau Nishimae mit Entschiedenheit, als ich sie nach all den jungen Menschen frage, die Kudakajima verlassen.

Ich wundere mich, woher sie eine solche Zuversicht, eine derartige Hoffnung nimmt. Hängt das mit der Religion, ihrem Alter oder ihrer persönlicher Weisheit zusammen? Oder ist es nur, weil man die Kinder weggehen sieht und merkt, daß einem nur eine philosophische Einstellung weiterhilft? Der Gedanke an die vielen alten Menschen auf der Insel ist erschreckend. Die Gräber sind allgegenwärtig – und auch manche Häuser der Lebenden stehen leer.

Ehe wir einschlafen, sagt Christine, sie hätte Frau Nishimae gefragt, ob sie mich zum heiligen Hain, zum *utaki* führen werde. Wieder einmal überwältigt mich Christines intuitive Hochherzigkeit, den Besuch des heiligen Hains mit einer Schamanenpriesterin für mich zu arrangieren.

In der Morgendämmerung klopft mir jemand auf die Schulter. Frau Nishimae deutet auf meine Kleider und dann auf sich, dann weist sie nach draußen. Ich ziehe mich rasch an und folge ihr. Der Sonnenaufgang taucht die winzige Insel in eine überwältigende Morgenröte. Nie zuvor habe ich derartiges gesehen, selbst die Luft strahlt und schimmert orange.

Wir gehen. Sie redet. Der Ton in ihrer Stimme, ernst, dringlich, bedeutsam, überrascht mich. Selbst ihre Haltung hat sich gegenüber gestern abend verändert. Ich entschuldige mich auf japanisch immer wieder dafür, daß ich sie nicht verstehen kann, aber sie sieht durch mich hindurch und spricht weiter. Ist dies ein Gebet? Eine Beschwörung? Eine Erklärung?

Frau Nishimae bleibt stehen und deutet auf etwas. Ich schaue. Anfangs erkenne ich nichts; dann beugt sie sich vor, berührt den Boden, und ich sehe den winzigen Steinhaufen, Steine, die das Meer glattgewaschen hat, dazwischen dicke und glänzende Blätter einer Pflanze, die ich nicht kenne, ein paar mattschwarze Räucherstäbchen.

Von Christine weiß ich, daß dies einer der winzigen Altäre ist, die überall auf der ganzen Insel zu finden sind, Teil der dort praktizierten pantheistischen Religion. Irgendwo auf der Insel ist ein größerer dieser Altare, im *utaki*, dem heiligen Hain, den kein Mann betreten darf.

Wir gehen und gehen unter der goldenen Morgensonne. Dies ist meine erste Erfahrung mit dem Tropenklima, und alles wirkt überwältigend auf mich. Knallbunte Vögel kreischen und schwatzen, aus Palmen perlen gigantische und seltsame Früchte, Eidechsen schießen über den Weg, riesige Insekten bearbeiten die Luft mit ihren Scheren als wären sie

Hummer. Ich weiß, daß ich mit einer Priesterin gehe, aber nichts auf dieser so üppigen, strahlenden und lauten Insel entspricht meinen Erwartungen vom Heiligen. Hier gibt es nichts Asketisches oder Minimales oder Strenges, alles ist ganz anders als auf dem Berg Kōya.

Frau Nishimae scheint unzufrieden. Sie hat mir einige der winzigen Altäre gezeigt, und ich war nicht fähig, auch nur einen einzigen selbst zu entdecken. Jetzt nimmt sie ungeduldig meine Hand, hält sie fest, und streckt meinen Arm einem der Altäre entgegen. Dies ist ein Tadel. Wir stehen dort lange Zeit. Sie sagt kein Wort, schaut nur auf den Altar. Auch ich schaue. Nach zwei oder drei Minuten gehen wir wieder weiter. Langsam. Ich nehme jeden Zentimeter des uns umgebenden Dschungels in mich auf und bleibe dann triumphierend stehen, als ich selbst einen Altar entdecke. Die Priesterin sagt etwas Unverständliches, doch ich höre zu und verbeuge mich feierlich. Sie lächelt sanft und tätschelt meinen Rücken. Sie klatscht in die Hände und macht einen kleinen Stepschritt. Ich verbeuge mich tief und wiederhole mit meinen Händen die Bewegung, die ich gestern abend beim kudakajimischen Kreistanz gelernt habe.

Wir gehen jetzt schneller, schlagen einen Weg ein, der zur Inselmitte führt. Frau Nishimae bleibt stehen, legt einen Finger auf ihre Lippen und verschwindet dann durch eine kleine Öffnung im Gewirr des Unterholzes. Ich folge ihr und befinde mich plötzlich unter einem Gewölbe aus tropischen Bäumen und Pflanzen, die so dicht wachsen, daß ich innehalten müßte, um meine Augen an die Dunkelheit zu gewöhnen. Doch ich muß mich beeilen, um mit Frau Nishimae mithalten zu können. Sie geht aufrecht, aber ich muß mich bücken, als wir durch diesen feuchten Tunnel im Dschungel gehen. Ich kämpfe gegen die Platzangst an, die von mir Besitz ergreift. Ich versuche, nicht an *habu* zu denken, die giftigen Schlangen der Insel, und habe Mühe, meine Panik zu bewältigen, als mir die feuchten Palmblätter ins Gesicht klatschen. Hier gefällt es mir nicht, in dieser Enge, mit dem Schweiß, der mir an diesem dunklen, luftlosen Ort am Körper klebt. Ich möchte umkehren, wieder hinaus in die freie Luft laufen.

Plötzlich sind wir auf einer Lichtung. Endlich kann ich wieder aufrecht stehen, und hier ist es hell. Keine Schlangen. Die auf die knorrigen Bäume herunterstrahlende Sonne taucht die Lichtung in ein Flammenmeer. Es ist wie auf der Fotografie im Buch der skandinavischen Filmemacherinnen: ein Altar glatter Steine und Räucherstäbchen am Fuß des Baums – vor mir steht der Lebensbaum der Religion von Okinawa.

Ich mache eine tiefe Verbeugung und danke Frau Nishimae. Ich befinde mich im heiligen Hain mit einer Priesterin der letzten auf dieser Erde noch existierenden matriarchalischen, aufs Gemeinwohl ausgerichteten Kultur.

Ich denke: diesen Augenblick möchte ich bewahren. Ich möchte ihn jederzeit zurückholen können, wenn ich ihn brauche – in zehn, in zwanzig, in fünfzig Jahren. Ich möchte mich genau daran erinnern, was für ein Gefühl es war, nach dem feuchten Tunnel wieder Luft holen zu können, die den Lebensbaum hinabgleitende Sonne zu sehen, Frau Nishimaes Lachen und ihre Weisheit zu hören, die Fältchen in ihrem verwitterten Gesicht zu sehen. Ich weiß, daß in der Religion von Okinawa die Insel das Zentrum der Welt ist. Der heilige *utaki* ist das Zentrum des Zentrums.

Für einen Augenblick darf auch ich hier sein.

Der Fuji mit Hirsch und Fledermäusen als Glückszeichen

8 Unfall

Natürlich war dieser Augenblick nicht von Dauer. Man kann nicht ewig mit einer Priesterin tanzen. Drei Monate später, Ende Dezember, erreichte uns ein Anruf von Teds jüngstem Bruder aus Kanada; er teilte uns eine Familientragödie, einen verheerenden Autounfall mit.

Jiko, Unfall, das Unvermeidbare und Unvorhersehbare. In der buddhistischen Lehre ist *jiko* ein fester Bestandteil; es ist die Kehrseite der Medaille. Aber diese Münze fällt nicht einfach auf die andere Seite, sie kreiselt. In einem Sprichwort heißt es: »*ura ni wa ura ga aru*« – die Kehrseite hat eine Kehrseite. Für mich beschwört dieser einfache Satz Bilder von Yin und Yang, Chaos und Ordnung, Sein und Nicht-Sein herauf, die Zyklen von Tod und Wiedergeburt, ein ganzes philosophisches System. Doch ich habe lange genug in Japan gelebt um zu wissen, daß große Trauer und unwiederbringlicher Verlust in allen Kulturen gleich empfunden werden. *Jiko* anzunehmen fällt auch dann nicht leichter, wenn es Teil eines philosophischen Systems ist.

Als der Anruf uns am Weihnachtsabend erreicht, ist Ted in seinem Büro an der Kansai Women's University und benotet noch einige Arbeiten. Ich sitze im Aufenthaltsraum des Englischen Seminars und trinke mit einigen meiner Kollegen und den Verwaltungskräften des Seminars grünen Tee. Wir unterhalten uns über das laufende Semester, über Feiertagspläne – der typische Seminarklatsch.

Wir sind festlich gestimmt. Es ist der letzte Tag vor den Ferien. Für die ausländischen Lehrer ist es der Heilige Abend. Für die Japaner beginnen die Feiern zum Jahreswechsel, die dem wichtigsten Feiertag *oshōgatsu*, Neujahr, vorausgehen. Dieses Fest wird eine ganze Kultur drei Tage lang zum Stillstand bringen. Frau Sumida, die Leiterin des Seminarsekretariats, erklärt, daß die Feierlichkeiten in Wirklichkeit einen ganzen Monat dauern, obwohl *oshōgatsu* selbst nur drei Tage währt. Zuerst kommen die *bōnen-kai* (Festwochen, um das Ende des alten Jahres zu beschleunigen), dann *oshōgatsu* (Neujahr, an dem drei Tage lang alle Geschäfte und öffentlichen Einrichtungen geschlossen sind), und endlich noch *shinnen-kai* (nochmal ein paar Festwochen, um das neue Jahr zu begrüßen, ehe der Alltag wieder einsetzt). Das Jahr des Affen wird Platz für das Jahr des Hahns machen, ein glückliches Jahr.

Als Frau Sumida ans Telefon geht, wendet sie sich beim Sprechen, anfangs japanisch, dann englisch, von uns ab, wie es sonst nicht ihre Art ist. Sie beugt sich über den Hörer und dämpft ihre Stimme. Statt mich zu rufen, legt sie den Hörer auf den Schreibtisch und kommt zu mir. An ihre genauen Worte kann ich mich nicht mehr erinnern, aber sie macht uns allen im Raum klar, daß mich keine guten Nachrichten erwarten. Sie nimmt meinen Arm und führt mich besorgt zum Telefon, wie man einen Invaliden stützt. Dies ist eine außergewöhnliche Geste in einer Kultur, in der die Menschen den Körper des anderen respektieren und einander kaum berühren. Während des Gesprächs steht Frau Sumida neben mir und hält mich fest. Meine Kollegen – eine Amerikanerin und einige Japaner und Japanerinnen – sitzen aufmerksam auf ihren Stühlen, bereit, mir in jeder Hinsicht zu helfen, als ich meinen Schwager immer und immer wieder bitte, das Gesagte zu wiederholen, da ich es nicht glauben will.

Die Verbindung ist miserabel. Meinem Kopf gelingt es nicht, die Störgeräusche auszublenden und die undeutliche Stimme am anderen Ende der Leitung wirklich wahrzunehmen. Für mich macht das alles keinen Sinn. Doch meine Hände schreiben auf, was mein Verstand noch nicht wahrhaben will. Irgendwo in dem Haufen von Zetteln und Blättern, die ich aus Japan mitgebracht habe, findet sich noch heute das kleine weiße Stück Papier von Frau Sumidas Schreibtisch, auf dem ich die schrecklichen Worte festhielt: *Heiliger Abend. Heimfahrt. Park und Sheena – tot. Bruce – schwer verletzt. Ross und Karina – ???*

Einzelheiten erfahren wir später. Teds Bruder Park und seine Frau Sheena fuhren durch die kanadischen Rocky Mountains nach Hause, um den Weihnachtsabend mit Teds Eltern und seiner Schwester zu verbringen. Sie fuhren im VW-Campingbus; die drei Kinder (Karina, Collegestudentin im ersten Jahr; Bruce und Ross auf der Highschool und Junior-Highschool) saßen hinten. Sie wurden von einem Blizzard überrascht, erst Eis, dann Schnee. Die Mounties [berittene kanadische Polizei, A.d.Ü.] sperrten die Schnellstraße, aber nicht rechtzeitig. Ein Kleintransporter kam aus östlicher Richtung, Parks Bus aus dem Westen. In einer tückischen Kurve gerieten beide Fahrzeuge außer Kontrolle und hatten einen Frontalzusammenstoß. Park und Sheena waren auf der Stelle tot. Die Kinder waren einige Stunden lang im Wagen eingeschlossen, bevor die Mounties eintrafen.

Eine Kollegin bringt mich in den Flügel, in dem sich Teds Büro befindet und beobachtet mich, als ich hineingehe. Wie wird Ted diese schreckliche Nachricht aufnehmen?

»Mein Bruder Park und ich haben während unserer Kindheit nur einmal gestritten«, pflegte Ted manchmal zu sagen. »Und da ging es um ein paar Socken.«

Als Erwachsene waren die beiden Männer im Aussehen und vom Wesen her grundverschieden, doch sie behielten ihre tiefe Bindung bei, fast wie Zwillinge. Noch ein paar Wochen vor dem Unfall hatten wir mit Park telefoniert, um seinen geplanten Japanbesuch zu besprechen. Er sollte an einer nahegelegenen Universität unterrichten, an der auch einer unserer japanischen Freunde Psychologie lehrte. Park wollte Anfang des Jahres kommen.

Wir wollten sofort nach Hause fliegen, aber Teds Familie bat uns, das nicht zu tun. Es würde keine Beerdigung geben. Weder Park noch Sheena hätten das gewollt. Die Verwandten meinten, es sei für alle das beste, wenn wir unsere Angelegenheiten in Japan so schnell wie möglich hinter uns brächten und dann nach Vancouver flögen, um dort eine Zeitlang zu bleiben und zu helfen. Das japanische Studienjahr endet im März. Wenn wir alles schnell regelten, könnten wir schon fünf bis sechs Wochen früher – also Ende Januar – nach Hause kommen und wären dann in Vancouver, wenn die Kinder aus dem Krankenhaus kämen. Wir könnten ihnen bei der Regelung der Finanzen helfen (es schien kein Testament zu geben) und uns über ihr weiteres Leben gemeinsam Gedanken machen. Teds Vater würde zu den Jungs nach Vancouver ziehen, damit sie nicht ihr Haus, ihre Schulen und all ihre Freunde aufgeben müßten. Er würde sich freuen, wenn wir ihm während der ersten paar Monate zur Hand gehen könnten, bevor wir wieder zu unseren Lehrverpflichtungen in die Vereinigten Staaten zurück müßten.

Wir willigen ein. Wir wissen, daß es so am sinnvollsten ist. Doch wir fühlen uns auch getrennt, abgeschnitten von der Familie, alleingelassen mit unserer Trauer.

Nach diesem Anruf wird die japanische Wohnung, die wir einmal so reizend gefunden haben, zur Folterkammer. Die Wände schieben sich zu dicht aneinander. Bald werden wir nicht mehr atmen können. Mein Kopf hämmert vor Schmerz, Ted fühlt sich schwindlig. Doch wir haben das Bedürfnis, irgendwohin zu gehen, wo viel los ist, wo es laut ist, wo wir abgelenkt werden.

Wir beschließen, den Tag in Osaka zu verbringen. Es ist Weihnachten.

Nach ein paar Stunden stellen wir fest, wie sinnlos dieser Ablenkungsversuch ist, und wir kehren zurück in unsere

Wohnung, rufen ein paarmal in Kanada und bei meiner Familie in den Vereinigten Staaten an. Obwohl einige in Japan lebende amerikanische Freunde uns zum Weihnachtsessen eingeladen haben, sind wir nicht in der Stimmung, Gesellschaft zu haben. Uns fällt ein, daß wir auch die Einladungen zu japanischen Neujahrsfesten absagen müssen.

Und so fühlen wir uns auch selbst: abgesagt.

Doch unsere Freunde lassen uns nicht allein. Normalerweise besuchen Japaner sich unter gar keinen Umständen zu Hause, es sei denn, sie werden ausdrücklich dazu eingeladen. In Japan sind Einladungen in Privatwohnungen unüblich, und oft arbeiten Kollegen zehn oder zwanzig Jahre zusammen, ohne je gesehen zu haben, wie der andere lebt, ohne der Ehefrau oder den Kindern begegnet zu sein. Draußen/drinnen, öffentlich/privat. Das sind Grenzen, die nicht so leicht überschritten werden.

Doch jetzt kommen unsere japanischen Freunde unangekündigt und ohne eingeladen zu sein. Während wir in Osaka waren, hat es jemand geschafft, unseren Kühlschrank mit Essen zu füllen. Das beunruhigt uns nicht, denn unsere Wohnung gehört der Universität, und die Leute von der Verwaltung haben einen Schlüssel. Doch wir sind erstaunt über diesen eklatanten Verstoß gegen eine der Kardinalregeln des japanischen Zusammenlebens.

»Was heißt es«, hatte ich Professor Sano gefragt, »wenn jemand sagt: ›Bitte besuchen Sie mich zu Hause‹? Ständig werden wir eingeladen, selbst von Fremden, denen wir zufällig im Supermarkt begegnen. Das begreife ich nicht.«

»Dieses ›Bitte besuchen Sie mich zu Hause‹ bedeutet in Wirklichkeit ›Bitte besuchen sie mich *nicht* zu Hause‹«, hatte Professor Sano mit einem Lächeln festgestellt. »Keiner geht jemals zu jemandem nach Hause, ohne eine Einladung mit einer festgesetzten und vereinbarten Zeit – und einem Plan.«

Dieser Plan ist äußerst wichtig. Da die meisten Straßen in Japan unbenannt sind, und man die Häuser in der Reihenfolge ihrer Entstehungszeit numeriert hat, bringt es gar nichts, wenn man von jemandem die Adresse hat. Visitenkarten haben auf der Rückseite oftmals eine schematische Zeichnung, wie auch die Geschäftsanzeigen in den Zeitungen oder andere Ankündigungen. Die Privatsphäre – das Heim – wird von der Anonymität der Straßen institutionalisiert. Die scheinbare öffentliche Unordnung hat beinahe System; es ist eine *Entscheidung*, die die Japaner getroffen haben. Tokyo ist im zwanzigsten Jahrhundert zweimal zerstört worden, einmal durch ein Erdbeben, dann durch den Zweiten Weltkrieg. Jedesmal haben die Japaner beschlossen, die Stadt so ungeordnet wie zuvor wieder aufzubauen. Stadtpläne, die zu speziellen Plätzen führen, erlauben es einem, den Irrgarten zu betreten, allerdings nach Vereinbarung. Der Intimbereich ist nicht nur ein Privileg, er ist ein fundamentaler Wert an sich und ein Fluchtventil für Japans Gemeinschaftsleben. Das Privatleben ist das Auge im Sturm.

Doch seltsamerweise verletzen unsere japanischen Freunde diese Regel jetzt. Dahinter steckt keine geheime Absprache, denn uneingeladen kommen Leute in unsere Wohnung, die einander gar nicht kennen. Eine Kollegin, mit der wir kaum Kontakt hatten, überreicht uns eine wunderschöne, riesige Chrysantheme in Gelb; an den Spitzen der Blüten färbt sich das Gelb ins Rostrote. Man hat uns gesagt, Chrysanthemen seien Blumen des Erinnerns, die man für Beerdigungen verwendet, aber sie erklärt uns, sie habe diese ausgesucht, weil Gelb und Orange die Farben des Lebens sind. Sie schenke uns diese Blume, weil ein glückliches neues Jahr anbreche, sagt sie. Sie verbeugt sich tief, ehe sie aufbricht, und streckt dann ihre Hand aus, um, gegen die Tränen kämpfend, erst meine Hände, dann die von Ted zu nehmen, als spüre sie, daß wir uns gerade jetzt nach einer Berührung sehnen.

Ein anderer Kollege bringt uns die Papiere, die wir brauchen würden, wenn wir das Land für die Beerdigung verlassen und dann wieder zurückkehren wollten. Herr Higuchi ist besorgt, wir könnten den Stillstand der Bürokratie zu *oshōgatsu* erwischen und nicht an die nötigen Ausreisepapiere und Einreisevisa kommen. Irgendwie hat er es ohne unsere Unterstützung und unsere Unterschriften geschafft, sämtliche Dokumente zu besorgen, die wir bräuchten, wenn wir sofort nach Hause aufbrechen wollten, um dann für den Rest des Studienjahres zurückzukommen. Als wir ihm sagen, daß es nur eine ganz kleine Feier am Grab in Mountain View geben würde und Teds Familie uns gebeten habe, nicht jetzt zu kommen, sondern so bald wie möglich unser Jahr abzuschließen, um dann zu Hause in Vancouver den Kindern zu helfen, zuckt Herr Higuchi mit keiner Wimper, obwohl ihm diese praktische Lösung äußerst unbegreiflich erscheinen muß: wie unnatürlich, nicht der Beerdigung des Bruders beizuwohnen. Doch er läßt sich nichts anmerken. Statt dessen holt er ein Gesetzbuch und einen Kalender aus seiner Mappe und steuert das Telefon an. Nach ein paar Anrufen, in denen er in schnellem Japanisch Dinge abklärt, kehrt er zu uns zurück und zeigt uns klar und ordentlich, wie wir alles in weniger als einem Monat abwickeln und weg sein können. Er gibt uns einige Termine zur Wahl, macht sich dann daran, die Fluggesellschaften für uns anzurufen und unsere angeblich fest gebuchten Flugtickets umzubuchen. Wir können eher zurückfliegen, ohne eine Strafe bezahlen zu müssen, erklärt er uns. Als nächstes ruft er bei der Steuerbehörde an, damit wir die nötigen Papiere haben, wenn wir aufbrechen. Wir verstehen nicht, warum er uns mitteilt, er habe die Steuerbehörde davon in Kenntnis gesetzt, daß Ted der älteste Sohn und in der engsten Familie ein Todesfall eingetreten sei. Doch als die Steuerbescheinigung kommt, stellen wir fest, daß Ted wegen genau dieser Umstände einen offiziellen

Steuernachlaß bekommen hat. Herr Higuchi hatte an alles gedacht.

Ted und ich sitzen benommen da. Während die verschiedenen Besucher kommen, in unser Leben eintreten, uns wieder verlassen, koche ich als willkommene Ablenkung immer wieder Tee. Irgendwann unterhalten Ted und ich uns darüber, wie seltsam es den Japanern vorkommen muß, daß wir hier in Japan bleiben, anstatt zur Beerdigung nach Hause zu fahren. Teds Familie ist nicht religiös. Die Zeremonie hat keine Wichtigkeit, was zählt, ist, für unsere Neffen und die Nichte wieder ein Leben aufzubauen, ihnen zu helfen und Teds Vater so gut wie möglich zu unterstützen. Rational wissen wir das, doch wir fühlen uns trotzdem hilflos und alleingelassen.

Wir haben gehört, daß der Tod in Japan alles außer Kraft setzt. Neue Regeln und Verfahrensweisen kommen ins Spiel, wenn jemand stirbt, der einem nahesteht. Doch wir kennen diese Regeln nicht. Das ist jenseits unseres Erfahrungshorizonts – es steht nicht in den Reiseführern –, und wir haben keine Möglichkeit zu erfahren, ob die Behandlung, die uns zuteil wird, typisch ist oder speziell auf uns als Ausländer abgestimmt. Wir haben den Verdacht, daß unsere Freunde versuchen, unser Alleinsein zu mildern. Die Geschlossenheit der japanischen Gesellschaft, der kollektive Charakter ihrer Kultur, muß ihnen unsere Situation – allein im Schmerz – unerträglich erscheinen lassen. Sie helfen uns, das Leid zu ertragen. Intuitiv erfassen sie das Gefühl, so weit weg von zu Hause zu trauern. Als Individuen und als Kollektiv lassen sie uns in unserem schlimmsten Schmerz nicht spüren, daß wir Ausländer sind.

Einige von ihnen scheinen zu fürchten, daß wir in unserem augenblicklichen Schmerz vergessen könnten, uns mit Lebensmitteln für die drei Neujahrstage einzudecken. Sie bringen alles – von der Milch über Konserven bis hin zum

Toilettenpapier. Nachbarn und Studenten, von denen wir einige kaum kennen, kommen nur bis zum *genkan*, um etwas abzustellen, und gehen wieder. *Genkan* ist der Platz, an dem die Straßenschuhe ausgezogen und gegen Pantoffeln eingetauscht werden. Doch wie alles an der japanischen Häuserarchitektur ist der *genkan* auch symbolisch zu sehen und erfüllt eine wichtige kulturelle Funktion. Obwohl innerhalb der Wohnung oder des Hauses gelegen, ist der *genkan* draußen, eine Brücke zwischen dem beschützenden Raum der Privatsphäre und der äußeren Welt. Die Kluft zwischen Innen und Außen ist in der japanischen Kultur so groß, daß man tatsächlich einen Ort braucht, um innezuhalten und sich auf den Übertritt von dem einen Raum (dem Ich) zum anderen (dem Du) vorzubereiten. Es ist nicht nur ein Raum, sondern ein *Konzept*. Diese Funktion wird uns klarer, als einige flüchtige Bekannte mit Geschenken zum *genkan* kommen, sich aber weigern, ihre Schuhe auszuziehen und die eigentliche Wohnung zu betreten. Dies, so meinen sie, wäre ein Eindringen in unser Privatleben.

Unsere japanischen Freunde lassen uns nicht allein. Wir sind gerührt über ihre Aufmerksamkeiten, wozu auch zahlreiche Einladungen zu den verschiedenen *oshōgatsu*-Ereignissen gehören. Doch auch hier wird uns bewußt, daß sie damit ein gesellschaftliches Tabu durchbrechen. Jemand, der im abgelaufenen Jahr einen Todesfall in der Familie hatte, besucht normalerweise kein *oshōgatsu*-Fest, das den Rahmen einer engen Familienfeier sprengt. Dies ist in Japan durch das Ritual der *nengaiō*, der Neujahrskarten, geregelt. Die Post sammelt sämtliche *nengaiō* und hält sie bis zum Neujahrsmorgen zurück, wo sie dann sauber gebündelt ausgehändigt werden. Es ist ein berauschendes Gefühl, zum Briefkasten zu laufen, dort die Karten zu finden und zu wissen, daß die Menschen im ganzen Land ebenfalls Dutzende, ja sogar Hunderte von Glückwünschen lesen, die ihnen Freunde und liebe Menschen geschickt haben. Ist aber ein Verwandter im vergangenen Jahr gestorben, so schickt man eine schwarzumrandete Karte und eine Entschuldigung, nicht an den Feierlichkeiten teilzunehmen. An *oshōgatsu* dreht sich alles um die guten Omen für das kommende Jahr. Diejenigen, die jemanden verloren haben, bleiben mit ihrer Familie und ihrer Trauer daheim und sammeln sich für das neue Jahr. Sie lassen den zweiten und dritten Tag von *oshōgatsu* still verstreichen, diese Tage, die dem Besuch von Geschäftsfreunden und Bekannten vorbehalten sind. Auch hier wieder: Privatsphäre, aber auch ein sensibles Empfinden dafür, daß man das Glück der anderen respektieren muß. In dieser fröhlichen Zeit des Jahres belastet man niemanden mit seiner persönlichen Trauer. Wir kennen diesen Brauch und sagen deshalb auch die traditionellen *oshōgatsu*-Feiern ab, zu denen wir eingeladen wurden.

Als der Silvesterabend näherrückt, bestehen unsere guten Freunde Maryvonne und Ichirō Okamoto darauf, daß wir *oshōgatsu* mit ihnen feiern.

»Ich bin Französin«, rechtfertigt Maryvonne sich auf einem ihrer Essensbesuche und bringt diesmal eine köstliche Bouillabaisse mit. »Die japanischen Bräuche und abergläubischen Vorstellungen kümmern mich einen feuchten Dreck. Es ist Silvester. Und ihr verbringt den Abend mit uns.«

»Wir sind noch nicht soweit, Maryvonne.«

»Macht euch nichts draus!« beharrt sie. »Ichirō und ich und unser Freund Takashi werden euch holen, wenn ihr um zehn Uhr noch nicht bei uns seid. Das ist mein voller Ernst.«

Maryvonne ist gerade mal gute einsfünfzig groß – aber keiner kann sich mit Maryvonne messen. Um zehn Uhr schleppen wir uns mit der schrecklichen Befürchtung, jetzt drei Stunden lang feiern zu müssen, die anderthalb Häuserblocks zum Haus der Okamotos.

Im Fernsehen läuft der jährliche Neujahrswettbewerb »Red and White«. Das ist ein ziemlich absurdes Nostalgie-Spektakel, zu dem sich alte Popstars und Newcomer zusammenfinden, um zu singen, die Männer gegen die Frauen, das weiße Team gegen das rote, ein Song wehmütiger als der andere. Angeblich ist es ein Wettbewerb, aber keiner kümmert sich darum, wer gewinnt. Was zählt, ist *natsukashisa*, die durch die Lieder vermittelte bittersüße Erinnerung an Vergangenes, eines der grundlegendsten, machtvollsten und nostalgischsten Gefühle der Japaner, das sich höchster Wertschätzung erfreut.

Wenn die letzte Note von »Red and White« verklungen ist, die Punkte verteilt sind und der Applaus verhallt, ist es in Japan Mitternacht. Das Fernsehbild verändert sich dramatisch. Ein Mönch in gelbem Gewand zieht an einem rauhen Hanfseil, das an einem dicken Balken festgemacht ist, und er schwingt es mit zunehmender Kraft vor und zurück, bis es gegen den Rand einer riesigen Tempelglocke aus Bronze schlägt. Der Klang ist tief, melodiös und eindrucksvoll. In allen Tempeln Japans wird eine Glocke einhundertachtmal geschlagen, zum einen, um zum Jahreswechsel die zwölf Monate, die vierundzwanzig Atmosphären und die zweiundsiebzig Klimazonen der Erde zu beschwören, zum anderen, um die einhundertacht Weltprobleme des vergangenen Jahres zu bannen.

Im ganzen Land laufen Kameras, und mit jedem Glockenschlag wechselt das Bild zu einem anderen Tempel an einem anderen Ort. Die Städter in Tokyo und Osaka warten auf den Tempel ihres Heimatortes, den Ort, den sie verlassen haben.

Die Okamotos nehmen uns mit nach draußen, damit wir das Glockenläuten von Kabuto-yama Daishi hören. Oft sind wir zum »Helm-Berg« hochgewandert, um den Tempel in seiner strengen Schönheit zu bewundern. Heute trägt die Winterluft die einhundertacht düsteren Klänge der Glocke vom

Kabuto-yama Daishi herunter, in ihrer Wiederholung und Ferne ein Sinnbild der Sehnsucht.

Es ist eine sternklare Nacht, aber zu kalt, um länger draußen zu bleiben. Wir flüchten ins Warme und kauern uns unter den *kotatsu*, die in Japan übliche Heizvorrichtung, das Zentrum des Heims. Manche Leute vermuten, die Scheidungsrate in Japan steige aufgrund der wirkungsvolleren Zentralheizung, die den *kotatsu* ersetzt, jenen niedrigen quadratischen Tisch, unter dem sich eine Heizspirale befindet, umgeben von einem Steppvorhang, der die Wärme festhält. Alle sitzen dicht beieinander um den *kotatsu*, die Beine unter der dicken Steppdecke ausgestreckt. Die Wärme ist so sanft und beständig und nah, daß sie aus der Tiefe des eigenen Körpers zu kommen scheint. Von gemütlicher Wärme umgeben sitzen auch wir um den *kotatsu* der Okamotos und essen nun *toshi-koshi soba*, die zum Neujahrsritual gehörenden köstlichen »Nudeln für ein langes Leben«, die wir aus Lackschälchen schlürfen.

Irgendwann entschuldigt Ichirō sich, um seiner Mutter *toshi-koshi soba* zu bringen. Die *samisen*-Spielerin und beliebte Lehrerin liegt krank in ihrem Bett im ersten Stock des Hauses. Oben trinken wir auf sie mit dem besonderen Neujahrs-Sake und schlürfen ihr zu Ehren die *soba* besonders laut und lange. Ichirōs Vater ist beeindruckt, wie perfekt Ted und ich diese spezielle Schlürftechnik beherrschen: wir haben es heimlich geübt.

Es ist ein wunderbarer Abend. Wir haben unsere Pflicht erfüllt. Wir haben gefeiert. Doch wir sind erschöpft von dieser Rückkehr in die Geselligkeit. Wir möchten nach Hause.

»Nein!« sagen Ichirō und Takashi einstimmig. »Zeit für ›Red and White‹ auf amerikanisch!«

Takashi, jetzt Berufsmusiker für E-Musik, war einmal Ichirōs Lautenschüler. Doch beide geben zu, daß sie ursprünglich Gitarre gelernt hatten, und das wegen ihrer jugendlichen Bewunderung für westliche Popmusik. Schon am früheren Abend waren sie daraufgekommen, daß ihre amerikanischen Lieblingssongs womöglich auch unsere sein könnten. Ted und Ichirō sind gleich alt. Takashi und ich sind jeweils dreizehn Jahre jünger (»Und die Musik unserer Generation ist viel besser«, scherzt Takashi).

»Bitte setzt euch doch noch ein paar Minuten.« Ichirō führt uns wieder zum *kotatsu.* Sie stimmen ihre Instrumente, und mir fällt nicht zum erstenmal auf, wie schön Ichirōs zarte, scheinbar knochenlose, sich verjüngende Finger sind.

Wie in der Fernsehshow des Silvesterabends wechseln Ichirō und Takashi sich beim Singen ab. Aber es sind lauter englische Songs. Ichirōs Englisch ist ausgezeichnet. Takashi, der kaum ein Wort versteht oder spricht, *singt* es perfekt. Die beiden kennen nicht nur jeden Refrain, sondern auch jede einzelne Strophe von anscheinend sämtlichen Popsongs der fünfziger und sechziger Jahre. Und sie finden kein Ende. Ichirō spielt einen Evergreen der frühen fünfziger Jahre – Teds Jugendzeit – nach dem anderen, Takashi kontert mit den witzigsten Songs meiner Teenagerzeit in den Sechzigern.

»Schnippt mit! Schnippt mit!« Ichirō drängt uns, mitzuschnippen, als er »Red Sails in the Sunset« singt, dann läßt Takashi nicht locker, bis wir bei den Motorradgeräuschen für »Leader of the Pack« helfen. Ichirō legt daraufhin mit Jo Staffords »Shrimp Boats Are a' Comin'« los.

Gegen zwei Uhr morgens haben Ichirō und Takashi das Repertoire unserer jeweiligen Jugend noch immer nicht erschöpft. Ichirō schnulzt einen Song über ein blondes Mädchen mit »paddy whack«-Gang, was immer das sein mag. »One-eyed, One-horned, Flying Purple People Eater« lautet Takashis Retourkutsche.

Wir alle wollen »Weemaway« hören, beide Generationen, sogar Maryvonne, deren Geburtsjahr zwischen dem von Ted und mir liegt und die nur mitgesummt hat. Maryvonne hat die tiefe, melancholische Stimme einer französischen Chansonsängerin. Sie hat heute abend kein einziges Solo gesungen, weil ihr Piaf-Stil einen Stein zum Erweichen bringen kann, wie ich weiß – und dieser Abend ist für Tränen nicht geeignet. Wir haben den Tennessee Waltz getanzt und die Nacht weggetwistet. Wir sind in einem Haus in Nigawa, Japan, singen und tanzen, und wunderbarerweise lachen Ted und ich.

Am Morgen klopft es an unserer Eingangstüre. Es ist Frau Yanase, die sich einerseits weigert, über unseren *genkan* hinauszugehen, aber gleichzeitig darauf besteht, daß wir um ein Uhr zum traditionellen Neujahrs-Mittagessen bei ihr erscheinen, andernfalls werde ihr Mann seine ganze Fußballmannschaft losschicken, um uns aus unserer Wohnung zu holen und zum Haus der Yanases zu bringen.

»Aber das verletzt doch die japanische Tradition«, sagen wir mit Nachdruck.

»Es ist auch gegen die Tradition, daß ich jetzt und hier bei Ihnen bin. Bitte kommen Sie um ein Uhr.«

Frau Yanase, Professorin an einem Wirtschafts-College in Osaka, ist eine hervorragende Köchin, die einen Haushalt bewältigt, zu dem zwei Kinder und ein Schwiegervater gehören sowie ein scheinbar endloses Aufgebot internationaler Besucher. Durch und durch Nonkonformistin, radelt sie in ihren Jeans durch Nigawa, doch der Wesenszug, der am meisten entwaffnet, ist die Freundlichkeit, die aus ihren Augen strahlt. Herr Yanase ist Fußballcoach und Psychologe, außerdem Präsident eines Colleges. Auch er ist eine Persönlichkeit und zum Schreien komisch, wenn er sich selbst auf die Schippe nimmt. Sein hagerer, drahtiger Leib dreht und wendet sich wie der einer Marionette; seine Mimik ist äußerst lebhaft. Mit seinem athletischen, würdevollen Auftreten ist er eine dynamische Erscheinung in der Akademikerwelt, und er ist in jeder Sprache ein derartiger Witzbold, daß man leicht vergißt, was für ein brillanter Geist dahintersteckt. Sein Mangel an Arroganz ist sehr japanisch. Über je mehr Prestige man verfügt, um so weniger muß man es zeigen. Da außerdem jeder weiß, wer man ist, gehört es zu der Rolle einer bekannten Persönlichkeit, ihren Erfolg herunterzuspielen.

Bei den Yanases genießen wir die ganze Palette der traditionellen *oshōgatsu*-Gerichte, und einer der einheimischen Gäste übernimmt es freundlicherweise, uns den Symbolgehalt all dessen zu erklären, was wir essen und trinken. Wir erfahren, daß sämtliche Gerichte schon vorbereitet waren, damit die Köchin drei Tage lang von den üblichen häuslichen Pflichten befreit ist. Da Frau Yanase dennoch während des Essens hin und her laufen muß, scheint sie nicht gerade Ferien zu haben, aber sie meint, *symbolisch* gesehen habe sie welche.

Das Mahl beginnt mit Wasser, das bei Tagesanbruch abgefüllt wurde, damit wir das ganze Jahr über gesund bleiben; dann folgt *ozoni*, eine klare Brühe mit einer Gemüseeinlage, die ich nicht kenne, sowie *omochi*, Reiskuchen aus Reiskörnern, die mit großen hölzernen Hämmern zu einer klebrigen Paste zerstoßen wurden. *Omochi* steht für ein langes Leben. *Koi*, der Karpfen, wird an *oshōgatsu* sowohl roh als auch eingelegt serviert, denn kein Fisch kann Hindernisse besser aus dem Weg räumen als der Karpfen. Das Schriftzeichen für Kastanie ist im Japanischen ein Synonym für das Wort für *Können* oder *Meisterschaft*, deshalb gehören auch Kastanien zum Neujahrsmahl, ebenso wie schwarze Erbsen (ein Wortspiel auf *robust*) und getrocknete Algen (*Glück*). Die Wurzel der geheiligten Lotospflanze sorgt für Spiritualität. Keiner erklärt uns, was *daikon* bedeutet, aber der Symbolcharakter dieses harten, weißen und fußlangen Rettichs ist leicht zu erraten.

All diese symbolträchtigen Gerichte werden mit *otoso* hinuntergespült, einem Sake, der mit japanischem Pfeffer gewürzt ist, ein weiteres Sinnbild für Leben, Vitalität und Energie: *genki*, wie die Japaner sagen, das beste, was jemand haben kann.

Während der ganzen Mahlzeit wird immer wieder neues Essen aufgetragen, werden Platten geleert, Tee- und Sakebecher nachgefüllt. Heute müssen wir um nichts bitten und nichts entscheiden, als wüßte unsere Gastgeberin, daß in einer solchen Zeit irdische Entscheidungen unmöglich sind. Wir sehen den weichen, besorgten Ausdruck in ihren aufmerksamen Augen. Sie beobachtet schnell, und sie wechselt jedes Thema, das uns an unser Leid erinnern könnte, und noch schneller reagiert sie auf Wünsche, die wir selbst noch gar nicht ausgesprochen haben. Einmal treten mir die Tränen in die Augen, und ich entschuldige mich und suche das Badezimmer auf. Noch ehe ich dort hingehen kann, ist Frau Yanase neben mir und gibt mir ein Papiertaschentuch. Flüchtig hält sie meine Hand. Ein andermal, als Ted traurig und abwesend wirkt, plant Herr Yanase unseren nächsten Japanaufenthalt und schlägt vor, gemeinsam mit Ted einen Kurs zu geben. Ein paar Minuten lang wird Ted von der gegenwärtigen Trauer abgelenkt und begeistert sich für die Zukunft. Fürsorglich und sensibel polstern die Yanases uns gegen unseren Verlust und unsere Einsamkeit, indem sie uns Leben und Freundschaft vor Augen halten. Sie geben uns das Gefühl, gemocht zu werden.

Wir sind uns darüber im klaren, daß unsere japanischen Freunde mit dieser Situation anders umgehen, als es amerikanische Freunde getan hätten. Zuhause hätten unsere Freunde alles bereden wollen; sie hätten uns bedrängt, über unsere Gefühle zu sprechen, uns zum Weinen aufgefordert. Solche Gespräche sind hier nicht angebracht, zumal diese Freundschaft noch so jung ist. Aus Anstand oder wegen der kulturellen Unterschiede oder einfach weil sie nicht wußten, was sie tun sollten, haben unsere japanischen Freunde die Todesfälle nicht angesprochen, wenn auch der Unfall unausgesprochen den Anlaß jeder Begegnung bildete. Eine offene Bezugnahme auf Teds Bruder hätte uns zum Weinen bringen können, und in dieser förmlichen Situation, da einige der Gäste uns fremd sind, wäre das für uns peinlich gewesen. Unsere japanischen Freunde wollen alles verhindern, was unseren Schmerz noch verstärken könnte. Dies spüren wir an ihren Gesten, an der Art, wie sie uns umsorgen.

Sie kümmern sich heute um uns, und wir sind dankbar für ihre Aufmerksamkeit. Tagelang haben Ted und ich nur gegrübelt, geredet, geweint. Es erleichtert jetzt ungemein, den Schmerz für ein paar Stunden vergessen zu können. In dieser Situation, in diesem Moment fühlen wir uns getröstet von der großzügigen Form des japanischen Mitgefühls, das von uns nicht verlangt, unser Innerstes bloßzulegen.

Nach dem Neujahrsessen läßt Herr Yanase alle Gäste auf unser Wohl anstoßen. Wieder wird der Unfall nicht direkt erwähnt, aber er steht hinter allem. Unser Gastgeber sagt, er wisse einfach, daß dies die erste vieler *oshōgatsu*-Feiern sei, die wir gemeinsam begehen würden. Wir applaudieren und trinken auf unser Zusammensein. Und dann wünschen uns sämtliche Gäste *genki* für dieses neue Jahr, das günstige Jahr des Hahns. Wir danken ihnen und erheben unser Glas auch zu einem Toast auf sie. Alle Omen stehen gut.

Auf dem Heimweg unterhalten wir uns darüber, wie unsere zwei unterschiedlichen Freundespaare das japanische Neujahrsritual unserer Situation angepaßt haben. Natürlich ist es ein Klischee, daß die Japaner Meister der Anpassung sind, aber es ist schon erstaunlich. Sie haben ihre traditionellen Symbole genommen und auf uns übertragen, auf eine Amerikanerin und einen Kanadier, die von Tod, Verlust und Trennung erschüttert sind. Verloren, wie wir waren, nachdem wir von dem Unfall erfahren hatten, gab uns ihre Anteilnahme und Fürsorge wieder neuen Auftrieb. Inmitten dieser schrecklichen Zeit haben sie uns etwas sehr Kostbares geschenkt.

Wir begreifen langsam, daß es auch hier eine andere Ebene gibt, etwas, was über einfache Freundlichkeit hinausgeht. Die buddhistische Kausalitätslehre. *Wegen* dieses schrecklichen Unfalls hat man uns etwas Kostbares gegeben. Nichts, was wir tun, nichts, was irgendwer tut, wird den Unfall rückgängig machen können. Was aber geändert werden kann ist die Betrachtungsweise. Jeder macht die Erfahrung von Leid; jeder kann ein Schicksal erzählen. Wichtig ist nur, wie man dieses Schicksal auffaßt. Da haben wir die Wahl. Wir können diesen Unfall als Ungerechtigkeit des Universums begreifen und können uns verbittert hinter dieser Ungerechtigkeit verschanzen. Oder wir können trotz all unseres Schmerzes erkennen, daß dieser Schicksalsschlag uns mit Menschen zusammenbrachte, die uns vor einem Jahr noch fremd waren. Gemeinschaft ist etwas ganz Wesentliches, ein Bollwerk gegen unvermeidbaren Kummer und Verlust.

Jiko. Unfall. Die Trauer verschwindet nicht. Aber auch die Kehrseite hat eine Kehrseite. Wir werden in Japan immer *gaijin*, Fremde, sein, aber wir wissen, daß uns die persönliche Tragödie den Zugang zu einem anderen Aspekt des japanischen Lebens öffnete.

Den zweiten Tag des neuen Jahres, den Tag der Zusammenkunft mit Freunden, verbringen wir mit Professor Sano und seiner Familie. Auch er hat darauf bestanden, daß wir zu ihm nach Hause kommen. Wir sagen ihm, wie dankbar wir unseren Freunden sind und teilen ihm unser Erstaunen mit, weil so viele soziale Gepflogenheiten und Regeln uns zuliebe aufgegeben wurden.

»Regeln sind uns sehr wichtig«, sagt Professor Sano lächelnd. »Aber Ausländer verstehen manchmal nicht, daß wir die Regeln auch deshalb haben, damit wir sie brechen können.«

Dies ist ein Charakteristikum der japanischen Kultur, das wir nach und nach erfassen: die Flexibilität hinter der scheinbaren Rigidität. Seit dem Anruf im Büro der Kansai Women's University vor einer Woche haben die Japaner sämtliche Regeln über den Haufen geworfen. Sie haben ihre Kultur verlassen, um unsere zu verstehen – weil wir sie brauchten, weil wir ihr Verständnis so bitter nötig hatten wie je ein Mensch.

Ich versuche dies zu erklären und muß dabei gegen meine Tränen ankämpfen. Ich sage Herrn Sano, wie dankbar wir sind, wie überwältigend wir die Fürsorge all unserer japanischen Freunde und Bekannten während dieser schrecklichen Zeit empfunden haben.

Professor Sano schlägt vor, das neue Jahr mit Sake zu begießen, aber seine Frau flüstert ihm etwas zu, und er stellt den Sakekübel weg. Frau Sano ist von stiller, blasser Schönheit, und sie hat eine sanfte Stimme. Sie verschwindet kurz und kehrt dann mit einer schönen Karaffe zurück. Diese ist mit *umesho* gefüllt, einem süßen Likör, den sie selbst aus *shochu*, Weingeist, und *ume*, Sommerpflaumen, herstellt.

Die Pflaumen selbst seien so bitter, erklärt sie uns mit sanfter Stimme, daß man sie kaum essen könne. Erst wenn die *ume* eine Weile in Alkohol gereift seien, würden sie süß.

»*Umesho* ist wie eine kühle Brise am heißesten Sommertag«, murmelt sie.

Es ist der beste *umesho*, den wir je probiert haben.

Gemeinsam trinken wir auf das neue Jahr.

9 Heimkehr

Es ist das Land der blauäugigen Riesen. Männer, weit über einsachtzig groß, hasten mit ausholenden Armbewegungen und lauten Stimmen an uns vorbei. *Kowai*, denke ich (Wie beängstigend). Am liebsten würde ich »*gaijin*!« rufen, wie das die kleinen Kinder auf dem Land taten, wenn wir vorbeikamen. Ein auffallend großer Mann lehnt an einer Säule. Ich starre auf die Haut, die zwischen den Knöpfen seines Hemdes hervorblitzt, die weiße Wölbung des *hara* (Bauch) über seinem Gürtel, teigig und rund wie ein Brotlaib. Mit seinen gewaltigen *ashikoshi* (Beinen und Hüften) hat er den perfekten Körper eines Sumo-Ringers. *Sugoi!* (Beeindruckend!)

Der Flughafen von Vancouver in Kanada ist voller Überraschungen. Der Lärm setzt sich zusammen aus Ansagen, landenden und abhebenden Flugzeugen, Menschen, die sich in aller Öffentlichkeit laut über Privates unterhalten, als wäre niemand in der Nähe. *Hazukashii*, fällt mir ein, ich höre andere und weiß, daß sie mich hören. Teds Familie wartet gleich hinter dem Zoll auf uns. Obwohl seine Eltern geschieden sind, sind sie gemeinsam gekommen, zusammen mit Teds Bruder Ken und seiner Schwester Karen. Daß der eine Bruder fehlt, empfinden wir mit aller Schärfe, als wir auf den Rest der Familie zugehen. Wir hatten einen Monat Zeit, um uns mit der Todesnachricht abzufinden, aber jetzt, da wir in Kanada sind, kommt es uns vor, als wäre der Unfall erst gestern passiert. Teds Familie macht eine vergleichbare Erfahrung. Wie traurig ist es doch, daß Park und Sheena nicht bei diesem Wiedersehen dabei sind, sagt jemand. Es kommt mir seltsam vor, unseren allerpersönlichsten Schmerz im Getöse des Flughafens auszusprechen.

Teds Vater dankt uns noch einmal, daß wir es geschafft haben, so zeitig aus Japan abzureisen. Ted nickt ihm zu, aber

Der Fuji und das schwimmende Faß

mir fällt auf, daß auch er sein Gesicht zu einer Maske verfestigt hat.

»Seid ihr in Ordnung?« fragt sein Bruder Ken.

»Wahrscheinlich der Jet-lag«, antwortet seine Schwester Karen für uns.

»Wir sind so froh, daß ihr zu Hause seid«, sagt Teds Mutter, drängt sich zwischen uns beide und legt einen Arm um meine Taille, einen um die von Ted.

Als ich rechtzeitig zum Frühjahrsquartal wieder in Michigan war, wurde mir bewußt, wie sehr ich mich während dieses Jahres in Japan verändert hatte, und wie sehr ich mich jetzt wieder zurückveränderte. Mark, mein Institutsleiter, richtete eine Party aus, um meine Rückkehr zu feiern und eine neue Austauschprofessorin von der Kansai Women's University zu begrüßen. Als ich mich lachend mit einigen meiner amerikanischen Freunde und Kollegen unterhielt, merkte ich, wie die Professorin aus Japan mich mit erstauntem Gesichtsausdruck beobachtete. Schließlich ging ich auf sie zu, um zu erfahren, was sie so überraschte.

»Ich fasse es nicht«, sagte sie und wandte sich an Mark. »Heute sehe ich Cathy zum erstenmal als eine Amerikanerin.«

Sie erklärte, daß in Amerika meine Haltung, meine Gesten, selbst meine Persönlichkeit ganz anders seien. Gerade hätte sie versucht herauszufinden, worin die Unterschiede bestünden.

»Nun, Cathy, was ist es?« wollte Mark belustigt wissen.

»*Sumimasen, sensei. Eigo ga hanasemasen*« (Tut mir leid, Professor, doch ich kann kein Englisch), sagte ich ganz weiblich in meinem höflichsten Japanisch und und verbeugte mich tief.

Mark brach in Gelächter aus. Ebenso all die anderen, die über meine plötzliche Wandlung in das Stereotyp einer Japanerin überrascht waren. Wir unterhielten uns darüber, wie es mir in Japan überhaupt hatte gefallen können, mit diesem dummen Verbeugen, dieser kleinen Unterwerfung.

Selbst als ich zu erklären versuchte, daß die Oberfläche nicht der Wirklichkeit entsprach, sondern eine andere und sehr differenzierte Wahrnehmung möglich machte, durchzuckte mich eine Selbsterkenntnis. Dieser Augenblick der Selbstparodie brachte mich vollkommen aus dem Gleichgewicht: ich imitiere mich, wie ich eine Japanerin imitiere. Was sollte das?

»Weniger ist mehr!« scherzte ich und wiederholte damit das modernistische Diktum, das ich vor ewigen Zeiten über die Japaner gelernt hatte. »In Japan fühlte ich mich gefestigt, auf Distanz.«

Eine Woche später, auf einer anderen Party, bat Mark mich erneut, »die Japanerin zu spielen«. Er wollte, daß die anderen meinen Zaubertrick zu sehen bekamen, meine Metamorphose in eine Japanerin.

»*Sumimasen, sensei. Eigo ga hanasemasen*«, gehorchte ich und wiederholte den Satz mit einer tiefen Verbeugung.

Wieder lachten die Leute, aber nicht so verblüfft wie beim ersten Mal. Ich wußte auch, warum. Selbst beim Sprechen hörte ich mich wie eine Amerikanerin an. Meine Stimme hatte eine Schärfe, die zuvor nicht da war. Als ich mich verbeugte, hatte ich das Gefühl, zu viel Platz zu beanspruchen, als sei diese respektvolle Geste ein wenig aggressiv geworden. Sie überzeugte nicht.

Ungebeugt war ich wieder zur Amerikanerin geworden.

Später glaubte ich, die Erklärung gefunden zu haben: Zwischen meiner ersten und meiner zweiten Party-Verbeugung hatte ich mich schon wieder angepaßt. Von dem Augenblick an, als wir in Vancouver gelandet waren, war ich wie Alice im Wunderland nach und nach in mein größeres amerikanisches Ich hineingewachsen, waren meine italienisch-amerikanischen Gesten und die dazugehörige Persönlichkeit wieder zu mir zurückgekehrt. Doch ich fühlte mich weniger frei – darf ich sagen, weniger authentisch? – als ich mich in Japan gefühlt hatte. Noch irritierender war, daß ich es gar nicht als wirklichen Widerspruch empfand, mich in Japan sowohl freier als auch unter stärkerem Zwang stehend gefühlt zu haben. Zum Teil kam diese Freiheit natürlich aus dem Wissen, Ausländerin zu sein: eine *gaijin*, die nie alle Regeln wird kennen können, geschweige denn sie einhalten müssen.

Doch das Paradox, das sich selbst in meinen Gesten ausdrückte, in der unbewußten Körpererfahrung, ist auch darauf zurückzuführen, daß ich zumindest erfahren hatte, worin die Grenzen in Japan bestanden, und ein klareres Empfinden dafür entwickeln konnte, wie Individuen handeln *müssen*, damit eine Gruppe – eine Gemeinschaft – überleben kann. Hat man einmal Regeln, ist innerhalb dieser Regeln beinahe alles möglich. Ohne feste Regeln wird alles verdächtig und schwer zu beurteilen. Das haben wir in Japan immer und immer wieder erfahren – und in Amerika vermißt. Diese verklemmten, arbeitsbesessenen und überangepaßten Japaner (wir alle kennen das Stereotyp) waren oftmals bereit, Gefühle zu empfinden und auszudrücken, die wir im Westen routinemäßig verleugnen.

Ich denke, dies kommt zum Teil daher, daß wir auf irgendeiner Ebene all die Mythen unserer eigenen Kultur verinnerlichen. In Amerika heißt das, daß wir uns alle für offen halten (und uns damit von diesen unergründlichen Japanern unterscheiden!), und wir machen uns oft etwas vor über diese Offenheit. In Situationen, in denen ein Japaner still bleiben würde, drücken wir Amerikaner unsere Gefühle womöglich überschwenglich aus. Doch gleichzeitig sind wir uns nicht bewußt, in welchem Maße wir jene Empfindungen verleugnen, die sowohl tiefer als auch persönlicher sind. Unsere verdrängten Gefühle sind viel schwerer zu entschlüsseln, weil uns diesbezüglich die Erfahrung – und die Sprache – fehlt. Nehmen wir eine geschäftliche Zusammenkunft oder ein Treffen des Eltern-Lehrer-Ausschusses oder die Rhetorik von Politikern. »Lassen Sie es mich offen aussprechen«, sagt jemand, ein sicheres Zeichen dafür, daß die Rede bis zum letzten ausgefeilt ist und keineswegs eine offene Auseinandersetzung erlaubt; was wirklich ansteht (Eifersucht, Angst, Wut) läuft unterschwellig ab. Weil wir aber unser Gespräch für offen halten, läßt sich das Gesagte nur schwer entschlüsseln. In Japan weiß jeder, daß Sprache ein Kode ist, eine Übereinkunft, die die Gruppe darin unterstützt, einen Konsens zu finden. Kaum ein Japaner würde das »offene Wort« in einer öffentlichen Situation mit einer Aussage über die tatsächliche Befindlichkeit verwechseln.

Jede Kultur hegt ihre Mythen. Im Westen (und ganz besonders in den Vereinigten Staaten) ist der Individualismus eines der größten Ideale. Unsere Gerichtsbarkeit, unser Sozialsystem und unser ganzes Wertesystem basiert auf der Idee eines stabilen und beständigen Selbst, das vor anderen geschützt werden muß – vor den Nachbarn, vor den Feinden, selbst vor dem eigenen Staat. In Japan handhabt man die Dualität von Individuum und Gruppe anders, hier geht es eher darum, wie man im Privaten und in der Gruppe *handelt.* Betont wird, wie das individuelle Verhalten der Gesellschaft insgesamt dient oder sie behindert.

In Amerika haben wir ausgeklügelte Strukturen entwickelt, um die individuellen Rechte zu schützen, manchmal, wie etwa bei dem Recht, Waffen zu tragen, auf enorme Kosten der Allgemeinheit. Da John Lennon in dem Jahr erschossen wurde, als wir in Japan lebten, wurden wir immer wieder auf das Tragen von Waffen angesprochen, nicht als

Kritik, sondern als eine sehr reale Frage. Die Japaner konnten nicht verstehen, wie eine Regierung ihren Privatleuten erlaubt, Handfeuerwaffen oder automatische Waffen zu erwerben und mit sich zu tragen und Kugeln kaufen zu können, die selbst kugelsichere Westen durchlöchern. Wohin sollte das führen? Durften Bürger ein Recht auf Panzerfäuste haben, fragten sie sich? Auf Panzer? Auf Atombomben?

Es wurde auch die amerikanische Prozeßsucht angesprochen. »Warum klagen die Amerikaner so viel, inbesondere gegen Dinge, die sich der menschlichen Kontrolle entziehen?« wollen sie wissen. »Stimmt es, daß die Ärzte schon gar keine Babies mehr entbinden wollen, aus Angst vor einem Prozeß wegen falscher Behandlung, und daß die meisten Pharmakonzerne sich weigern, den Polio-Impfstoff herzustellen?«

In Amerika versteht man unter Öffentlichkeit mehrere Individuen, eine Gruppe oder spezielle Interessenverbände – Ölfirmen, Lastwagenfahrer, Kraftfahrzeugmechaniker, die Manager von General Motors, Lehrer, Banker, Veteranen, Millionäre, Behinderte, verschiedene ethnische Gruppierungen und Religionsgemeinschaften. In Japan wird die Gruppe als homogene Einheit idealisiert. Die dunkle Seite dieses Mythos von der Homogenität ist der Fremdenhaß und ein tief verwurzelter Rassismus, insbesondere gegen andere Asiaten. Doch trotz all dieser falschen Betonung der Homogenität gibt es auch Momente, in denen jeder zu einem *gaijin*, zu einem Außenseiter wird. Dies liegt teilweise an der japanischen Gesprächsstruktur, der Art und Weise, wie in gewissen Situation vieles unausgesprochen bleibt. Dabei kann es vorkommen, daß keiner mehr weiß, was eigentlich vor sich geht. Und somit muß eine Menge Zeit darauf verwendet werden, sicherzustellen, daß tatsächlich eine stillschweigende Übereinkunft (*goi*) vorhanden ist – und dies selbst, nachdem man angeblich einen Konsens erzielt hat. Es ist wichtig, sich zu vergewissern, daß die Gruppe gut zusammenarbeitet, daß jedes Mitglied mit allen anderen Mitgliedern im Einklang ist.

Dies ist ein Grund für die endlosen Diskussionen noch bevor die wirklich anstehenden angeschnitten werden, nicht nur in Außenhandelsgesprächen, sondern auch unter den Japanern selbst. In einem solchen Kollektiv ist es nicht leicht, von außen nach innen vorzudringen. Wir im Westen scheinen nicht begreifen zu können, wie lange das dauert, daß Menschen mehr Schalen haben als jede Zwiebel, und daß man manchmal so lange schälen muß, bis nichts mehr übrigbleibt, und dennoch keinen Kern findet. Die spirituelle und philosophische Tradition Japans betont das Illusorische, und im zwischenmenschlichen Kontakt japanischer Geschäftsleute versteckt sich oft das Gefühl, daß es am zweitschwersten ist, einen anderen Menschen zu kennen – am schwersten aber, sich selbst zu kennen.

Vier oder fünf Monate nach meiner Rückkehr aus Japan glaubte ich, mich aller Spuren des Kulturschocks entledigt zu haben, und dies ganz besonders, als ich eines Abends meine Freundinnen Esther und Jane in Detroit abholte, um mit ihnen quer übers Land zu Esthers Apartment in New York City zu fahren. Wir wollten eine Woche lang in New York bleiben und gemeinsam an einer Konferenz in Connecticut teilnehmen. Es war ein wunderbarer Abend – wir fuhren schnell, von einer Autobahn auf die nächste, den ganzen Weg mit heruntergekurbelten Fenstern, das Radio auf voller Lautstärke. Wir witzelten über die Tofu-Pfeffer-Sandwiches, die Jane für uns eingepackt hatte und machten drei Kreuze, daß mein alter Klapperkasten uns sicher hinbrachte. Wir lachten gemeinsam über Geschichten, die Esther über Israel, Jane über Polen und ich über Japan zu erzählen wußten. Ich fühlte mich unheimlich frei, wieder überwältigend *amerikanisch.*

Weit nach Mitternacht kamen wir in New York an. Es war

eine milde Vollmondnacht, und die Stadt leuchtete picassoblau. Ich wartete auf den Kick, den ich in dieser amerikanischsten aller Städte immer spüre, die nostalgische Erinnerung an eine andere Zeit, als ich in den Sechzigern als Teenager im Village lebte und New York zauberhaft fand.

Wir fuhren an Typen in den Farben ihrer Gang vorbei, die uns Obszönitäten zuriefen, mit Flaschen warfen und so richtig einen draufmachten. Esther vergewisserte sich, daß alle vier Autotüren verriegelt wurden und bestand darauf, die Scheiben hochzukurbeln. Prostituierte, Junkies, Obdachlose in jedem Eingang. Anstatt Verzauberung spürte ich eine Art Bedrohung, die mir den Magen zusammenkrampfte. Ich habe es mein Leben lang mit Städten aufgenommen, manchmal unter ziemlich bizarren Vorzeichen. Doch nie zuvor hatte ich mich so bedroht und verletzbar gefühlt, hilflos wie ein Bauerntölpel, der zum erstenmal seinen Hof verläßt.

Da war wieder Japan. Ich trug es noch immer in mir. Ein Jahr dort, und ich hatte meine Fähigkeit verloren, im Amerika der Städte zu überleben. Japan hat seine Städte nicht in der Weise verkommen lassen, wie wir das in den letzten zwanzig Jahren getan haben. Strenge Gesetze gegen Drogen und Waffen geben der japanischen Stadtlandschaft ein anderes Aussehen als der amerikanischen. In Osaka oder Tokyo hatte ich mich daran gewöhnt, das Großstadtvergnügen ohne Angst vor Kriminalität zu genießen, ohne das Gefühl, ständig von hoffnungsloser und verzweifelter Armut umgeben zu sein.

Nichts davon war mir bewußt, bis ich nach Amerika zurückkehrte und merkte, daß ich mich nicht mehr zurechtfand. Ich hatte jenen sechsten Sinn verloren, der einem sagt (noch ehe es rationale Anhaltspunkte dafür gibt), daß es Zeit wird, die Straßenseite zu wechseln oder in einer Richtung nicht mehr weiterzugehen. Ich war in dem einen Jahr aus der Übung gekommen.

Das soll nicht heißen, daß es in Japan keine Armut gibt (wenn die Japaner dies auch behaupten). Besucht man Kamagasaki in Osaka, wo über zwanzigtausend Gelegenheitsarbeiter und Einwanderer leben, trifft man auf Obdachlosigkeit, Arbeitslosigkeit und chronische Verzweiflung. Kamagasaki und seine kleineren Entsprechungen in den anderen Industriestädten sind für Japans selbstkreiertes Image als Staat der Mittelschicht eine ebensolche Schande wie es Obdachlose und heruntergekommene Innenstädte für die amerikanischen Ideale von Chancengleichheit und Freiheit sind. Doch wirkliche Armut gibt es in Japan weit seltener als in Amerika, wo diese, wenn man den offiziellen Statistiken trauen darf, über ein Fünftel der Bevölkerung trifft.

Vor kurzem besuchten uns zwei japanische Freunde, beide Absolventen der Universität von Tokyo (dem Äquivalent von Harvard, Yale und Oxford – alle zusammengenommen), ehe sie nach zwei in New York verbrachten Jahren wieder nach Hause fuhren. Sie drückten ihr Erstaunen darüber aus, wie billig im Vergleich zu Japan bei uns die Karten für Theater, Oper und Symphonieorchester sind. Doch sie waren auch schockiert über das Leben der »normalen« Menschen in einer amerikanischen Großstadt.

Japanische Städte sind völlig unattraktiv, aber sie funktionieren. Die grundlegenden Dienstleistungen sind vorhanden, wozu auch ein gutes öffentliches Verkehrsnetz, Kanalisation und eine gesunde Infrastruktur gehören. Amerikas unzulängliche, laute und gefährliche öffentliche Verkehrsmittel waren diesen japanischen Besuchern unbegreiflich, wie auch das Ausmaß an Armut, Verwahrlosung und Schmutz in den Städten. Doch am schlimmsten war für sie die Gewaltätigkeit.

»In den Vereinigten Staaten läßt es sich hervorragend leben«, faßte der eine zusammen, »solange man sehr, sehr reich ist.«

Im Winter 1982 wurde unsere Sehnsucht nach Japan unerträglich. In den zwei Jahren seit unserem Weggang war es in unserer Vorstellung immer idyllischer geworden, idealisierten wir es weit stärker als während unseres eigentlichen Aufenthalts dort. Wir zogen sogar schon die Möglichkeit in Erwägung, auf Dauer dort zu leben. Zu dieser Zeit lehrten Ted und ich in zwei verschiedenen Staaten, Michigan und Illinois. Jeden Freitag stieg einer von uns in den Zug, um das Wochenende gemeinsam zu verbringen, und am Sonntag gab es dann wieder eine siebenstündige Rückreise. Würden wir nach Japan übersiedeln, könnten wir in derselben Gegend unterrichten und in einer Wohnung zusammenleben.

Im Dezember dieses Jahres hatten wir eine Fachtagung in San Francisco. Für mich fing ein Freisemester an, und Ted konnte bis zum Februar Urlaub nehmen. Deshalb beschlossen wir, uns westwärts zu halten und für fünf Wochen nach Japan zurückzukehren. Wir vereinbarten einige Vortragstermine, um unsere Ausgaben zu finanzieren. Unsere alte Wohnung, die so günstig am Bahnhof liegt, war frei, und die Kansai Women's University vermietete sie freundlicherweise an uns.

Als wir in einer Regennacht vom International Airport Osaka zur Maison Shōwa, unserem Wohnhaus in Nigawa, fuhren, fühlten wir uns von *natsukashisa* überwältigt. Da waren wir also wieder in Japan. Ungeduldig öffneten wir die Tür zu unserer Wohnung.

Sie war *klein.* In der Erinnerung war sie perfekt, kompakt und funktionsgerecht gewesen. Jetzt, da wir die Möglichkeit ins Auge gefaßt hatten, immer hier zu leben, kam es uns vor, als hausten wir in einem Wohnmobil.

Unsere Freunde waren noch immer wunderbar. Das Land und seine Kultur waren noch fast genauso, doch unser Japanisch war noch schlechter als bei unserer Abreise vor zwei Jahren. Auch der Reiz, sich durch Wörterbücher zu kämpfen, um die einfachsten Interaktionen zu ermöglichen, war verlorengegangen. Und es war kalt. Häuser und Wohnungen sind in Japan nicht zentralbeheizt; in unserem Badezimmer gab es gar keine Heizung. Noch gewöhnt an die gleichmäßig temperierten Häuser in Amerika erlebte ich während dieses Winters in Japan Tage, an denen ich dachte, mir würde nie wieder warm. Ich kaufte mir dicke, lange Unterwäsche und gesteppte, gefütterte Kleider und Hausschuhe. Doch auch so eingewickelt zitterte ich.

Dann froren die Leitungen ein, und wir hatten kein Wasser, weder heiß noch kalt. Ein *gaijin*-Nachbar, ein Professor, der ebenfalls ein Apartment der Universität gemietet hatte, meinte, dies sei in den vergangenen zwei Wintern ebenso gewesen. Die Leitungen verlaufen außen an den Gebäuden, um im Falle eines Erdbebens den Schaden so gering wie möglich zu halten. Offiziell dürfen sie nicht einfrieren, aber in Wirklichkeit passiert das regelmäßig. Drei oder vier Tage lang gab es nur Wasser aus einem Hahn im Erdgeschoß. Jedes Spülen in der Toilette bedeutete, einen Eimer Wasser über drei Stockwerke hochzuschleppen. Und wieder waren meine Schienbeine voller blauer Flecke von den Kanten zu niedriger Tische in den Restaurants.

Es war nicht so, daß wir nicht gern wieder in Japan waren. Doch wir sahen es anders als bei unserem ersten Besuch. Und diesmal waren wir besonders aufmerksam, denn Japan war nicht nur eine zeitweilige Ablenkung, sondern eine mögliche Zukunft und Lebensform. Uns fielen ständig Dinge auf, die uns schwierig oder problematisch erschienen, die symptomatisch dafür waren, wie das Leben sein könnte, wenn wir auf Dauer hier lebten.

Einer unserer japanischen Freunde, der an einer großen Universität in der Nähe lehrte, beklagte sich, weil die eine Hälfte seines Instituts nicht mit der anderen sprach. Da der Universitätsbetrieb auf Übereinstimmung basierte, bedeutete dies endlose Sitzungen, mehrmals pro Woche, und immer bis spät in den Abend, obwohl klar war, daß nichts jemals wirklich gelöst werden konnte, denn jede Seite wartete darauf, daß die andere nachgab. Soviel zur Übereinstimmung und zum Gruppenbewußtsein! Durch die Teilung des Instituts in zwei sich schweigend bekämpfende Gruppen hatte sich ein aussichtsloser Sitzungsmarathon entwickelt.

»Ich war so wütend und enttäuscht«, vertraute er uns eines Nachmittags an, »daß ich fast meine Gefühle zum Ausdruck gebracht hätte!«

Seine Bemerkung machte uns, wie vieles andere auch, bewußt, wie sehr wir uns in diesem Land verstellen müßten, wenn wir auf Dauer hier leben wollten.

Eine andere Bekannte, von der wir seit unserem letzten Besuch nichts mehr gehört hatten, entschuldigte sich, unsere Briefe nicht beantwortet zu haben. Sie sagte, jetzt, da ihre Schwiegereltern bei ihr lebten, sei sehr viel zu tun. Es überraschte uns, daß die Eltern ihres Mannes bei ihr eingezogen waren. Gegen diese Vorstellung hatte sie in allen früheren Gesprächen mit aller Kraft protestiert.

»Ich kam dahinter, daß mein Mann auf eine Sexreise ging«, erklärte sie. »Er behauptete, es sei geschäftlich, aber es war eine Sexreise auf die Philippinen. Für zwei Wochen. Ich bat seine Eltern, in den vierzehn Tagen bei uns zu wohnen. Sie verkauften ihr Haus und zogen bei uns ein, als er zurückkam.«

»Aber ich dachte, Sie mögen seine Eltern nicht, Sumisan?«

»Ich hasse sie. Aber er haßt sie noch mehr.«

Ich konnte an Sumi-sans angeblicher »Rache« keinen Gefallen finden. Das erinnerte mich an die masochistische Revanche in einem von Fumiko Enchis Romanen, in dem eine Ehefrau, die viel hat erdulden müssen, nicht angemessen beerdigt werden will. Als die Frau stirbt, wird ihr letzter Wille bekannt, und ihr Ehemann sieht sich der öffentlichen Demütigung ausgesetzt. Endlich muß er erkennen, wie schlecht er seine Frau behandelt hat. In dieser letzten und öffentlichen Abrechnung ist zwar ein Funke Gerechtigkeit, aber was hat die Verstorbene schließlich von seiner Demütigung? Der Gedanke, wie hoch der Preis war, den Sumi-san für ihre »Rache« in den nächsten Jahren würde zahlen müssen, machte mich traurig, und noch trauriger stimmte mich die selbstzerstörerische Logik, mit der sie ihr Handeln begründete.

Wir sahen vor allem immer wieder, wie unsicher wir im Befolgen japanischen Verhaltensregeln waren. Nirgends waren wir weniger Herr der Lage als bei dem traurigen und feierlichen Ritual der Beerdigung von Ichirōs Mutter.

Als wir nach einer Zweitagesreise von Tokyo, wo jeder von uns Vorträge gehalten hatte, heimkehrten und auf dem Weg vom Bahnhof zu unserer Wohnung am Haus der Okamotos vorbeikamen, sahen wir, daß Trauerfahnen über dem Eingang hingen, zusammen mit den schwarzweißen Laternen, die einen Todesfall in der Familie signalisieren.

Ich rief sofort Maryvonne an, und sie bestätigte mir, daß Ichirōs Mutter gerade gestorben war. Sie sagte, sie könne jetzt nicht sprechen, denn das Haus sei voller Verwandter, und sie hätte alle Hände voll zu tun, aber sie wisse, daß Ichirō es zu schätzen wisse, wenn wir am nächsten Tag zur Beerdigungsfeier kämen, die, wie üblich, im Haus abgehalten wurde.

Wir wollten Ichirō und Maryvonne mit soviel Unterstützung und Mitgefühl begegnen, wie wir es von ihnen nach dem Tod von Teds Bruder erfahren hatten, aber wir hatten nicht die leiseste Ahnung von dem Verhaltenskodex einer buddhistischen Beerdigung. Ich rief Professor Sano, unseren früheren Institutsleiter, an und bat ihn um Rat. Ich berichtete ihm von unseren Problemen – daß wir zum Beispiel nichts dabeihatten, was auch nur annähernd der üblichen Trauerkleidung entsprach, die wir an den Personen gesehen hatten, die Okamotos Haus betraten.

»Der Geist ist es, der zählt«, behauptete Professor Sano. »Bitte machen Sie sich um Ihre Kleidung keine Gedanken. Ihre Freunde werden dafür Verständnis haben.«

Mir fiel außerdem ein, daß die Japaner auf einer Beerdigung Geld geben, hatte aber keine Ahnung, welche Summe angemessen war, oder wie das Geschenk übergeben werden sollte.

»Sie sind Ausländer«, versuchte Professor Sano mich zu beruhigen. »Keiner erwartet von Ihnen, daß Sie diese Bräuche kennen. Außerdem es ist ganz einfach. Sie werden in einer langen Schlange mit den anderen Trauergästen stehen. Gehen Sie einfach mit und machen Sie, was die anderen auch machen. Es wird nur ein, zwei Minuten dauern, und Ihre Freunde werden dankbar sein, daß Sie gekommen sind, um Ihre Aufwartung zu machen.«

Wir durchwühlten unsere Koffer nach den unauffälligsten Kleidern, die wir hatten: ein dunkler Blazer für Ted, ein dunkler Rock und eine weiße Bluse für mich. Alle anderen Männer auf der Beerdigung erschienen im schwarzen Anzug mit schwarzer Krawatte. Die Frauen trugen schwarze Kleider oder bodenlange schwarze Kimonos. Der durchdringende Geruch nach Mottenkugeln machte uns deutlich, daß dies besondere Kleider waren, die nur zu Trauerfeiern aus den Schränken geholt wurden. Wir hatten einige Zehntausend-Yen-Scheine mitgebracht (wovon jeder ungefähr siebzig Dollar wert war) und beabsichtigten, das zu geben, was wir die anderen geben sahen, doch es stellte sich heraus, daß unser Geld nicht angemessen eingepackt war. Alle Leute um uns herum hielten weiße Briefumschläge, die *origami*-artig gefaltet und mit einem erlesenen schwarzen Band zusammengebunden waren, in den Händen: die Namen auf den Umschlägen, kalligraphische Kunstwerke. Sie überreichten ihr Geschenk in aller Förmlichkeit und schrieben Name und Anschrift in ein besonderes Buch, damit die Familie der Verstorbenen ihnen später etwas schicken konnte. Das hätten wir wissen müssen. In Japan bedingt jedes Geschenk ein Gegengeschenk.

Wir schlichen uns aus der Geschenkreihe und versuchten, in der Schlange der Trauergäste unterzutauchen, die vor dem Haus wartete. Plötzlich kam eine Japanerin mittleren Alters auf uns zugeschossen und packte uns an den Armen. »Hierhin! Hierhin!« drängte sie und zog Ted und mich ins Haus.

Das Haus hatte sich verwandelt. In dem Raum, in dem sich das Wohnzimmer der Eltern befunden hatte, war ein großer Altar aufgebaut worden. Darauf stand die Urne mit der Asche sowie eine Gedenktafel, und das alles wurde beherrscht von einer Schwarzweißfotografie der Verstorbenen. Auf ihrem Gesicht lag ein Lächeln und aus ihren Augen strahlte Mitgefühl, als bedauere sie, ihrer Familie und ihren Freunden soviel Kummer zu bereiten.

»Hier!« sagte die Frau sehr bestimmt auf japanisch und deutete auf einen Platz in einem kleinen Alkoven im Hintergrund des Zimmers, wo wir uns hinknien konnten.

»Ich dachte, Professor Sano meinte, wir müßten uns nur mit der Schlange mitbewegen?« flüsterte Ted.

»Vielleicht ist dies eine andere buddhistische Sekte?« gab ich zu bedenken und versuchte, nicht in Panik zu geraten. Der Raum war so voll, daß man nur die Möglichkeit hatte, sich in die übliche *scizu*-Position zu knien, bei der die Beine untergeschlagen werden, eine Stellung, die Ted nicht lange durchhält. Behutsam berührte Ted die Papiertüren an den Wänden des Alkovens, und als sie zu wackeln begannen, hielten wir beide den Atem an. Dies waren die *fusuma*, die normalerweise die Räume im Haus abteilten und die jetzt hier standen, damit sie aus dem Weg waren. Eine falsche Bewegung und die Türen würden wie ein Kartenhaus über uns zusammenstürzen.

Etwa zwanzig oder fünfundzwanzig Menschen knieten um den Altar. Auf der anderen Seite des Raums knieten Ichirō und Maryvonne neben Ichirōs Vater. Sie wirkten blaß und erschöpft, als einer nach dem anderen zu ihnen hintrat, wahrscheinlich um sein Beileid auszudrücken, ehe die Feier begann. Eine ältere Frau kam und kniete sich vor Maryvonne; sie verbeugte sich so tief, daß ihre Stirn das Tatami zu berühren schien. Als sie sich aufrichtete, sagte sie etwas, was Maryvonne sichtlich bewegte. Ich beobachtete, wie meine ansonsten durch nichts zu erschütternde Freundin die Verbeugung ebenso tief erwiderte, und die beiden Frauen, die aus verschiedenen Generationen und Kulturen stammten, einander lang in die Augen sahen und ein inniges, tiefes Schweigen austauschten.

Ich fühlte mich wie ein Eindringling. Wir hatten Ichirōs Mutter nur einmal gesehen. Ihr stille Würde und ihre Anteilnahme trotz ihrer Krankheit hatten uns beeindruckt. Man konnte gut verstehen, warum die Menschen den Verlust dieser Frau betrauerten – Verwandte, Freunde und die Studenten, denen sie beigebracht hatte, *samisen* zu spielen. Ich kam mir vor, als hätte ich kein Recht, gemeinsam mit den Menschen, die sie geliebt hatten, in einem Raum zu sein. Meine unangemessene Kleidung, meine zerknitterten Yen-Scheine, selbst die wackeligen *fusuma* schienen zu signalisieren, wie fehl ich am Platz war.

Eindrucksvoll gewandet betrat der *jushoku* (Oberpriester) den Raum und nahm seinen Platz vor dem Altar ein. Wir knieten direkt hinter ihm und konnten deshalb seine Verrichtungen nicht verfolgen, aber der Gesang und der Weihrauch und das Foto von Frau Okamoto waren überwältigend. Als der Priester mit seinen Gebeten fertig war, weinten alle im Raum unter ausdauernden und herzzerreißenden Seufzern, *morai-naki*. Trauerfeiern gehören zu den wenigen Gelegenheiten, bei denen die japanische Gesellschaft ein öffentliches Zurschaustellen von Gefühlen zuläßt.

Nachdem der Priester seinen Gesang beendet hatte, trat einer nach dem anderen an den Altar, machte respektvolle Verbeugungen vor der Familie, verharrte schweigend vor der Gedenktafel und zelebrierte dann etwas mit dem Weihrauchpulver. Von meinem Platz aus konnte ich nur ein Schulterwogen, ein gebeugtes Haupt und wischende Handbewegungen erkennen. Ich wußte, daß auch wir jetzt bald zum Altar gehen müßten, und ich fragte Ted, ob er sagen könne, was sie dort vorne machten.

»Nein, eigentlich nicht«, flüsterte er und hörte sich dabei so unwohl an wie ich mich fühlte.

Ich mußte immer denken: das hier ist die Antithese zu dem feierlichen Ernst ohne Worte an jenen heiligen Orten, dem Berg Kōya und auf Kudakajima. Doch heute fand kein Transfer in ein Reich der Stille statt. Ganz und gar nicht. Wenn das buddhistische Ziel die Transzendenz der alptraumhaften Zyklen von Selbstbewußtsein und Selbstversunkenheit ist, dann mußte dies hier, wenigstens für mich, das sein, was die Buddhisten Hölle nennen.

Ich wurde als erste aufgerufen. Ich machte vor dem Altar eine Verbeugung, hantierte mit dem Weihrauch und hoffte, mein reuiger Gesichtsausdruck würde Ichirō und Maryvonne davon überzeugen, daß ich keine Respektlosigkeit und auch kein Sakrileg begehen wollte. Als ich mich wieder zurück in unseren Alkoven schlich, sah ich auf den verweinten Gesichtern einiger Trauergäste ein halbunterdrücktes Lächeln. Als Ted seine Beine langsam und unter Schmerzen aus der Kniestellung befreite, linkisch und schnell am Altar hantierte und zurück zum Alkoven humpelte, gab es noch mehr lächelnde Gesichter und wissendes Nicken.

»*Gomen nasai*!« Die Frau mittleren Alters im Kimono war wieder da und entschuldigte sich jetzt lauthals auf japanisch. »Ihre Knie müssen Ihnen wehtun«, stellte sie in voller Lautstärke fest. »*Gaijin* können nicht so lange knien, *gomen nasai.*«

Wieder nahm sie uns gebieterisch bei der Hand und führte uns in ein anderes Zimmer voller Zigarettenrauch und zu sehr alten Männern in westlichen Sesseln. Sie waren bei unserem Anblick sichtlich schockiert, und die Frau erklärte etwas in schnellem Japanisch. Ich verstand das Wort *shimai* (Schwester), sonst nichts.

»Guten Nachmittag. Wir freuen uns, zu einem so traurigen Anlaß Ihre Bekanntschaft zu machen«, sagte einer der älteren Männer in akkuratem Englisch. Diese Männer gehörten alle zur Generation von Ichirōs Vater, und ich merkte, daß sie wie dieser wahrscheinlich vor vielen Jahren Englisch gelernt hatten.

»*Gomen nasai*«, sagte ich und verbeugte mich tief. »*Nihongo ga nasemasen*« (Tut mir leid, aber wir sprechen kein Japanisch).

Ein Ausdruck der Erleichterung zeigte sich auf ihren Gesichtern. Wieder verbeugten sie sich vor uns, jetzt lächelnd, und kehrten gleich darauf zu ihrer Unterhaltung über kürzlich Verstorbene, neue Krankheitsfälle, was weh tat und wo und was dieser oder jener *kampō* (chinesischer Arzt) verschrieb, zurück.

»Meinst du, wir können einfach gehen?« fragte Ted.

»Laß uns gehen«, willigte ich ein.

Nachdem wir uns mit einer Verbeugung von den alten Männern verabschiedet hatten, versuchten wir, uns still aus dem Wohnzimmer und von der Beerdigungsfeier davonzustehlen. Doch Ichirō sah uns, kurz bevor wir draußen waren. Wir verbeugten uns tief und sagten ihm, wie leid uns der Tod seiner Mutter täte. Er dankte uns und setzte dann zu einem

Lächeln an. Er sagte, es habe ihn sehr gewundert, uns auf der Feier für die engsten Familienangehörigen zu sehen, habe dann aber von seiner herrischen Verwandten erfahren, daß ich ihrer Meinung nach genau wie Maryvonne aussähe und deshalb deren Schwester sein müsse, die zur Beerdigung gekommen sei (obwohl Maryvonne überhaupt keine Schwester hat).

»Alles lief schief – und es tut uns wirklich leid, Ichirō«, sagte Ted in aller Bescheidenheit. »Wir wollten nicht respektlos sein – wir wollten unser Mitgefühl zeigen, aber –«

Ichirō nahm Teds Hand in beide Hände. »Meine Freunde«, scherzte er mit glänzenden Augen, »jeder, der für einen Freund eine Peinlichkeit auf sich nimmt, ist ein Freund fürs Leben.«

In den nächsten Wochen taten wir für Maryvonne und Ichirō was wir konnten. Natürlich aus Freundschaft, aber auch aus dem undeutlichen Gefühl heraus, die peinlichen Szenen während der Beerdigung ausgleichen zu müssen. Wir brachten ihnen zu essen, wie sie das damals auch für uns getan hatten. Wir luden auch Ichirōs Vater zum Essen ein. Zu Maryvonnes Geburtstag arrangierten wir eine kleine Überraschungsparty. Doch das Bild unseres Eindringens in jene feierliche Beerdigung wollte nicht verschwinden. Uns wurde klar, daß der Verstoß an sich gar nicht so schlimm war, doch er wurde symptomatisch für all die Dinge, die wir nicht über Japan wußten.

Nach und nach kamen wir zu dem Schluß, daß wir hier nicht auf Dauer leben konnten. Da war vor allem die Sprachbarriere. Mit Mühe und Zeit könnten wir diese überwinden. Aber unser *gaijin*-Sein könnten wir nie überwinden, dieses Gefühl, immer anders zu sein. Wir waren uns auch nicht sicher, wie unsere Berufsaussichten in Japan wären. Teds Fachgebiet ist die kanadische Literatur, meins sind Amerikastudien. Wie könnten wir unsere Forschungsarbeit in Japan vorantreiben? Die Erfahrung, ein Jahr lang mündliches Englisch für Nebenfächler zu unterrichten, hatte mir Spaß gemacht. Aber würde diese Faszination ein Leben lang halten? Es störte mich auch, daß das Leben in Japan zu *leicht* sein könnte, da die an uns gestellten Erwartungen automatisch heruntergeschraubt wurden, weil wir keine Japaner waren und es ja nicht besser wissen konnten. Wie bei der Beerdigungfeier konnte man von uns nicht verlangen, in jeder Lebenslage richtig zu reagieren, und selbst die schlimmsten Fehler zählten nicht wirklich. Es war eine Gewinnerperspektive, bei der ich mich wie ein Verlierer fühlte.

Selbst unbedeutendere Aspekte Japans, die bei unserem ersten Besuch ihren Reiz gehabt hatten – etwa die pingeligen Rituale beim Falten eines Schirms oder das richtige Essen einer Suppe – erschienen mir jetzt, da ich mir vorstellte, den Rest meines Lebens so zu verbringen, eher bedrückend. Ich wollte aber auch nicht zu den *gaijin*-Englischdozenten gehören, die es zehn Monate im Jahr in Japan aushalten, um dann während des Sommers in die Freiheit nach Hause aufzubrechen. Ich wollte keine *gaijin-gaijin* werden.

Bei unserer jetzigen Einschätzung Japans klang größeres soziales und politisches Unbehangen mit, als wir es bei unserem ersten Besuch empfunden hatten – über die Rolle der Frauen, die Traurigkeit der Schulkinder und Geschäftsleute, über den Rassismus und Fremdenhaß.

Als wir wieder im Flugzeug nach Amerika saßen, war ich zu Tränen gerührt. Wir waren für einen Monat nach Japan zurückgekehrt, weil uns dieses Land so gefehlt hatte. Wir hatten sogar überlegt, uns auf Dauer hier niederzulassen. Jetzt verabschiedeten wir uns von Japan und auch von einem Traum. Ich wollte mich nicht mehr länger dieser anderen Kultur anpassen, jede Regel beherrschen, jede Einzelheit. Im Gegenteil, ich war aufgeregt, weil ich in die Heftigkeit,

Lebendigkeit und die Zwanglosigkeit des amerikanischen Lebens zurückkehren konnte.

Als unsere Maschine diesmal auf dem O'Hare Airport außerhalb von Chicago landete, empfand ich nicht den Kulturschock, wie ich ihn bei unserer ersten Rückkehr 1981 erlebt hatte. Aber diese zweite Heimreise im Januar 1983 brachte ihre eigene Form der Enttäuschung mit sich. Japan war, wie wir hatten feststellen müssen, für uns keine Zukunftsmöglichkeit mehr. Doch jetzt mußte ich mir eingestehen, daß Amerika längst nicht so ungezwungen und reich war, wie ich mir das aus japanischer Perspektive vorgestellt hatte.

Zuerst einmal war ich schockiert darüber, wie wenig Individualität es in den Vereinigten Staaten tatsächlich gab. Als ich über das Gelände des kleinen Colleges für Geisteswissenschaften spazierte, an dem Ted unterrichtete, nahm ich mit Erschrecken wahr, daß die amerikanischen Collegestudenten völlig gleich aussahen, in Kleidung und Frisur und Verhalten, wie es auch in Japan der Fall war. Als ich wegen der Arbeit an meinem neuen Buch nach Chicago reiste, stellte ich betroffen fest, daß die amerikanischen Geschäftsmänner auch *sarariiman* hätten sein können.

Und in Chicago schliefen nur noch mehr Menschen in Haus- und Geschäftseingängen. Die Politiker behaupteten 1983 zwar ständig, Amerika sei noch nie so wohlhabend gewesen, aber für mich sah es ganz und gar nicht danach aus. Man fand eine neue Bezeichnung für das Leben in den achtziger Jahren der Reagan-Ära: »Einmummen« – eingewickelt sein in das bequeme materielle Leben, nur du und deine Familie, und dann kann man vergessen, daß der Rest der Welt überhaupt existiert.

In meinen Pausen verlasse ich die Newberry Library an der Near North Side von Chicago. Ich habe mir ein kleines Ritual für mein post-japanisches Leben in Amerika ausgedacht. Ich mache an einer Bäckerei halt, kaufe etwas und wandere dann durch ein Stadtgebiet, in dem es Kunstgalerien und Buchläden gibt. Dieses einfache Vergnügen, ein Croissant auf der Straße zu essen, erinnert mich an die Kleinigkeiten, die ich in Japan nicht tun darf.

Während meiner Mittagsspaziergänge besuche ich gerne einen Laden, der sich auf orientalische Drucke und Bücher spezialisiert hat. Seit letzter Woche liegt eine wunderschöne Ausgabe von Hokusais *36 Ansichten vom Berg Fuji* in der Auslage. Das Buch ist aufgeschlagen und zeigt meinen Lieblingsdruck, die bekannte »Große Welle vor Kanagawa«. Im Vordergrund ist eine riesige Welle zu sehen, die drei Fischerboote zu verschlingen droht. In den Booten sind kleine Köpfe zu erkennen, jeder so zerbrechlich wie ein Ei. Die Gesichter sind vor Furcht gelähmt, die Augen aufs Meer geheftet. Von denen, die im Boot sitzen, hat keiner die Zeit, den in der Ferne majestätisch thronenden Fuji zu bewundern.

Nachdem ich in diesem Buchladen gewesen bin, wandere ich durch eine ganz bestimmte Straße zurück zur Bibliothek. In dieser Straße hockt jeden Tag ein Mann in seiner Ecke, direkt gegenüber von Treasure Island, einem protzigen Chicagoer Lebensmittelgeschäft. Er läßt sich um die Mittagszeit dort nieder, sitzt einfach nur da und bellt gelegentlich wie ein Wolf oder ein Kojote. Die Leute, die aus dem Laden kommen, geben ihm manchmal etwas zu essen – einen Apfel, einen Laib Brot, ein Sandwich, eine Flasche Wein. Er bettelt um nichts. Heute habe ich mir eine Tüte mit einem zweiten Croissant geben lassen, die lege ich schnell beim Vorbeigehen vor ihn hin und vermeide es dabei, ihm in die Augen zu schauen.

Als ich bei der Bibliothek ankomme, bin ich innerlich so aufgewühlt, daß ich stehenbleiben und mich auf eine der Stufen setzen muß, um tief Luft zu holen und mich zu beruhigen. Es dauert eine Weile, bis ich mir über mein Gefühl im klaren bin. Es ist Heimweh. Aber für welches Daheim? Japan? Oder das »Amerika«, das ich mir auf der anderen Seite des Pazifik zusammengezimmert habe?

Daheim. Dieses Wort hat jetzt eine andere Bedeutung bekommen.

Der Fuji hinter dem Tauchnetz des Fischers

10 Japanisches Meer, Oki 1987

Wenn man zu mir ins Haus kommt, sieht man als erstes eine grüne Glasschüssel, gefüllt mit grünen und blauen Kugeln. Das sind aus Flaschenglas geblasene Schwimmer, die die Fischernetze oben halten. Ich fand sie auf Oki, einer Inselgruppe zwischen Japan und Korea; hier habe ich einen Sommer mit meinen Freunden Maryvonne und Ichirō und ihrer Musikgruppe, den Danceries, verbracht.

Jeden Tag gegen zehn Uhr holte der Kapitän, ein ortsansässiger Fischer, uns am Kai ab und brachte uns mit seinem Boot zu anderen Stränden. Diese waren normalerweise menschenleer, und jeder neue übertraf in seiner atemberaubenden Schönheit den vorherigen. Wir verbrachten die Vormittage mit Schnorcheln, Speerfischen und Tauchen. Mittags gab es dann Reiskugeln und dazu Fisch oder eins der schnörkeligen rohen Dinger, die wir am Morgen gefangen hatten. An den Nachmittagen tauchte und fischte der Rest der Gruppe wieder, doch ich brach allein mit meinem Plastikboot auf und suchte nach neuen Müllstränden. *Gomi hama* nannten wir sie, Orte, an denen die Strömungen den Abfall des Meeres angeschwemmt hatten – Treibholz, ausgebleichte Flaschen, zerbrochene Ruder, Fischskelette, Fischernetze. Japanische Netze werden seit neuestem mit Plastikschwimmern an der Wasseroberfläche gehalten. Doch die koreanischen Netze gibt es immer noch mit Glaskugeln. Meine Freunde zogen mich damit auf, daß ich an einem der schönsten Plätze der Erde meine Nachmittage mit dem Wühlen im Müll verbrachte. Doch ich wurde dafür belohnt. Unter all dem Abfall tauchte dann plötzlich eine Glaskugel auf, glitzernd und makellos wie das Meer selbst.

Es wurde eine Obsession. Verging ein Tag ohne die Beute einer Glaskugel, kam das einer Tragödie gleich. Einmal wäre ich fast verunglückt, weil ich so entschlossen nach einem neuen Müllstrand Ausschau hielt, daß ich sämtliche Anzeichen für trügerische Gewässer übersah. Gut eine halbe Stunde lang war ich in einer Strömung gefangen, die mich gegen Muschelbänke zu werfen drohte. An einem anderen Tag wiederum hätte der Kapitän sein Boot beinahe auf Sand gesetzt, als er versuchte, eine kleine Bucht zu erreichen, die für Glaskugeln wie geschaffen schien. Auch er hatte sich der Suche verschrieben. Nie zuvor hatte er sie für etwas Besonderes gehalten – wer auf Oki lebt, sieht diese Kugeln so oft, daß er sie schon für Abfall hält –, doch plötzlich hatte die Leidenschaft des Schatzsuchers auch ihn gepackt.

Meine Begeisterung war ansteckend. Jeden Abend warteten ein paar Kinder am Kai auf unser einfahrendes Boot. Jeden Abend bekam ein anderes eine Glaskugel von der *gaijin*-Frau geschenkt. Sie winkten mir auf der Straße nach oder gesellten sich bei meinen Morgenspaziergängen dazu oder folgten mir auf die Post, wenn ich kleine Päckchen mit Glaskugeln an Freunde in Amerika schickte. Die Kinder dachten sich einen Spitznamen für mich aus. »*Bin-Dama Onēsan*«, Ältere Schwester der Glaskugeln.

Oki war ein guter Ort, um dem Tod zu entfliehen.

Ich kam im Sommer 1987 nach Oki, während meines dritten Japanaufenthalts. Ted hatte gerade eine Anstellung bei der Michigan State University bekommen und konnte deshalb am Austauschprogramm zwischen der MSU und der Kansai Women's University teilnehmen.

In den letzten paar Jahren hatte sich niemand für den Austausch beworben. Wenn Ted dieses Jahr nicht ging, würde man womöglich das Programm streichen. Es könnte unsere letzte Chance sein. Widerwillig gab ich meine Zustimmung. Ted übernahm die Vorbereitungen, packte und brachte uns beide nach Japan, wo ich, wie er behauptete, meine drei vor kurzem verstorbenen Freunde genauso betrauern könne. Sollte sich abzeichnen, daß meine Großmutter wirklich im Sterben lag, könnte ich zu ihr fliegen, um bei ihr zu sein.

Als der Sommer kam, luden Maryvonne und Ichirō uns ein, mit ihnen nach Oki zu kommen. Sie wollten dort sechs Wochen bleiben, und wir könnten uns ihnen so lange wir wollten anschließen. Oki wäre eine gute Abwechslung.

Eine paar Abende vor unserer Abfahrt gestand Ted mir, daß er sich überhaupt nicht auf die Reise freue. Er würde viel lieber in unserer klimatisierten Wohnung in Nigawa bleiben und an einem Buch arbeiten, das im September erscheinen sollte, als den Verlockungen der Strände und Wellen standzuhalten.

»Außerdem«, meinte er, »brauchst du jetzt ein bißchen Zeit für dich.«

Eines Tages erklärte der Kapitän, er könne uns in der nächsten Woche erst gegen Mittag hinausfahren, da er sich verpflichtet hatte, am Morgen Fracht zu verschiffen. Wir suchten nach Möglichkeiten, um mittels öffentlicher Verkehrsmittel – wie Fähren oder dem wackeligen Bus auf der Hauptinsel – zu den anderen Inseln und Stränden zu gelangen, beschlossen dann aber, lieber bis zum frühen Nachmittag zu warten und mit dem Kapitän auszufahren, wenn er kommen würde.

»Laßt uns heute zum Mittagessen ausgehen!« scherzte Ichirō.

»Ausgehen« bedeutete auf unserer Insel eine Alternative zwischen zwei kleinen Snackbars. Eine hatten wir schon getestet – sie hatte sich auf Curryreis und Pizzatoast spezialisiert. Die andere nannte sich »Big Ben«. Von außen sah sie fast wie ein englischer Pub aus, mit einem Blumenkasten voller Zinnien und leuchtender Ringelblumen und einem

Schild, auf dem die berühmte Londoner Turmuhr zu sehen war.

Big Ben begeisterte uns sofort. Drinnen wurden die englischen Motive weitergeführt, mit Flaggen und Postern berühmter britischer Sehenswürdigkeiten – Balmoral, Buckingham Palace – und Uhren aller Art. Wie die meisten japanischen Imbißstuben wurde auch diese von einer Frau geführt. Sie sagte uns, sie heiße Akiko Suzuki und, nein, sie sei nie in England gewesen, hoffe aber einmal hinzukommen. Sie kochte sämtliche Gerichte auf einem kleinen Herd-Grill, der neben der Bar stand. Außerdem kellnerte und bediente sie und machte auch sonst alles in dem kleinen Restaurant mit seinen vielleicht acht oder zehn Barhockern und den drei Tischen, die in einer Reihe vor der Wand standen. Der andere Raum des Big Ben war ein Nebenraum mit sechs Tatami-Matten. Ein kleines Mädchen spielte darin still mit seinen Puppen. Wahrscheinlich schliefen Suzuki-san und ihre Tochter dort auch nachts. Vielleicht wohnten sie aber auch woanders.

Suzuki-san begrüßte jeden mit einem strahlenden, offenen Gesicht, die Augen sanft und lebhaft. Den Andrang um die Mittagszeit bewältigte sie wie eine Ballettänzerin, nahm Bestellungen entgegen, scherzte, kochte einfache Mahlzeiten, schenkte ein, und das alles mit perfekter Haltung und Grazie.

»Das ist *unser* Restaurant«, sagte Maryvonne mit Entschiedenheit. Wir hatten dem unbekümmerten Leben auf Oki ein neues Ritual hinzugefügt, Mittagessen im Ben.

»Schau, Cathy-san!« Ichirō zeigte auf ein Netz, das über eine winzige Spüle im Durchgang zu den Toiletten gespannt war. In diesem Netz hing eine riesige, kristallklare Glaskugel.

Als Suzuki-san zu uns kam, fragte ich sie nach der Kugel. Sie erzählte mir, sie habe sie gefunden, als sie hierherzog. Und zwar in einem verlassenen Lagerhaus hinter dem Restaurant. Sie sagte, früher einmal, etwa vor hundert Jahren, habe es hier auf der Insel Glasbläser gegeben, und dies sei tatsächlich eine der Kugeln, die man auf Oki hergestellt hatte. Ist sie nicht wunderschön?« fragte sie uns. Hätten wir je ein derart klare Kugel gesehen? Ob uns auffiele, wie das Licht sich drinnen verfinge und von dort strahle?

»Ach nein! Schon wieder eine!« zog Maryvonne mich auf englisch auf und erklärte dann Suzuki-san in äußerst komischen Wendungen, daß sie angefangen habe, mich *gomi hama obasan* zu nennen, die Mutter der Abfallstrände, da ich an jedem Nachmittag diese ekelhaften Plätze nach Glaskugeln absuchte.

»Guter Geschmack!« meinte Suzuki-san scherzhaft und entfernte sich dann, um an der Bar ein Bier zu zapfen.

Big Ben wurde unser Stammlokal auf Oki. Wir gingen fast jeden Tag dorthin. Ich schenkte Suzuki-sans Tochter eine der apfelgroßen Glaskugeln, die ich gefunden hatte und erzählte ihr, es sei eine Zauberkugel. Ich hätte sie in einem Baum entdeckt, so weit weg vom Boden, daß ich hinaufklettern mußte, um sie zu pflücken. Eine Glaskugel, die fliegen konnte! Ich sagte ihr, daß die anderen Kinder der Insel abends immer auf die Rückkehr unseres Bootes warteten, weil ich ihnen dann die Tagesbeute zeigte und ihnen erzählte, wie und wo ich die Kugeln gefunden hatte. Ich lud sie ein, mit uns zu kommen. Oder vielleicht wolle sie uns in unserer *shukusha* besuchen, der schlichten, vom Staat betriebenen Herberge, in der wir wohnten. Dort könne sie sich all die Kugeln anschauen, die ich gefunden hatte. Sie lächelte scheu. Sie kam nie.

1980 hatte ich in Japan eine Amerikanerin getroffen, die eine Dissertation über Geishas schrieb. 1983, während meines zweiten Besuchs, lernte ich eine andere Amerikanerin kennen, die an einer Erzählung arbeitete und dafür *mama-san* interviewte, jene Frauen, die in Japan Snackbars und kleine Abendlokale führen. Beide Autorinnen waren fasziniert von der Rolle der Frau in der japanischen Demimonde. Viele westliche Autoren haben über die freizügigen, promiskuitiven und männlichen Seiten der »Floating World« geschrieben, ohne je das Leben – die *Soziologie* – dieser starken und fähigen Frauen zu erwähnen, die so viele Bars und Kneipen der japanischen Halbwelt leiten. Was bringt das diesen Frauen? wollten diese westlichen Feministinnen wissen. Auch ich fragte mich das.

An dem Abend, als ich mit Professor Itō durch das Vergnügungsviertel von Osaka geschlendert war, hatte ich ihn über eine der *mama-san*, die wir gerade kennengelernt hatten, ausgefragt und dabei scherzhaft gemeint, sie müsse einen IQ haben, der sich irgendwo bei dem von Einstein bewege. Er hatte mir erzählt, sie sei die uneheliche Tochter eines sehr bekannten Firmenmanagers. Ihre Mutter sei jahrzehntelang die Mätresse dieses Mannes gewesen, und als die Tochter alt genug dazu war, habe der Manager ihr ein Lokal eingerichtet. Ihre Snackbar sei so etwas wie ein Treuhänderfonds. Mit etwa zwanzig war sie einmal verheiratet gewesen, habe aber schnell gemerkt, daß es ihr nicht gefiel. Jetzt lebte sie als unabhängige Frau, die sich einen Lover nehme, wenn – wie er mit einem seltsamen Lächeln sagte – »ihr danach ist, aber meistens ist ihr nicht danach.« Seine Bemerkung überraschte mich nicht. Die Frau war lebhaft, sogar derb, doch hinter ihrer Leichtfertigkeit war etwas Reserviertes, eine große Distanz zu spüren. Professor Itō fügte noch hinzu, diese *mama-san* habe kürzlich den japanischen Aktienmarkt ins Wanken gebracht und werde von ihren Kunden ständig wegen Tips und Trendvoraussagen befragt.

Ich hatte auch Nomura-san kennengelernt, die ihren Abschied von der Takarazuka-Revue genommen hatte und jetzt ein kleines Restaurant in der Nähe unserer Wohnung führte.

Nomura-san hatte einen trockenen Humor und war unnahbar, obwohl sie sich ihren Gästen gegenüber freundlich gab. Sie war so selbstbewußt wie all die *mama-san*, die ich in Osaka kennengelernt hatte. Ganz und gar nicht wie Suzuki-san mit ihrem ansteckenden und charmanten Mädchenlachen.

Wie die meisten Musiker sind auch die Mitglieder der Dancearies Nachtmenschen. Wenn sie um zehn Uhr morgens aufwachen, ist das früh. Als der Kapitän uns erst um die Mittagszeit abholte, waren sie darüber nicht unglücklich. Ich auch nicht. Für gewöhnlich schlich ich mich aus meinem Zimmer, frühstückte im Speiseraum mit Ichirō, dem einzigen Morgenmenschen der Truppe, und erkundete dann die Insel auf eigene Faust.

Manchmal sah ich während dieser frühmorgendlichen Spaziergänge Suzuki-san, die das Big Ben auf Vordermann brachte – die Treppe, den Gehweg, die Straße vor ihrer Snackbar kehrte und wischte. Eines Morgens steht sie auf einer Stehleiter und reinigt die Fenster mit einem Gummiwischer; dann schrubbt sie auf den Knien rutschend den Fußboden; die Tür ist geöffnet, um die Meeresbrise hereinzulassen. Jedesmal, wenn wir uns begegnen, unterbricht Suzuki-san ihre Arbeit, um sich mit mir zu unterhalten. Ist sie gerade mit einer Arbeit fertig, lädt sich mich zu einem Kaffee ein.

Suzuki-san spricht kein Wort Englisch. Ohne einen Übersetzer ist unser Gespräch auf meine Japanischkenntnisse beschränkt, die noch schlechter sind als bei meinen vorherigen Japanbesuchen. Ich verbringe viel Zeit damit, in meinem zweisprachigen Taschenwörterbuch herumzublättern und mir bei der Suche nach Synonymen, die in diesem kleinen Buch stehen könnten, den Kopf zu zerbrechen. Wir ergänzen unser bescheidenes Vokabular durch eine reichhaltige Gebärdensprache, übertriebene Mimik, theatralische Gesten, philosophisches Achselzucken und Lächeln.

Suzuki-san will wissen, woher ich komme. Als ich Chicago sage, macht sie »Rat-a-tat-tat«, das Geräusch eines Maschinengewehrs und gestikuliert wie ein Gangster. Das habe ich in Japan schon hundertmal gesehen. Sie entschuldigt sich, als ihr bewußt wird, daß sie meine Heimatstadt beleidigt hat.

Ich sage ihr, sie brauche sich keine Sorgen zu machen, ich sei überhaupt nicht beleidigt. Jeder meint, Chicago werde noch immer von Al Capone beherrscht. Ich frage, woher sie kommt.

»Kyushu«, sagt sie, im Südwesten Japans. »Auch ich bin hier eine *gaijin*.« Sie lächelt.

Ich war nie in Kyushu, aber ich würde es sehr gerne kennenlernen. Es sieht in den Reiseführern immer so verlokkend aus.

»Ist es auch«, meint sie gelassen. »Und warm. Nicht wie hier.«

Es ist kaum vorstellbar, daß Oki im Winter ungemütlich sein soll. Die ruhige Sommersee wird stürmisch. Manchmal ist das Meer so aufgewühlt, daß die Inseln wochenlang vom Mutterland abgeschnitten sind. Deshalb wurden auch vor einigen Jahrhunderten zwei Kaiser hierher ins Exil geschickt. *Okinoshima*: der Name bedeutet verborgene Inseln, abgetrennt, isoliert von der Gesellschaft. Die Inseln sind weit genug entfernt, um auf den touristischen Landkarten noch nicht verzeichnet zu sein. Sie sind relativ unterentwickelt geblieben. Und genau das finden wir an Oki verführerisch, aber wir kennen auch die andere Seite – die Armut, die junge Leute zwingt, Oki zu verlassen, um Arbeit auf dem Mutterland zu finden. Wir haben Geschichten darüber gehört, daß die Versorgungsschiffe in der stürmischen Jahreszeit nicht auslaufen können. Möglicherweise hat man dann eine Woche oder auch länger keinen Strom, ist von der Kommunikation mit der Außenwelt abgeschnitten, es kommt kein Nahrungsnachschub mehr, und bei einem medizinischen Notfall gibt es keine Chance, die Insel zu verlassen. Das Paradies hat seine Kehrseite.

»Was haben Sie für einen *toshi*?« erkundigt sich Suzuki-san. Ein *toshi* ist das Geburtszeichen, gemäß dem Zwölf-Jahres-Zyklus des ostasiatischen Tierkreises. Wenn man sein Zeichen sagt, sagt man im Grunde auch, wie alt man ist. Dies zu wissen ist auch deshalb wichtig, weil die Anrede im Japanischen vom Alter abhängt. Ich sage Suzuki-san, daß ich Ochse bin, *ushi*. Suzuki-san erwidert, sie sei ein Pferd, *uma*. Zwei störrische Weiber, scherzt sie. Sie ist fünf Jahre jünger als ich, zweiundreißig. Jetzt tritt sie in ihr *yakudoshi*, das »Pechjahr«, ein, traditionsgemäß das schlimmste Jahr im Leben einer Frau. Keine sagt dazu etwas. Wir erklären uns wechselseitig, wie jung die andere aussehe. Und dann versagt der Wortschatz. Oder ist es Höflichkeit? Ich befinde mich in der Zwickmühle, weil ich nicht weiß, wieviel man bei einem solchen Treffen offenbaren oder erfragen darf, ohne wie ein hoffnungsloser Trampel dazustehen.

»Kommen Sie doch wieder einmal zum Frühstück vorbei!« schlägt Suzuki-san vor.

Ich verbeuge mich rasch und gehe. Arbeit wartet auf sie.

Morgens ist es geruhsam auf Oki. Zwei Freundinnen, Becky, eine Amerikanerin, und Monique, eine Schweizerin, kommen auf die Insel. Bald gehen wir zu viert – Maryvonne, Becky, Monique und ich – beinahe jeden Tag ins Big Ben. Wir gehen vor dem Ansturm der Mittagsgäste, und Suzuki-san setzt sich jedesmal zu uns. Eines Tages mache ich ein Foto. Wir sehen aus wie Feiernde. Jeden Tag gehen wir ins Big Ben, um mit Suzuki-san und deren Tochter Ami-chan zu lachen und zu reden und zu scherzen.

Eines Tages ist alles verändert. Männer, die wir nie zuvor gesehen haben, stehen an der Bar. Suzuki-sans Bewegungen sind abgehackt und nervös. Sie grüßt uns flüchtig, ganz und gar nicht wie sonst. Sie bedient uns mechanisch, verwechselt die Bestellungen, behauptet, einige der Dinge, die wir haben wollen, gäbe es nicht. Falls wir etwas »Gekochtes« haben wollten, müßten wir zu einer anderen Zeit wiederkommen. Wir bestellen Sandwiches und kalte Getränke. Wir spüren, daß sie uns so bald wie möglich loswerden möchte, deshalb stürzen wir unser Essen runter. Sie räumt die Gläser ab, noch bevor wir ausgetrunken haben und händigt uns die Rechnung aus.

Der mittlere der drei Männer an der Bar kommandiert sie auf eine Weise, wie ich sie bisher nur im Fernsehen gesehen habe – mit der Stimme eines japanischen Macho-*yakuza* (Gangster), eintönig und kehlig. Die ganze Szene wirkt so sehr wie ein B-Movie, daß ich schon darauf achte, ob ihm nicht ein Finger fehlt; das sichere Zeichen dafür, daß ein *yakuza* seinem Boß gegenüber eine Schuld beglichen hat. Aber der Mann dreht uns den Rücken zu, und ich kann seine Hände nicht erkennen. Sein Haar ist kurzgeschnitten, Kennzeichen eines *yakuza.* Am meisten erschreckt mich aber das am Hinterkopf ausrasierte Wort B-E-N, das die Kopfhaut bloßlegt. Es ist eine schlechte Arbeit. Vielleicht war die Klinge stumpf. Schorf und Blutkrusten überziehen die kahlen Buchstaben. Er wirft mir ein paarmal einen Blick über die Schulter zu, dreht sich aber nie um, um uns direkt anzuschauen. Er ist häßlich, hat ein Wieselgesicht, schlechte Haut, braune Zähne.

Nachdem wir gegangen sind, unterhalten wir uns traurig über das Gesehene. Ich wußte, daß Snackbars von *yakuza* kontrolliert werden, die Alkohol, Zigaretten und machmal auch Prostituierte liefern. Doch irgendwie hatten wir alle gedacht, daß Suzuki-san hier auf dem fernen Oki eine Ausnahme sei. Der Gedanke, daß auch sie in einer Welt lebt, in der brutale Gewalt herrscht – eine Gewalt, die so lange erlaubt ist, wie sie sich innerhalb der Gruppe abspielt – gefällt uns nicht. Die Japaner tolerieren das organisierte Verbrechen, weil sie der Überzeugung sind, unorganisierte Verbrechen seien noch viel schlimmer.

Am späteren Nachmittag bringt uns der Kapitän mit seinem großen Fischkutter zu einem Strand, der wie das tropische Paradies in einem Reiseprospekt aussieht. Da die Tante des Kapitäns die andere Snackbar im Ort führt, frage ich ihn nach Suzuki-san, er aber möchte sich darüber nicht auslassen, nicht über Snackbars, nicht über Suzuki-san und ganz gewiß nicht über Gangster. Er weigert sich sogar, das Wort *yakuza* wahrzunehmen und grunzt, als verstehe er mich nicht, bis ich den Mann mit dem ausrasierten B-E-N auf dem Hinterkopf erwähne.

»*Goshujin.*« Er verwendet die höfliche Form der Ehrerbietung. »Ihr Ehemann.«

Ich bitte Maryvonne, noch einmal in ihrem ausgezeichneten Japanisch nachzuhaken, denn ich bin mir sicher, meine Frage nicht richtig formuliert zu haben. *Goshujin.* Ja, der Mann mit dem grindigen Schädel ist Suzuki-sans Ehemann.

»Wir müssen morgen wieder hin«, drängt Maryvonne. »Es wird dieser armen Frau sehr peinlich sein.«

Am nächsten Tag ist alles so, als wäre nichts passiert. Wir machen unsere albernen *gaijin*-auf-Urlaub-Witze, als wir bei Suzuki-san eintreten, und sie rollt wie immer mit den Augen, zieht uns ebenfalls auf und genießt die entspannte Atmosphäre. Wir lachen, bis wir nicht mehr können. Suzuki-san lacht mit uns. Ihre Tochter beobachtet uns mit großen Augen aus dem Tatami-Raum, der sich an das Café anschließt.

Ich weiß nicht mehr, wie ich herausbekam, daß die Tochter nicht das Kind des Mannes mit dem ausrasierten B-E-N auf dem Hinterkopf ist. Ich kenne keine weiteren Details aus Suzuki-sans Geschichte. Ob ich sie allein auf meinen Morgenwanderungen antraf oder später mit meinen anderen Freunden, nicht einmal im Traum hätte ich daran gedacht, sie nach ihrem Mann und ihrem Familienleben zu fragen. Unsere Freundschaft beruhte auf einer exzentrischen Liebe für Glaskugeln und dem Austausch einiger Fotografien. Wir waren zwei Fremde, die die unausprechliche Schönheit jener Glaskugeln entdeckt hatten, die von den Winterstürmen an die Küsten geschwemmt und von anderen im Unrat übersehen werden. Wann immer ich eine besonders schöne fand, brachte ich sie ins Big Ben und zeigte sie ihr.

Zwei ganz besondere Kugeln, die ich gleich nebeneinander am Strand von Mimiura finde, einem bezaubernden Meeresarm mit Felsküste, versetzen mich in große Aufregung. Hier ist es, wo ich endlich *shiosai* höre, den Klang der Wellen. Als ich darüber in einem Roman von Mishima las, konnte ich mir diesen Klang gar nicht vorstellen. Doch hier ist er. Der Klang entspricht nicht dem Geräusch sich brechender Wellen. Für die Japaner entsteht der Klang des Meeres aus dem, was der Welle folgt, dem prasselnden Geräusch des sich durch die Felsen am Strand zurückziehenden Wassers. Und zwischen den Felsen finde ich diese beiden tropfenden Glaskugeln, aneinandergeschmiegt wie das Yin-Yang-Zeichen und von perfekter Harmonie, die eine grün, die andere blau.

Ich zeige sie Suzuki-san und erzähle ihr vom *shiosai*. Endlich habe ich den Klang des Meeres vernommen. Sie nimmt die beiden Kugeln und hält sie in ihren Händen.

»Bitte nehmen Sie sie«, sage ich.

»Nein.« Sie gibt sie mir zurück. Sie bleibt hart. »Geben Sie mir andere. Diese sind etwas ganz Besonderes. Die müssen Sie jemandem schenken, den Sie lieben.«

Jemand, den ich liebe. Es ist, als hätte sie meine Einsamkeit und meinen Kummer, zu viele Todesfälle und das lange Leiden meiner Großmutter ausgelotet. Sie versteht, daß ich eine schmerzliche Zeit durchmache. Wo schließlich ist mein Ehemann? Warum wird soviel gelacht? Wir sprechen nichts dergleichen an, aber mir fällt auf, daß ihre Hände einen Augenblick länger als üblich in meinen verweilen. Wir schauen einander an. Am nächsten Tag bringe ich ihr zwei andere Glaskugeln, ausgesucht schöne. Eine erinnert an gesponnenes venezianisches Glas. Sie nimmt sie vorsichtig entgegen und verbeugt sich tief.

»*Tomodachi.*« Es ist beinahe ein Flüstern. Freundin.

»*Tomodachi.*« Ich erwidere ihr Lächeln. »*Bin-dama tomodachi*«, Glaskugelfreundinnen.

An meinem letzten Tag auf Oki kommen Suzuki-san und ihre Tochter mit dem Wagen zur *shukusha* hochgefahren. Ich sitze gerade auf der Treppe und befreie Schnorchel und Tauchermaske vom Sand. Niemals habe ich sie woanders als im Big Ben gesehen. Suzuki-san steigt aus und greift dann auf den Rücksitz des Wagens. Sie holt einen riesigen, glänzend grünen Glasball hervor, grün wie das Meer vor dem Sturm.

Sie präsentiert mir die Kugel, und ihre sanfte Tochter steht feierlich neben ihr. Dieser Augenblick ist wie ein Ritual. Keiner von uns möchte es durch Worte zerstören. Sie überreicht mir ihr Geschenk. Meine Arme umspannen es vollständig. Ich drücke die Glaskugel an mich. Ich presse mein Gesicht an ihre kühle Oberfläche. Ich merke, daß ich weine.

Suzuki-san und ihre Tochter verbeugen sich. Wie gern würde ich sie in den Arm nehmen, aber das würde zu große Nähe signalisieren. Außerdem habe ich die Hände voll.

Suzuki-san erklärt mir, daß diese Kugel auch in dem Lagerraum gewesen sei, zusammen mit der farblosen, die im Ben von der Decke hängt. Sie ist über hundert Jahre alt und wurde hier auf der Insel angefertigt. Und jetzt, wo Suzuki-san sie mir überreicht hat, werde ich sie nie vergessen. *Giri*, gegenseitige Verantwortung, jedes Geschenk verlangt nach einem Gegengeschenk, jedes Geschenk ist auch eine Last, eine Verantwortung, ein Band, das einen zurückbringt.

Ich weiß, ohne danach zu fragen, daß Suzuki-san sich nicht den anderen Dorfbewohnern anschließen wird, wenn diese uns im Hafen verabschieden. Als das Schiff ausläuft, werfen die Reisenden an Bord denjenigen Papierschlangen zu, die am Kai stehen und zum Abschied winken. Die bunten Bänder werden festgehalten, bis das Schiff sich zu weit entfernt ist, dann reißen sie und flattern übers Meer, bunt und traurig.

Ich nehme mein bestes Japanisch zusammen, um Suzuki-san zu danken. Ich wünschte, ich könnte den Tränen Einhalt gebieten, aber es gelingt mir nicht. Sie verbeugt sich. Ich verbeuge mich. Sie verbeugt sich noch tiefer. Ich verbeuge mich so tief, wie ich das mit einer riesigen Glaskugel im Arm kann. Sie verbeugt sich noch einmal und wendet sich dann ab. Am Boden sind dunkle Flecken. Am Wagen dreht sie sich um. Wir schauen einander lange Zeit nach.

»Sie ist weg«, sagt Maryvonne am ersten Tag meines vierten Aufenthalts in Japan im November 1990, drei Jahre nachdem ich Oki verlassen hatte. Wir trinken Tee. Ich habe noch nicht einmal meinen Koffer ausgepackt. »Ich wollte dir das nicht am Telefon sagen«, erklärt sie.

»Suzuki-san ist *weg*? Was soll das heißen?«

Maryvonne erzählt mir, sie sei erschrocken gewesen, Suzuki-san nicht mehr anzutreffen, als sie bei ihrem letzten Besuch auf Oki mit den Danceries in das Big Ben gegangen sei. Die Snackbar sah noch genauso aus – die Poster von Balmoral und Buckingham Palace, die Uhrensammlung mit der Uhr, die ich ihr von England aus als »Erwiderungsgeschenk« geschickt hatte, selbst die wunderschöne Kristallkugel, die von der Decke hing. Eine dünne, humorlose alte Frau habe hinter dem schmalen Tresen gearbeitet. Sie behauptete, nie von Suzuki-san gehört zu haben. Als Maryvonne sie fragte, wie lange sie schon hier arbeite, verweigerte sie die Antwort. Sie wollte keine Fragen mehr beantworten und machte deutlich, daß die Danceries hier nicht willkommen seien.

»Wohin könnte Suzuki-san gegangen sein?« fragte ich.

»Keiner weiß etwas – oder will etwas sagen. Einer unserer Freunde hat schließlich gesagt, wir sollten mit dem Fragen aufhören.«

Nach einer Pause fügt Maryvonne auf japanisch hinzu: »*Shikataganai*«, eine Phrase, die Resignation und Fügung ins Unerklärliche ausdrückt – man kann es nicht ändern.

»Was glaubst du denn, könnte ihr passiert sein?« frage ich mich laut.

Maryvonne gibt keine Antwort.

Wir lassen das Schweigen im Raum stehen.

Maryvonne nimmt eine der kleinen Glaskugeln, die ich ihr während unseres gemeinsamen Sommers auf Oki geschenkt hatte.

»Man sieht sie sich an«, sagt sie ruhig, »und weiß, daß Glas eigentlich flüssig ist.«

Sie hält sie hoch und läßt das Licht innen spielen.

»Ich muß dabei immer an das Meer denken«, ist alles, was ich hinzufügen kann.

Wir schmecken fast die salzige Luft.

11 Der Tatami-Raum in Cedar Grove

Nie hatte ich mehr Sehnsucht nach Japan als bei meinem ersten Parisbesuch. Es war im Januar 1989, zwischen unserer dritten und vierten Japanreise, und wir waren ausgelaugt von der ständigen Suche nach einer neuen Anstellung, dem Versuch, das Für und Wider der einen Universität gegen das der anderen abzuwägen, einen Landesteil mit dem anderen zu vergleichen.

»Wie wär's mit Paris?« schlug Ted eines trüben Winternachmittags vor.

Er schob mir einen Reiseprospekt mit der Fotografie von Notre Dame zu, die in das rosige Licht der untergehenden Sonne getaucht war. »Schau dir diese Winterpreise an! Dafür könnten wir nicht einmal nach Chicago fliegen!« fügte er hinzu.

Wir schlossen einen Pakt. Wir würden für eine Woche nach Paris fahren und einmal nicht über unsere Jobs reden. Es sollte eine ganz sorglose Woche in einer der romantischsten Städte der Welt werden.

Ted und ich gehen zusammen die Rue St. Sébastien Froissart entlang. Heute ist es kalt und regnerisch, und auf dem Gehweg drängeln sich die japanischen Touristen. Wir müssen uns ständig ducken, um dem Angriff ihrer Regenschirme zu entgehen, den Spitzen, die genau in unsere Augenhöhe ragen.

»Das ist ja wie in Japan«, sage ich zu Ted, weil mir wieder einfällt, wie unbequem es ist, in einem Regenschauer einen Kopf größer als die übrigen Passanten zu sein.

Wir besuchen eines dieser französischen Cafés, die von einer Postkarte stammen könnten und hoffen, nach einem Kaffee wieder munterer zu sein.

Der Fuji im Rundfenster

Der Ober macht eine verschwörerische Geste. Wir brauchen einen Augenblick, um zu verstehen, warum. Im Restaurant sind alle Gäste außer uns Japaner. Ihre Schirme sind ordentlich zusammengefaltet und am Eingang abgestellt, die Griffe weisen alle in die gleiche Richtung. Die Garderobe ist zu klein für die vielen Mäntel, deshalb liegen einige zu ordentlichen quadratischen Bündeln gefaltet auf den freien Stühlen. Prallgefüllte Einkaufstüten aus den Designerläden stehen in Zweierreihen wie Soldaten an der Wand. Obwohl das Café voll ist, sind diese Japaner so leise, daß man sie kaum wahrnimmt. Sie reden und lachen flüsternd, ihre Gesten sind rationell und beherrscht. Es ist eine gemischte Gruppe, Männer und Frauen, alle etwa gleich alt und anscheinend aus derselben Gesellschaftsschicht. Wahrscheinlich gehören sie zu einer Reisegruppe.

»Sie werden sehen«, vertraut uns der Ober auf englisch an, »sie werden alle das gleiche bestellen.«

Als einer nach dem anderen einen Café au lait und ein Croissant ordert, kann der Ober seine Heiterkeit kaum verbergen.

»Hat er denn recht?« will Ted wissen. »Sind sie sich wirklich alle gleich?«

Die Frage schwebt im Raum. Sie? Wir? Hier? Dort? Seit wir hierhergekommen sind, verfolgt uns das Gefühl, daß die japanischen Touristen überall sind, alles und jedes für teure Dollars kaufen und die Preise in die Höhe treiben. Wir haben Westler sagen hören, die Japaner sähen sich alle gleich – kameraschleppende Touristen im Rudel –, ein absurdes und rassistisches Stereotyp. Doch zum erstenmal seit unseren Japanaufenthalten ertappen wir uns dabei, die Japaner so zu sehen, wie sie von den meisten Europäern gesehen werden: in ihren Reaktionen vorhersagbar, ansonsten jedoch unerklärlich und uniform.

Ted und ich unterhalten uns mit gedämpfter Stimme.

Macht es denn etwas aus, daß sie alle einen Café au lait und ein Croissant möchten? Nein, das nicht, aber es bestätigt ein Vorurteil. Und das ärgert uns. Wir sehen sie als Fremde, als *gaijin*.

Der Ober kommt, um unsere Bestellung aufzunehmen.

»Café au lait und ein Croissant«, sagt Ted mit schneidender Stimme.

»Für mich dasselbe.«

Der Ober achtet gar nicht darauf.

Als wir in Japan lebten, war uns das westliche Stereotyp von der fernöstlichen Uniformität unbegreiflich. Wenn ich in meinem Klassenzimmer an der Kansai Women's University die Reihen meiner hundert Studentinnen durchging, die alle im gleichen Alter waren und alle aus Familien der oberen Mittelklasse stammten, war ich mir der unendlichen Vielfalt in den Gesichtern und ihrer individuellen Persönlichkeiten deutlich bewußt. Oberflächliche Ähnlichkeiten – wie Haar- und Augenfarbe – erwiesen sich als völlig verschieden. Während eines Examens flutete einmal das Sonnenlicht aus den Oberlichtern auf die Köpfe meiner Studentinnen und ich staunte über die verschiedenen Schattierungen von Schwarz.

Eines Tages fragte uns mein Freund Toshi, ob es wirklich stimme, daß Japaner für die Menschen aus dem Westen alle gleich aussähen. Ich gab zu, daß einige Westler in der Tat so dächten.

»Gut, da bin ich aber froh«, meinte er nachdenklich.

»Warum?«

»Weil ich genauso empfand, als ich nach Kalifornien kam, um Sallys Familie zu treffen. Alle Amerikaner sahen für mich gleich aus.«

Er erklärte, für ihn sei Amerika äußerst verwirrend gewesen. Es gäbe so *viele* Möglichkeiten, so ein breites Spektrum an Größen, Farbschattierungen der Haut, der Haare, der

Augen, daß er anfangs, als er versucht habe, die Leute zuzuordnen, nur Fehler gemacht habe. Er gestand uns, daß er – direkt nach seiner Ankunft, während er noch aufs Gepäck wartete – zweimal mit einer großen Blonden gesprochen habe, die er für die Schwester seiner Frau hielt –, und beide Male habe er verlegen feststellen müssen, daß er mit irgendeiner großen, blonden Fremden schwatzte, die gerade zufällig in der Nähe stand.

Nachdem wir das Café verlassen haben, verbringen wir einen wunderschönen Nachmittag im Musée d'Orsay. Während wir in die Betrachtung der Kunstwerke versunken sind, klatscht der Regen gegen die gläsernen Oberlichter dieses schönen Bahnhofsgebäudes aus dem neunzehnten Jahrhundert, das jetzt ein Museum ist. Es ist fast Rush-hour, als wir uns wieder in unsere Trenchcoats knöpfen, die Kragen hochschlagen und unsere Schirme aufspannen.

Als wir die Straße entlang zur Metrostation laufen, fällt mir eine junge Frau auf, die etwa zehn Meter vor uns geht. Ihre Kleidung entspricht dem, was ich »äußerst japanisch« nenne. Ihr umwerfendes schulterlanges Haar breitet sich fächerartig über ein reinweißes Wollkostüm aus, das sie unter einem fantastischen Regenmantel trägt, der bis auf schwarze Streifen um Saum, Kragen und Manschetten durchsichtig ist. Sie trägt weiße Stöckelschuhe und balanciert ein weißes Barett asymmetrisch auf dem Kopf. Mit behandschuhten Händen hält sie den Griff ihres Regenschirms umklammert, der ihr bei diesem Sturm wegzufliegen droht: ein schwarzer Regenschirm mit Goldspeichen. Vor dem grauen Himmel von Paris sieht sie aus wie ein Gemälde.

»Komm weiter«, sagt Ted, »wir haben Grün.«

Wir stürzen uns auf die Straße, wobei wir die Augen auf den Boden heften, um den größten Pfützen ausweichen zu können, und laufen dabei in die Leute hinein, die direkt vor uns gingen, jetzt aber stehengeblieben sind. Dann sehe ich die Japanerin in ihrem weißen Kostüm; schmutzbespritzt und der Länge nach liegt sie auf dem Zebrastreifen. Offensichtlich ist sie gestürzt, und ich fürchte, sie könnte verletzt sein. Sie wirkt benommen und hilflos, ausgesprochen wehrlos. Ihre distanzierte Eleganz ist dahin und sie scheint den hupenden Autos, den ausgestreckten Armen von Fremden, den laut und auf französisch gerufenen Anweisungen ganz ausgeliefert zu sein.

»*Sumimasen*« (Entschuldigen Sie), spreche ich sie an, überrascht vom Zittern in meiner Stimme. »*Daijōbu?*« (Wie geht es Ihnen?)

Die Frau klammert sich an die vertrauten Worte. Sie setzt sich auf.

Ted und ein eifriger Franzose aus der Menge helfen ihr auf die Beine und bringen sie sicher auf die andere Straßenseite. Ich gehe hinter ihnen her, halte die Tasche der Fremden und beobachte, wie sie die ersten paar Schritte hinkt, sich dann aber wieder ganz gerade hält.

Mir fallen ihre Zerbrechlichkeit und ihre Contenance auf, als sei es – wie bei einer Teezeremonie – möglich, die Welt mit perfekten Gesten wieder ins Lot zu bringen; in gleichem Maße spüre ich aber auch die große Hilflosigkeit, wenn diese Gesten wegfallen. Ich habe das selbst mehr als einmal erfahren, am Morgen vor einer großen Konferenz oder wenn ich einen Vortrag zu halten hatte; dann stand ich vor dem Spiegel, malte mir sorgfältig die Lippen an und umrandete jedes meiner Augen mit einem rauchgrauen Kreis – wie eine Festung.

»*Daijōbu*«, sagt sie mit sanfter Stimme, als wir uns aus dem Verkehr gerettet haben. Sie gibt ihrer Stimme Festigkeit. Sie beantwortet meine vorherige Frage: Mir geht es gut. »*Hazukashii*«, fügt sie dann rasch hinzu und senkt ihren Blick.

Sie verbeugt sich tief, entschuldigt sich bei uns, was auf japanisch Dank für unsere Hilfe bedeutet. Als sie das Wrack, das sie nun ist, in Augenschein nimmt, scheint sie den Tränen nahe. Dann sieht sie mich an. Im strömenden Regen, an einer verkehrsreichen Straßenkreuzung in Paris, sehe ich, wie ihr Gesicht weich wird. Ich stehe kurz davor, selbst loszuheulen.

»*Gambatte kudasai*!« (Viel Glück!) dränge ich sie. Sie schaffen es! Versuchen Sie's!

Sie kichert und bedeckt ihren Mund mit der Hand, die in ihrer Kultur übliche Geste der Verlegenheit, doch auch ein Zeichen, daß es ihr wieder gutgeht.

»*Gambatte kudasai*!« sagt sie zu mir.

Ich gebe ihr die Tasche zurück. Ihr Körper springt wieder an. Forsch reibt sie an den Flecken ihres weißen Wollkostüms. Sie glättet ihr Haar, schubst das Barett in seinen ursprünglichen Winkel zurück. Sie klemmt sich die Tasche unter den Arm und greift nach ihrem Schirm, weibliche Gesten, die ich tausendmal gesehen habe, egal in welchem Land. Gleichzeitig verbeugen wir uns und sagen uns auf Wiedersehen.

»Wohin gehen wir?« frage ich Ted, als er mich durch eine der betriebsamsten und teuersten Einkaufsstraßen von Paris führt, in deren Geschäften sich die japanischen Touristen drängeln.

»Komm schon!« weicht er meiner Frage aus.

Wir biegen von der Hauptstraße ab, gehen ein paar Häuserblocks weit und bleiben dann vor einem kleinen Laden in einer winkligen Straße mit Kopfsteinpflaster stehen.

»*Sakura?*« frage ich, als ich an der Tür das *kanji* für »Kirschblüte« wiedererkenne.

Ted hat diesen Ort auf einem seiner Spaziergänge entdeckt. Es ist die Pariser Niederlassung eines bekannten Teeladens aus Kyoto. Noch ehe wir ihn betreten, habe ich den Geruch in der Nase.

Ich atme das durchdringende Aroma von *matcha*, dem starken, dunkelgrünen Tee der *chanoyu* (Teezeremonie). Zum erstenmal seit ich in Paris bin, läßt die Spannung in meinen Schultern nach.

Wie gut kann ich die englische Matrone, die im Dschungel auf ihrem silbernen Teeservice beharrt, verstehen. Sie ist nicht nur eine imperialistische Britin, die sich ohne die Annehmlichkeiten ihrer Klasse auf komische Weise verloren fühlt. Sie ist eine Reisende wie jede andere Reisende auch, die der Verführung des Vertrauten erliegt, wenn sie sich in weiter Ferne fühlt. Ich muß über mich lächeln, daß es Sakura – und nicht McDonald's – ist, was mein Heimweh zu stillen vermag. Es liegt etwas äußerst Tröstliches darin, Glanz und Glitzer der Rue du Faubourg St. Honoré zugunsten des Friedens – des *Vorhersehbaren* – zurückzulassen, für den Minimalismus dieses japanischen Teeraums aus altem Holz und Stein.

Außer der französischen Bedienung und uns sind die Gäste von Sakura alle Japaner, Japaner so still wie ein Zen-Garten in Kyoto. Die hastenden Touristen mit ihren Nikons und ihren Einkaufstüten verändern sich beim Betreten dieses leisen Raums schlagartig. Heimatliche Gefilde. Haltungen verändern sich, Schritte werden langsamer, aus Geschäftigkeit wird Gemurmel. Die Geräusche im Teeraum sind gedämpft und reduziert: das geflüsterte Zischen des Japanischen (eine an Zischlauten reiche Sprache, von größerem Wohlklang, als die Karikaturen des Zweiten Weltkriegs dies eingestanden) und das ein wenig lautere Schlürfen des schaumigen grünen Tees aus den mit beiden Händen gehaltenen Keramikschalen.

»*Itadakimasu*« sagen Ted und ich, als wir uns voreinander verbeugen, die rituelle Begrüßung, ehe man ißt oder trinkt.

Wie die anderen Gäste des Sakura heben und drehen wir die Teeschalen und nehmen Schönheit und Form des Geschirrs mit der gleichen Sinnlichkeit wahr, mit der ein Franzose das Bouquet eines erlesenen Cognacs genießt. Wir drehen unsere Schalen mit der rechten Hand im Uhrzeigersinn und trinken, wenn die schönste Seite von uns abgekehrt ist. Mit einem winzigen Zweiglein, das an einem Ende sauber entrindet ist, stechen wir in das köstliche *nama-gashi*, die traditionelle Süßigkeit aus Bohnen-*azuki*. Meine ist weiß und wie eine Kamelienblüte geformt. Ted löst mit seiner Zweiggabel ein kleines Stück von einem stilisierten Ahornblatt.

»Ich hätte nichts dagegen *hier* zu leben«, flüstere ich ihm zu. Es ist das erste Mal, daß einer von uns gegen die Vereinbarung verstößt, die zu Hause anstehenden Entscheidungen zu erwähnen.

»Können wir ja vielleicht auch«, antwortet er.

Lange Zeit spricht keiner von uns. Wir schlürfen den grünen Tee. Frankreich gefällt uns immer besser.

Die Leute lachen, wenn wir ihnen erklären, daß wir ins ländliche North Carolina gezogen sind, weil wir nicht auf Dauer in Japan leben können – doch ziemlich genauso hat es sich zugetragen. Während wir in einem japanischen Teeraum in der Nähe der Rue Faubourg St. Honoré saßen, ertappten wir uns dabei, wie wir über die verschiedenen Jobs nachdachten, die man uns angeboten hatte, und wir wußten plötzlich, daß wir die Stellen an der Duke University annehmen wollten. Diese liegt im üppigen Grün der Landschaft Carolinas, die uns an das ländliche Japan erinnert. Da wir in den mehr als zwanzig Jahren unserer Ehe nie ein eigenes Haus besaßen, würden wir ganz von vorne anfangen müssen. Doch die Grundstückspreise waren so günstig, daß wir davon träumten, uns ein kleines Haus zu bauen, und es könnte ein japanisches sein. Wenn Sukura mitten in Paris existieren konnte, warum nicht auch ein Teehaus im ländlichen Süden von North Carolina?

Als wir untergehakt über das regennasse Kopfsteinpflaster liefen, tasteten wir uns an dieses Thema heran. Auf unserem Flug zurück nach Amerika redeten wir offen darüber. Zwei Wochen später waren wir in North Carolina und schauten, was möglich war. Wir gingen zu einer Maklerin und erzählten ihr, daß wir gerne an einem See wohnen würden. Sie sagte, sie habe da 20000 Quadratmeter Laubwald an einem See draußen auf dem Land.

Wir besuchten Dail Dixon, einen ausgezeichneten Architekten vor Ort, dessen Arbeit wir immer schon bewundert hatten. Dail war nie in Japan gewesen, aber er verstand sich auf Schlichtheit, auf die Plazierung eines Hauses im Einklang mit der Natur. Er zeigte uns Fotos von einem wunderbaren japanischen Haus, das er für ein Paar entworfen hatte, das bei der Armee in Ostasien stationiert gewesen war. Er hatte auch ein umwerfend schönes Haus für arabische Gelehrte konstruiert und dabei ihrer Sehnsucht nach Marokko Rechnung getragen. Dail fuhr mit uns zum Grundstück. Wir bogen erst in eine kleine Straße ein, dann in eine andere, dann ging es über Schotterwege bis zu einem Stück Land, das so dicht mit Bäumen und Büschen bewachsen war, daß wir selbst im Winter kaum den See sehen würden, der nur ein paar Meter weit weg war.

Dail preschte voraus durchs Gebüsch. »Schauen Sie! Eine Schlucht!« rief er. Wir folgten dem Klang seiner Stimme und stießen an einer Felsspalte, die diagonal durch unser Grundstück lief, wieder zu ihm. Sie war von Wurmfarn überwuchert. Hier fiel das Licht schräg und dämmrig ein, beleuchtete einen Baumstumpf, der an die hundert Jahre alt sein mochte und an einen Druiden erinnerte. Ahornschößlinge reckten sich auf ihm empor. Er erinnerte mich an den Baum des Lebens in Kudakajima.

»Das Haus würde ich hier hinstellen.« Dail wies mit seinem Arm an den Rand der Schlucht, als könne er es schon dort sehen: ein kleines Haus mit Blick auf den See.

Wir stiegen den steilen Abhang hinunter, krochen unter einem Zelt aus Buchen und Hickorybäumen hindurch, räumten Äste aus dem Weg, bis wir wieder ans Tageslicht, ans Seeufer kamen. Es war eine stille Bucht, von Weiden gesäumt. Ein verwachsener Baum mit roten Knospen neigte sich übers Wasser.

»Das könnte aus einem Holzschnitt sein«, rief Ted.

Auf unserem Weg zurück in die Stadt spann ich meine Idee von einem japanischen Haus weiter. Ich sagte, ich wolle die Vorderseite des Hauses ziemlich geschlossen halten, doch mit kleinen Fenstern, die auf die Treppe gerichtet waren, wie ich es einmal bei einem Haus auf dem Land in der Nähe von Shiga, unserem liebsten Töpferdorf, gesehen hatte. Ich beschrieb, wie jedes kleine Fenster in jenem Haus einen Aspekt der Natur rahmte – ein Stück Baumrinde oder die Triebe vom Hartriegel –, so daß man, wenn man die Treppe hinunterging, die Natur nicht als eine große, unpersönliche Kraft erfuhr, sondern als etwas Intimes, Menschliches, Kunstvolles, Gerahmtes. Und wir wußten, daß wir einen Tatami-Raum haben wollten.

»Moment! Moment!« Dail lachte. »Nicht so stürmisch. Was ich von Ihnen gerne hätte, sind Fotografien aller japanischen Dinge, Ihre Kunstgegenstände, Ihre Möbel. Und da Sie beide Schriftsteller sind, beschreiben Sie mir doch bitte, wie ein japanisches Haus für Sie aussehen soll.«

»Eigentlich möchte ich gar nicht, daß es wie ein japanisches Haus *aussieht*«, sagte ich. »Ich möchte, daß man sich darin wie in einem japanischen Haus *fühlt*.«

»Das ist viel schwerer«, sagte er lächelnd.

Wir wußten, daß wir unseren Mann gefunden hatten.

Noch an diesem Morgen, ehe wir heimflogen, kauften wir

das Land, beauftragten Dail, das Haus zu entwerfen, und hielten beim Büro des Dekans an, um unsere Arbeitsverträge zu unterzeichnen.

»Darf ich Ihnen eine persönliche Frage stellen?« erkundigte sich die Maklerin, als sie uns zum Flughafen fuhr. »Wie lange haben Sie sich gekannt, bevor Sie heirateten?«

Als wir ihr erzählten, daß wir uns damals gerade erst zehn Tage kannten, lächelte sie. »Das habe ich mir gedacht.«

Von Anfang an wußten wir, daß der Bau eines »japanischen« Hauses in Amerika der Realisierung eines Hirngespinsts vom japanischen Leben gleichkam. Es bedeutete, unserer »Interpretation« des Japanisch-Seins eine feste, sichtbare Form zu geben. Keine leichte Aufgabe. Damals hatten wir nur wenig praktisches Wissen über die japanische Architektur, und schon gar keine persönliche Erfahrung. Unsere Zwei-Zimmer-Küche-Bad-Wohnung in einem Betonhaus in Nigawa konnte man kaum als traditionelle japanische Architektur bezeichnen. Die Erfahrung, die wir gemacht hatten, als wir in Japan lebten, war die, daß die schlichte Ästhetik der in Architektur-Bildbänden dargestellten Häuser – wie so viele unserer romantischen Vorstellungen über Japan – eher einem Ideal als der Alltagsrealität entsprachen. Die von uns besuchten japanischen Wohnungen waren auf ganz typische Weise mit einer Kombination aus japanischen und westlichen Einrichtungsgegenständen vollgestopft und dem ganzen Drumherum, das Familien so brauchen, die auf engstem Raum zusammenleben.

Doch das Durcheinander des Alltagslebens bedeutet nicht notwendigerweise, daß die Japaner ihre vielgepriesene Wertschätzung des Minimalen verloren haben. Die japanische Kultur zeichnet sich durch konkretes Design aus – eine Andeutung steht für das Eigentliche, ein Teil fürs Ganze. Ein wohlplazierter Stein in einem winzigen Garten wird zum

Berg, ein kleiner verkrüppelter Bonsaibaum kann zum alten Wald werden, und der Tatami-Raum repräsentiert einen Bereich der Stille. Ist der Futon zusammengelegt, bleiben nur noch goldene Matten, ein frischer Duft nach Stroh, der an eine andere, ländliche Zeit erinnert, ehe ein *tsubo* Land (der Fläche von zwei Tatami-Matten entsprechend) für Millionen und Abermillionen Yen verkauft wurde.

Ich bin mir sicher, daß in Tatami-Räumen genauso schreckliche Dinge wie anderswo passieren – Streitereien, Betrügereien, Grausamkeit im Kleinen. Doch ich lasse mir mein blindes Vertrauen auf die Gesundheit von Stroh nicht nehmen. In Tatami-Räumen wird die Zeit langsamer. Die Menschen dämpfen ihre Stimme. Selbst Betrunkene auf Parties schaffen es, von der Matte zu kriechen, ehe sie sich übergeben. Läßt sich ein Tatami-Raum nach Cedar Grove, North Carolina verpflanzen?

Wir sind uns nicht sicher. Doch Ted und ich sprechen darüber, und gemeinsam unterhalten wir uns mit Dail. Mit der Schlucht im Osten und dem See im Westen haben wir die perfekte Lage, um die Spiegelungen der untergehenden Sonne einzufangen, und ein Teeraum wäre ein hervorragender Ort um abzuschalten. Für Besucher wäre es ein interessantes Gästezimmer, und für uns, wenn wir Heimweh nach Japan empfinden, gelegentlich ein Schlafzimmer. Wir mögen auch den Insider-Scherz: japanische Tempel, Häuser, Heilbäder und Erholungsorte sind idealerweise in Zedernhainen [Cedar Groves] angesiedelt. Unserer ist zufällig in Dixieland.

Sobald wir uns dazu entschlossen haben, das Haus zu bauen, kehren alte Träume wie vergessene Freunde zurück. Moosgärten, Räume mit Strohmatten, Holzbrücken, die sich im Mondlicht biegen, Papierlaternen, in denen ein Feuer glimmt. Doch uns wird auch bewußt, daß der Bau dieses japanischen Hauses ein solider materieller Beweis unserer Entscheidung ist, nicht auf Dauer in Japan zu leben. Der Tatami-Raum in Cedar Grove ist zum Teil Würdigung und zum Teil Verweigerung. Wie die meisten Formen der Nostalgie ist er eine Hommage an einen Ort, den wir nie richtig kennenlernten.

Zwei Raucher vor dem durch Nebelbänke verdeckten Fuji

12 Fest der Toten

In der heißesten und feuchtesten Zeit des Sommers, Mitte August, bleibt für drei Tage die Zeit stehen, wenn Japan *obon*, das buddhistische Totenfest, begeht. Die Rituale sind von Ort zu Ort unterschiedlich, doch überall findet eine Vereinigung der Lebenden mit den Verstorbenen statt. Da die oder der Tote treu in das Geburtsdorf zurückkehrt, müssen auch die Lebenden dorthin zurück. Wegen *obon* ist das ganze Land in Bewegung. Züge und Flugzeuge sind vollkommen ausgebucht. Knallbunte Laternen blitzen und wirbeln und leiten die Geister der Verstorbenen nach Hause.

Und dann herrscht Ruhe. Familien sitzen in der Runde zusammen, der oder die Tote bekommt den Ehrenplatz. Man schwatzt friedlich, die Lebenden unter den Toten. Eine Freundin erzählt, wie überrascht sie war, als ihre Mutter ihre Einsamkeit zugab und über die Sehnsucht nach dem Geist des verstorbenen Ehemannes sprach. Wäre er noch am Leben, hätte die Mutter nie so frei gesprochen, und ganz gewiß nicht in Gegenwart ihrer Kinder. Eine andere Bekannte berichtet scherzhaft, daß ihr Schwiegervater seine verstorbene Ehefrau über den Zustand seiner falschen Zähne auf dem laufenden hält – passend oder nicht passend, verloren oder wiedergefunden. Eine Studentin gesteht mir, daß ihre Familie sich an *obon* wegen ihres Verhaltens bei den Vorfahren Ratschläge einholt. Die Vorfahren sind dagegen, daß sie weiterhin mit ihrem Freund auf dem Motorrad fährt. Sie hat versprochen, es nicht mehr zu tun.

»Es ist viel schlimmer, gegen seine Vorfahren ungehorsam zu sein als gegen seine Eltern«, bemerkt sie ganz niedergeschlagen.

Obon ist auch dazu da, Unerledigtes abzuschließen, Bande zu erneuern. Das Fest dient der Heilung und der Erinnerung.

Es ist fester Bestandteil eines alljährlichen Totengedenkens, das auf alten und geheimnisvollen Traditionen beruht. Während des ganzen *obon* werden ständig Gebete gesprochen; man bringt die Gräber in Ordnung und schmückt sie mit frischen Blumen. Es gibt rituelle Speisen, jede mit einer symbolischen Bedeutung. Am letzten Tag von *obon* werden die Geister der Toten durch einen von einer Aubergine symbolisierten Bullen und einem weißen Melonenpferd zurück nach *meido*, der himmlischen Welt der Dunkelheit, gebracht.

An einem so fernen Ort wie Oki ist *obon* besonders bedeutsam. An *obon* kommen all diejenigen zurück, die weggegangen sind, um sich ihren Lebensunterhalt auf dem Mutterland zu verdienen, und feiern mit ihren Familien und den Vorfahren. Zusätzliche Fähren werden eingesetzt, um sie nach Hause zu bringen. Und alle zusammen feiern sie *sharabune*, eins der schönsten *obon*-Feste in Japan. *Sharabune* bedeutet »Geisterboot«. Jedes Dorf auf den Okinoshima-Inseln baut während des Sommers ein Strohboot, das groß genug ist, um Schachteln mit Nahrung und anderen Geschenken aufzunehmen, die jenen Tröstung bringen, die nur das Meer zum Grab haben.

Bereits Wochen vor *obon* fertigt jede Gemeinde ihr eigenes großes Modell eines Segelschiffs an. Die Boote werden meist aus geflochtenem und zusammengebundenem Reisstroh gebaut. An die hölzernen Masten und die Bindfaden-Takelage werden Hunderte bunter Bändchen gebunden, die alle mit einem Gebet, einem Wunsch, einer Botschaft für jemanden in der Geisterwelt beschrieben sind. Am letzten Tag von *obon* werden die Schiffe zu einem zentralen Hafen gebracht; dort läßt man sie vom Stapel. Die ältesten Gemeindemitglieder kommen in der Morgendämmerung, um am Ufer zu singen. Sie knien in ihren dunklen Gewändern auf Strohmatten und singen einstimmig mit einem buddhistischen Priester. Die Morgenluft verdichtet sich mit Weihrauch, und der monotone Gesang alter Sutren ist so einlullend und tiefgründig wie das Meer.

Nachdem die Boote mit den Essensschachteln für das Jenseits beladen sind, steigen die Jungen und Mädchen, die gerade die Pubertät erreicht haben, feierlich hinein. Sie tragen Gewänder in allen Schattierungen von Zinnoberrot, der typischen Farbe der *torii*-Tore am Eingang zu einem Shintoschrein, der Farbe der Freude und des Willkommens, der Farbe der aufgehenden Sonne. Fischkutter schleppen die Strohschiffe weit hinaus aufs Meer, bis man sie von der Küste aus nicht mehr sehen kann, und dann bringen die Fischer die Kinder in Sicherheit und überlassen die für das Zeremoniell gemachten Boote ihrem Schicksal. Wenn das Stroh Wasser aufsaugt, versinken die Boote langsam im Meer. Die Geister kehren nach *meido* zurück, und die Kinder sind in eine Welt der Geheimnisse und des Todes eingeführt, in die Welt der Erwachsenen.

Doch so ernst dieses Initiationsritual ist, so lustig ist es auch. Was vom Hafen aus so feierlich wirkt, nimmt bei näherem Hinschauen karnevalistische Züge an. Fischer in ihren Trawlern kommen nah an die Strohboote der Kinder heran und werfen ihnen Süßigkeiten, Früchte und Geschenke zu. Teenager in Motorbooten rasen lachend und spottend auf die Kinder in ihren Booten zu und bespritzen sie mit Gischt und bewerfen sie mit eiskalten Limodosen. Alle bemühen sich, den Tag für die Kinder festlich zu gestalten. Ein wenig traurig verlassen diese die für *meido* bestimmten Boote und kehren in das japanische Alltagsleben zurück.

An diesem Abend erfreuen sich alle am *bon odori*, dem zeremoniellen Abschlußtanz. Die Geister sind aus der buddhistischen Hölle befreit worden; die Jugend hat ein Übergangsritual vollzogen; die Dorfbewohner tanzen und trinken und lachen mit Freunden und Verwandten, die den größten Teil des Jahres andernorts, weit weg verbringen.

Drei Jahre, nachdem ich Japan verlassen hatte und während meines ersten Jahres an der Duke University in North Carolina, wurde ich 1990 zu einer Konferenz nach Tokyo eingeladen. Die Konferenz war für den Sommer anberaumt, die Jahreszeit, die ich in Japan am wenigsten mag. Die Hitze und die Feuchtigkeit sind besonders in den Städten zum Ersticken. Aber nicht auf Oki. Ich rief Maryvonne an, weil ich wissen wollte, ob die Danceries wieder nach Oki gehen würden und ob es möglich sei, mich ihnen anzuschließen, nachdem ich meinen Vortrag gehalten hatte. Sie wollten Mitte Juli aufbrechen und bis nach *obon* bleiben. Damals wußten wir noch nicht, daß Suzuki-san nicht mehr da war, und deshalb planten Maryvonne und ich sofort ein »Glaskugel-Treffen«, das unter der glänzenden Kristallkugel stattfinden sollte, die im Big Ben von der Decke hing. Sie rief die Freunde an, die auf Oki das *shukusha* betrieben und reservierte ein Zimmer für mich.

»Das geht in Ordnung!« sagte der Manager. »Und wir haben für Cathy-san auch eine Überraschung. Bitte sagen Sie ihr, daß wir noch eine dieser großen Glaskugeln gefunden haben. Wir heben sie auf, bis sie wiederkommt.«

Was Maryvonne und meine Freunde auf Oki nicht wußten, war, daß auch ich eine Überraschung in petto hatte. Meine vergangenen Besuche waren meist von Pantomime und Sprachführer beherrscht gewesen sowie durch gelegentliche Einwürfe unkonventioneller, schillernder, aber nicht sehr nützlicher japanischer Ausdrücke. Diesmal würde ich fließend sprechen. Es war ein Versprechen, das ich mir selbst gegeben hatte. Ich würde nicht ein viertes Mal nach Japan zurückreisen, ohne die Sprache zu beherrschen.

Ich schrieb mich für einen neunwöchigen Intensiv-Sprachkurs an der Duke University ein, der sich rühmte, einen Lehrer und zwei Hilfskräfte für nur drei Studenten zur Verfügung zu stellen. Wir trafen uns in einem Raum, der dem der Fortgeschrittenen gegenüberlag, und die Lehrerin wechselte sich mit den Hilfskräften zwischen den beiden Klassenzimmern ab. Wir hatten von neun Uhr früh bis zwei Uhr mittags Unterricht, und das fünf Tage pro Woche. Das Mittagessen wurde gemeinsam eingenommen, wobei die Studenten des Grundkurses ihr Bestes versuchten, um sich mit den Fortgeschrittenen zu unterhalten. Wenn der Unterricht beendet war, gab es Bänder, die wir uns im Sprachlabor anhören konnten und Computerprogramme, die uns die beiden phonetischen Alphabete des Japanischen (*hiragana* und *katakana*) zusammen mit den Hunderten von *kanji*-Zeichen näherbrachten. An den Mittwochabenden wurden japanische Filme gezeigt. Die Samstage waren kulturellen Darbietungen und Exkursionen vorbehalten – eine Teezeremonie, eine Weihrauchzeremonie, Blumenstecken, der Besuch der hiesigen Firmenzentrale von Matsushita. Jeden zweiten Sonntag verbrachten wir paarweise bei einer hier ansässigen japanischen Familie, unserer »Gastfamilie«, die uns japanisches Essen vorsetzte und uns japanische Spiele beibrachte, die wir mit ihren Kindern spielten. Ich lernte jeden Abend sechs bis acht Stunden, vor Prüfungen länger. Ich hatte mich voll und ganz dem Japanischen verschrieben.

Es ist ein elender Sommer. Ich lerne zehn Stunden am Stück für mein erstes Hauptexamen. Die Nacht davor kann ich kaum schlafen, *hiragana*-Zeichen jagen zusammen mit Konjugationen der *te*-Form durch meinen Kopf. Wenn mir die Adjektive auch schwerfallen, die Verb-Konjugationen beherrsche ich irgendwie, ohne sie eigentlich lernen zu müssen; Restwissen aus meiner in Japan verbrachten Zeit.

Als wir ins Klassenzimmer kommen, bittet eine der Studentinnen die *sensei*, ihre Fragen über die verzwickten Verb-Konjugationen zu beantworten. Die Lehrerin bemüht sich sehr, malt die Regeln und die Ausnahmen in ordentlichen

Reihen und Kolumnen an die Tafel. Sie läßt mich nicht aus den Augen, will sehen, ob ich das verstehe. Ich vermeide jeden Blickkontakt. Am liebsten würde ich »Stop!« schreien und meine Ohren zuhalten. Ich *kenne* den Stoff, aber die Diagramme verwirren mich. Höflich sitze ich da und täusche Aufmerksamkeit vor, doch mich verläßt aller Mut. Mit jeder neuen Regel, jedem neuen schematischen Diagramm an der Tafel, habe ich das Gefühl, als würden mir die Verben davonlaufen.

Als *sensei* dann die Prüfungsbögen austeilt, weiß ich nichts mehr. Ich starre auf das Papier. Ein paar Adjektive, viele Verben. Meine Hände zittern, und wenn ich es zuließe, würde ich losheulen. Es ist wie in einem schlechten Traum. Ich schaffe 20 Prozent in dieser Prüfung.

In meiner Fantasie stelle ich mir vor, auf Oki gemeinsam mit den Vorfahren *obon* zu feiern.

»Was sollen wir mit ihr tun?« fragt einer. Es ist ein Tribunal, alle zeigen mit dem Finger auf mich, meine Note *F* im Japanisch-Intensivkurs sticht von meinem T-Shirt ab wie Hester Prynnes scharlachrotes *A*.

Nachdenklich und gründlich sind die Antworten der Vorfahren. Auf japanisch. Ich verstehe nicht ein Wort von dem, was sie sagen.

In all den Jahren sind mir einige *gaijin* begegnet, die zehn oder zwanzig Jahre in Japan gelebt und die Sprache noch immer nicht gelernt haben. Das finde ich unbegreiflich und arrogant. Meine Ansicht ist da sehr bestimmt.

Nach drei Japanaufenthalten kann ich immer noch kein Japanisch, und es fällt mir schwerer, die dort lebenden Ausländer zu kritisieren.

»Sie müssen ja sehr gut Japanisch sprechen«, meinen die Leute unweigerlich.

»*Hazukashii*!« denke ich sofort und brenne vor Scham.

Gleichzeitig muß ich mir widerwillig eingestehen, daß ich dem Reiz des Friedens erliege, der jenseits der Sprache herrscht. Ich bin nicht gut im Sprachenlernen, doch ich vertraue auf meine Fähigkeit, Situationen auch dann zu erfassen, wenn es keine Worte gibt. Einem Teil von mir gefällt es, daß ich kein Japanisch kann. Im Nicht-Wissen liegt Freiheit, im Fremdsein kritisches Auswählen. Ich frage mich, ob es das Schweigen ist, das mir Japan so kostbar macht.

»Ich verstehe genau, was du meinst«, sagt eine Freundin, als ich ihr zu erklären versuche, wie die Unkenntnis des Japanischen mich manchmal intuitiver, aufmerksamer und gefühlvoller sein läßt. »Das ist so, wie wenn ich vor den Alzheimer-Patienten Gitarre spiele«, nickt sie. »Es gibt eine Kommunikationsebene jenseits der bloßen Worte.«

Wie Charles einmal feststellte, scheint in Japan jedes Gespräch von Bedeutung zu sein. Sprachlosigkeit erzwingt eine Art meditativer Haltung, eine Innerlichkeit, ein Sich-Verlassen auf die ureigensten Reserven. Nimmt man sich die Zeit, zu entwirren und zu übersetzen, wird selbst die profanste Unterhaltung zu einem vollendeten Werk, das sich unabhängig vom Inhalt selbst genügt. Aber meistens schaltet man ab. Das ständige Geschwätz in den U-Bahn-Zügen und Restaurants – das einen in Amerika ablenkt – war in Japan ein Summen jenseits der Sprache. Reklame richtete sich nur an die anderen. Die Menschheit schien gütig und still zu lächeln. Oder sie zählte gar nicht. Fand ein Gespräch statt, glich es einem kleinen Wunder – kostbar und ursprünglich.

Ich schätze nonverbale Kommunikation, doch es ist ein großer Unterschied, ob man in einer speziellen Situation nichts zu sagen braucht – oder ob man nichts sagen *kann*. Auf Oki möchte ich reden können. Ich möchte Suzuki-san wiedersehen und sie nach ihrem Leben fragen, ich möchte wissen, wie sie es schafft, sich ihren Schwung und ihre Ausgeglichenheit zu bewahren.

Japan setzt in mir den Wunsch frei, mich mitzuteilen. Bereits im ersten Jahr, das ich dort verbrachte, arbeitete ich daran, indem ich mit einem Wörterbuch, einem Sprachführer, meinen Notizkarten und dem Notizbuch überall hinreiste. Am Ende des Jahres konnte ich das meiste, was man mir sagte, verstehen. Frustrierenderweise konnte ich außer einem immer passenden, grammatikalisch bedeutungslosen »*wakarimasu*« nichts erwidern. Die Bezeichnung ist treffend. Sie bedeutet »Verständnis« im Sinne von »ich verstehe«. Doch sie wird manchmal auch einfach benutzt, um dem weiteren Gespräch zuvorzukommen (»Ich höre Sie sprechen; das heißt nicht, daß ich Sie verstehe; eigentlich verstehe ich Sie gar nicht richtig; lassen wir's, *Wakarimasu! Wakarimasu!*«). Wenn Leute mich auf japanisch ansprachen, antwortete ich mit einer Verbeugung, »*wakarimasu*«, und war mir der Doppeldeutigkeit dieses Ausdrucks wohl bewußt.

Da Lehren mein Beruf ist, ist es mir unmöglich, meine Kommilitonen im Japanisch-Intensivkurs nur als Mitstudenten zu sehen. Ich stelle mir auch vor, wie es sein mag, uns zu unterrichten, und denke mir, *sensei* müsse kurz davor stehen, *seppuku* (rituellen Selbstmord) zu begehen.

Was für ein Haufen! Wir drei im Einführungskurs sind Gasthörer, eine unheilträchtige Voraussetzung. Einer hat schon vor ein paar Jahren einen Japanischkurs belegt und nutzt diesen Sommerkurs, um im Herbst in die zweite Stufe einsteigen zu können. Der zweite Student kann bereits Chinesisch, möchte aber auch Japanisch lernen, da er eine japanische Freundin hat. Er ist sehr klug und meint, Japanisch wäre ein Leichtes. Doch seine Frustration wächst mit jedem Tag, an dem er feststellen muß, daß die Sprache schwerer als erwartet ist und es praktisch keine Querverbindungen zum Chinesischen gibt.

Die dritte im Bunde bin ich. Aufgrund meines dreimaligen

Aufenthalts in Japan kenne ich Hunderte, vielleicht Tausende interessanter, unkonventioneller und archaischer Worte (besonders gut beherrsche ich buddhistische Sutren – das Äquivalent des Kirchenlateins). Ich kann keine Grammatik und bringe kaum einen perfekten Satz über die Lippen, obwohl ich die Worte für Gefühlszustände kenne und weiß, wie man sie in einem Gespräch einsetzt, um den Verlauf festzulegen, wie das die Japaner tun: *hazukashii, natsukashii, okashii, sabishii, ureshii* – ich bin verlegen, schwermütig, lustig, traurig, glücklich. Ich kenne auch jede Menge kurioser Aussprüche wie etwa *mochi wa mochiya* (Wenn du Reiskekse willst, mußt du zum Reiskeksbäcker gehen). Die Lehrerin hat keine Ahnung, was sie mit mir anstellen soll.

Daß ich älter bin als sie und außerdem einen Lehrstuhl habe, während sie nur Dozentin ist, macht alles noch schlimmer. Wenn sie auch eine amerikanisierte Japanerin ist, scheint diese Störung der üblichen Hierarchie sie zu irritieren. Sie kann nicht glauben, daß ich in ihrem Unterricht versage. Schlimm. Entschuldigend meint sie, das Erlernen einer Fremdsprache würde mit zunehmendem Alter immer schwerer. Das macht mich auch nicht glücklicher.

Völlig ausgelaugt gehe ich abends nach Hause, erschöpft sowohl vom Nicht-Lernen als auch von der zwischen den Klassenkameraden herrschenden Anspannung. Es gibt zu viele Ablenkungen, zu viele Konflikte. Anfangs war es wie auf der Highschool, dann wie auf der Junior-Highschool, dann sind wir auf Grundschulniveau gelandet. Jeden Morgen, wenn ich mit dem Wagen zum Unterricht fahre, verkrampft sich mein Magen, als sei ich wieder ein Kind, das an der Schulbushaltestelle steht.

Nach einer Woche in diesem Intensivkurs bin ich so demoralisiert, daß ich tatsächlich einen Stapel sämtlicher von mir verfaßter Bücher errichte und ihn direkt hinter meine japanischen Hausaufgaben auf den Schreibtisch stelle, als greifbare und beruhigende Erinnerung, daß ich kein Schulmädchen mehr bin, sondern Professorin einer geachteten Hochschule.

»Hättest du Lust, heute mit mir zu unserem Haus zu fahren?« frage ich eine Freundin, als eine Konferenz überraschenderweise ausfällt. »Ich finde es schön dort. Die Fenster sind noch nicht drin, und man fühlt sich wie in dem Baumhaus, in dem ich mich versteckt habe, als ich noch klein war.«

Meine Freundin ist Französischlehrerin. Wir sitzen auf dem Estrich meines zukünftigen Arbeitszimmers, und sie hört mir aufmerksam zu, als ich ihr von meinem Japanischkurs erzähle und wie sehr er mein Selbstwertgefühl untergräbt. Dieser Kurs erinnert mich an sämtliche Schrecken meiner Schulzeit. Ich war nicht gerade widerspenstig oder aufsässig damals; ich lernte einfach nicht so wie die meisten anderen Menschen, und das werde ich wahrscheinlich nie. Jetzt, beim Japanischlernen, hasse ich dieses Gefühl des Versagens.

»Es gibt andere Möglichkeiten, eine Sprache zu erlernen«, beruhigt sie mich, »auf natürlichere, weniger konstruierte Art. Du solltest einen ganz anderen Kurs belegen.«

Aber es gibt jetzt keinen anderen. Ich fahre nach Oki. Ich muß Japanisch lernen, und ich muß es *jetzt* lernen.

Manchmal, wenn der Zimmermann Feierabend hat, fahre ich ins Haus zum Japanischlernen. Ich sitze dort, wo einmal der Tatami-Raum sein wird, und nehme den Blick auf den Weg in mich auf, der den Hügel hinab zum See führt und der selbst an einem heißen, feuchten Junitag in North Carolina kühl wirkt. Ich atme tief und rhythmisch und suche nach buddhistischer Ruhe. Ich schlage mein japanisches Arbeitsbuch auf und mache mich daran, die freien Stellen auszufüllen. Hilflos beginne ich zu weinen.

Plötzlich gibt es ein größeres Problem, vor dem die Demütigungen des Japanischkurses verblassen. Teds Mutter ist ernsthaft krank. Im vergangenen Jahr hatte man bei ihr eine Minderung der Herzleistung festgestellt, doch ein Jahr lang hatte die neue Medizin gut gewirkt. Jetzt ist sie wieder sehr krank. Wir telefonieren täglich mit Teds Schwester in Kanada. Es sei noch kein äußerster Notfall, sagt sie. Sie wolle nicht, daß ich meinen Japanischkurs drangebe, um nach Kanada zu kommen.

Und das hält mich im Kurs bei der Stange: Wenn die Fotokarten zum zehnten oder fünfzehnten Mal aufgedeckt werden, so oft jedenfalls, daß die anderen im Kurs schon vor Langeweile umkommen, und wenn mir dann Adjektive einfallen, die die Fotos beschreiben, ich aber das präzise Wort nicht finde – das Wort dieser Lektion –, das zu den Karten gehört, tue ich so, als wäre ich auf Oki. Ich erschaffe mir eine Szene von meinem letzten Besuch dort, und nur so, in meiner Fantasie, schwatze ich fließend und mühelos drauflos.

Eines Morgens begegnet mir Suzuki-san vor dem Big Ben. Sie kippt einen Eimer Wasser über ihre Treppe und wischt sie sauber. Anstelle unseres üblichen knappen Gesprächs sage ich diesmal in perfektem Japanisch: »Mir ist aufgefallen, daß Sie gestern abend nicht beim Bon Odori Tanz waren. Ich habe Sie vermißt. Hoffentlich waren Sie nicht krank.« (Negative Hoffnung, in jeder Sprache schwer zu erklären. Ich ziehe das einwandfrei durch.) Mein Japanisch ist in der Tat so ausgezeichnet in dieser Fantasie, daß ich es reduzieren kann, wie es Japaner tun. Ich kann Dinge im Unklaren lassen, ein Gespräch durch den Zusammenhang, die Nuance, das Gefühl, die Intuition fortführen. Nur der rüpelhafteste Japaner würde sich dazu herablassen, das *Subjekt* eines Satzes zu benennen. »*Bon odori*. Gesund? Vermißt.« Lächelnd wird mir bewußt, daß ich mich auf genau diese Weise verständigt habe, bevor ich mich auf den unerträglichen Kurs einließ.

Wie ist es möglich, so viel und so wenig zugleich zu lernen? Ich erzähle Freunden, daß ich den Sommer mit Japanisch-Verlernen zubringe. »*Wakarimasu, wakarimasu*«, sage ich und lächle die Studenten aus dem Fortgeschrittenenkurs an, mit denen wir zusammen essen – ich höre dich reden, doch ich weiß wirklich nicht, was zum Teufel du sagst.

Das einzige, was ich richtig zu machen scheine, ist das Schreiben. Wir müssen Tagebuch führen. Freitags geben wir die Hefte ab. Ich frage *sensei*, ob ich anstelle eines Tagebuchs auch Briefe an japanische Freunde schreiben dürfe. Sie willigt sofort ein. Sie ist froh, daß es etwas gibt, was mir Spaß macht.

Meinen ersten Brief schreibe ich an Professor Sano, meinen Führer ins japanische Leben, meinen früheren Institutsleiter, meinen Freund. Er antwortet umgehend. Er fühle sich geehrt, daß ich ihm meinen ersten auf japanisch verfaßten Brief geschickt habe. Er werde ihn bis zu seinem Lebensende in Ehren halten. Freundlicherweise benutzt er für seine Antwort eher die *hiragana*-Zeichen als die schwierigen chinesischen Zeichen. Es ist offensichtlich, daß er eine einfache Form gewählt hat, damit ich ihn auch verstehe. *Gambatte kudasai!* beendet er seinen Brief. Viel Glück, aber auch, wörtlich, arbeiten Sie hart. Die Japaner überlassen nicht viel dem Zufall.

Mein zweiter Brief geht an Naomo-kun, den Sohn von Ichirō und Maryvonne. Als wir zusammen auf Oki waren, war Naomo-kun mein *sensei*. Er brachte mir japanische Worte und Sätze bei und war ständig über meine Unbeholfenheit enttäuscht.

»Sie könnte doch wirklich Fortschritte machen«, hörte ich ihn eines Abends zu seiner Mutter sagen. Er versteht einfach nicht, wie ich mehr begreifen als wissen kann.

»Lieber *sensei*«, beginne ich meinen Brief an Naomo-kun. Ich erzähle ihm, daß ich viel lerne, daß selbst dieser einfache

Brief erst an meine Lehrerin gehen wird, da es eine Hausaufgabe ist und ich ihn, wie ich weiß, vor lauter Korrekturen ganz rot zurückbekommen werde. Ich berichte ihm, daß ich von seiner Mutter weiß, er habe gerade an der *chugakko* (Junior Highschool) mit Englischlernen begonnen und wünsche ihm, er möge die wunderbare Sprachbegabung seiner Eltern geerbt haben.

»*Gambatte kudasai!*« beende ich meinen Brief.

»Sinnlos!« sagt mir Maryvonne, als sie eine Woche später anruft. »Naomo hat deinen Brief bekommen. Er war zutiefst bewegt. Er hat versucht, dir auf englisch zu antworten, aber es ist sinnlos – er hat überhaupt kein Gespür dafür. Er ist sogar noch schlechter als du! Und spar dir Widerworte!« warnt sie mich.

»Gottseidank!« rufe ich. »Vielleicht hat er das nächstemal, wenn ich nach Japan komme, mehr Mitleid mit mir.«

Bei ihrem nächsten Anruf berichtet meine Schwägerin, daß es Teds Mutter viel schlechter gehe. Obwohl wir alle ihr versprochen haben, daß sie mit Würde zu Hause sterben darf, hat Karen nachgegeben und Mom in ein Krankenhaus gebracht, weil der Arzt ihr versicherte, sie könne dort entweder genesen oder in Ruhe sterben, schmerzfrei.

»Ich weiß nicht, ob es das Richtige war«, sagt Karen traurig.

»Wir kommen sofort«, sagt Ted. »Wir können morgen nachmittag losfliegen und sind dann morgen abend in Calgary.«

Aus Pflichtgefühl schleppe ich mich in meinen Kurs. Ich versage bei einem weiteren wichtigen Examen, nicht ganz so schlimm wie beim ersten, doch ich bestehe den Kurs trotzdem nicht.

Nach dem Unterricht bitte ich *sensei* zu mir. Ich erzähle ihr, was los ist, daß ich sofort abreise und wahrscheinlich den Kurs nicht mehr zu Ende führen werde. Es ist wie eine Befreiung. Doch das sage ich ihr nicht. Ich entschuldige mich, eine so schreckliche Schülerin gewesen zu sein.

»Ich will Ihnen mal was sagen, Cathy«, widerspricht sie in ihrem reizenden Englisch. »Wie viele Ausländer sind Ihnen begegnet, die perfekt Japanisch sprechen und doch nichts dafür bekommen? Würden Sie deren Sprachbegabung gegen Ihre japanischen Freunde eintauschen wollen?«

»Nett, daß Sie das sagen«, antworte ich halbherzig, »aber mir fällt auf, daß Sie es auf englisch sagen.«

»Seien Sie doch keine *baka* (Törin)«, zieht sie mich auf. »Was ist nochmal Ihr Lieblingssprichwort: ›*Ura ni wa ura ga aru*‹ ?«

Ich lache. Die Kehrseite hat eine Kehrseite.

»Wakarimasu.« Zum Scherz mache ich eine bescheidene Verbeugung.

Sie legt ihre Hand auf meinen Arm. »Das mit Ihrer Schwiegermutter tut mir leid. *Gambatte kudasai!*«

Als wir in Calgary ankommen, sehen alle blaß und erschöpft aus. Es ist spät, und wir gehen sofort in Moms Krankenhauszimmer. Sie liegt auf dem Rücken, der Körper mit Kissen abgestützt, Flüssigkeiten tröpfeln durch Schläuche in ihre Venen. Eine Sekunde lang öffnet sie die Augen, erkennt uns, schließt sie wieder. Ted geht zu ihr, küßt sie und nimmt ihre Hand. Er spricht mit ihr, auch wenn sie nicht antworten kann. Moms ganzer Körper scheint sich plötzlich zu entspannen: Ich höre dich, mein Sohn. Die Andeutung eines Lächelns. Ihr Atem wird ruhiger. *Wakarimasu.*

»Wir haben ihr immer wieder gesagt, daß ihr heute kommt«, sagt Karen. »Sie hat gewartet.«

Wir bleiben einige Stunden, berühren diesen sprachlosen Körper, und dann meint Karen, wir sollten vielleicht alle etwas schlafen, auch Mom. Sie seien den ganzen Tag über hiergewesen, und das Krankenhaus würde anrufen, falls eine Veränderung eintrete.

Eine freundliche Schwester gibt Mom Morphium, wenn sie es braucht. Ein Arzt kommt herein und erklärt uns, daß die Herzmaschine nun drei Tage ohne Unterbrechung gelaufen sei, was bedeutet, daß ihr eigenes Herz nicht mehr funktioniert. Dasselbe mit dem Gerät für die Nieren. Als Mom vor einem Jahr damit anfing, die Herztabletten zu nehmen, wußte sie, daß diese ihre Gesundheit wiederherstellen, ihr Leben aber verkürzen könnten. Mit dreiundachtzig hat sie ein erfülltes und reiches Leben gehabt, und nach ihrer eigenen Aussage war die Medizin eine gute Entscheidung gewesen. Sie hatte ein wunderbares Jahr erlebt, jedes Basketballspiel ihrer Enkelin, jedes Fußballspiel ihres Enkels angefeuert, ist einmal pro Woche mit ihrem Schwiegersohn Sykes auf die Calgary Stampede Grounds zu den Pferderennen gegangen, hat zwar nie mehr als zwei Dollar gesetzt, aber bei jedem Rennen mitgewettet, die Pferde wie eine Besessene angespornt und schon beim Frühstück die täglichen Wettlisten studiert.

»Ich sehe die Pferde so gerne rennen, egal ob sie gewinnen oder verlieren«, sagte sie immer. »Aber wenn mein Favorit gewinnt, gefällt mir das natürlich viel besser.«

Jetzt liegt diese Frau, die so viele Geschichten zu erzählen wußte, wortlos da und wartet auf den Tod.

»Wir haben unserer Mutter versprochen, nie zuzulassen, daß sie so sterben muß«, sagt Ted mit Nachdruck. »Wenn es sein muß, holen wir sie aus dem Krankenhaus und lassen sie zu Hause einen natürlichen Tod sterben.«

Irgendwie dringen Teds an den Arzt gerichtete Worte in das Schweigen ihres Sterbens. Sie nimmt alle Kraft zusammen und antwortet mit einem entschiedenen und zustimmenden Kopfnicken. Wir sind verblüfft über diese plötzliche

Reaktion. Wir haben keinen Zweifel mehr, was diese Frau mit dem eisernen Willen möchte. Obwohl ihrer Worte beraubt, macht sie ihre Wünsche deutlich.

»Wir können Ihre Mutter in Ruhe lassen, bis sie stirbt«, erwidert der Arzt ruhig. »Und natürlich können wir die künstliche Versorgung abstellen, wenn die Familie das wünscht.«

»Ja!« sagen wir alle, Kinder und Enkel gemeinsam. Und wieder nickt Mom mit dem Kopf. Ja.

Da stehen wir – Kinder, Enkelkinder, Schwiegersöhne und Schwiegertöchter, Cousinen, Freunde – im Halbkreis an ihrem Bett und halten uns an den Händen. Zusammen repräsentieren wir neun verschiedene ethnische Gruppen und entstammen fünf verschiedenen Religiongemeinschaften, alle in einem Raum, ein Mosaik, wie man in Kanada sagt. Wir ringen mit dem Augenblick, wir versuchen, in unserer vielsprachigen Tradition einen Sinn zu finden. Wir haben keine Aubergine, kein weißes Melonenpferd, um Moms Reise in die andere Welt zu erleichtern.

Karens Mann Sykes hat aus dem Fenster gesehen. Was er sucht, findet er am malvenfarbenen Horizont: einen Adler, der dort ruhig seine Kreise zieht. Sykes ist ein Metis, ein Abkömmling der Cree-Indianer, die sich mit den frühen französischen Siedlern Kanadas vermischten. Sykes Eltern stammen aus dem hohen Norden. Seine Mutter war schon sechzehn, als sie zum erstenmal einen Weißen sah. Obwohl sie gläubige Katholikin ist, stand der katholische Glaube für sie nie im Widerspruch zu ihrer Naturreligion. Ich habe sie Geschichten von zitternden Tipis erzählen hören, von Wolfsmenschen, die im Mondlicht verschwinden und ihre Fußabdrücke sichtbar und überdeutlich im Schnee zurücklassen.

»Großmutter, der Adler ist da«, flüstert Syke und beugt sich über seine Schwiegermutter. Er streicht ihr eine Haarsträhne aus der Stirn, gibt ihr die Erlaubnis. Sie antwortet nicht. Einen Augenblick später ist ihr Körper entspannt.

Der Himmel beruhigt sich zu einem tiefen Violett, der Adler ist verschwunden. Wir halten einander fest und verlassen gemeinsam den Raum. Ich denke an das *bon odori*, den sich bewegenden Kreis am letzten Abend von *obon*, dem Totenfest. Wir halten einander fest und kehren dann, jeder einzeln zu ihr zurück, um persönlich Abschied zu nehmen. Keiner hat uns die Worte für diesen Abschied beigebracht. Wir finden sie selbst.

Der Fuji von Omori aus gesehen

13 Fotoalbum: Die vierte Reise

Ist es das Schweigen der Fotografie – die hinter der förmlichen Pose lauernde Geschichte – was die Japaner so fasziniert? Oder fotografieren sie so viel, um ein Bild für immer festzuhalten, es einzufrieren? Der eingefangene Augenblick scheint oftmals bedeutsamer zu sein als das tatsächliche Ereignis. Vor allem nach einem Unglücksfall, dem Verlust eines Menschen, dem Ende einer Beziehung oder auch nur wegen des unvermeidlichen Verstreichens der Zeit – kann eine Fotografie so ergreifend wie ein Haiku werden. Der klassische japanische Schnappschuß, *kinen shashin* (eine besondere oder exotische Umgebung, die durch die Anwesenheit eines Familienmitglieds im Vordergrund ihre Gültigkeit erhält), scheint wie geschaffen, um das zu vereinfachen, was den Buddhismus so problematisch macht: die bloße Existenz, das Selbst. »Ich war hier«, verkündet die Fotografie. »Also bin ich.«

Im Herbst 1990 kehrte ich endlich nach Japan zurück. In Tokyo fand als Teil der allgemeinen Veranstaltungen zum hundertfünfzigsten Jahrestag der Entdeckung der Fotografie eine große Ausstellung statt, und viele japanische Universitäten hatten mich eingeladen, Vorlesungen über die Anfänge der Fotografie im Westen zu halten, den ständigen Gegenstand meiner Forschungsarbeit. Ich hielt es für eine ausgezeichnete Gelegenheit, etwas über die Anfänge der japanischen Fotografie in Erfahrung zu bringen und mich mit Philosophen und Künstlern über die japanische Kamera-Besessenheit zu unterhalten. Warum, fragte ich mich, fotografieren die Japaner mit solcher Leidenschaft?

Meine Rückkehr im November bedeutete auch, daß ich zur Amtseinsetzung des neuen Kaisers in Japan sein würde, und Kyoto im Herbst – meiner liebsten Jahreszeit – mit seinem feurigen Ahorn, den goldenen Ginkos und dem auf den Bergen glühenden Licht erleben würde. Und ich konnte mir die große Glaskugel abholen, die auf den Oki-Inseln auf mich wartete, wo es zu dieser Zeit stürmte und das Meer dramatisch aufgewühlt war. Dann, im Dezember, wenn Teds Kurse vorbei waren, würde er sich mir für einen Monat anschließen, und gemeinsam wollten wir dann unser viertes *oshōgatsu* in zehn Jahren feiern.

Die einzigen Probleme waren logistischer Art. Ted und ich konnten im Dezember in einem möblierten Haus auf dem Gelände der Kansai Women's University wohnen. Doch für den November hatte ich keine feste Bleibe. Außer der Woche auf Oki würde meine restliche Zeit auseinandergerissen sein, hier zwei Nächte, dort drei Nächte, manchmal Gast der Universitäten, an denen ich einen Vortrag hielt, manchmal allein. Verschiedene Freunde hatten mir angeboten, in ihren winzigen Wohnungen zu übernachten. Immer wieder versicherten sie mir, daß sie sich *wünschten*, ich würde bei ihnen wohnen, doch ich war mir nicht sicher, ob ich die Einladungen richtig interpretierte. Mir war auch bewußt, daß ich dann in ihr Privatleben eindringen würde, was überall eine unangenehme Situation ist, vor allem aber in Japan mit seiner strengen Trennung von Privatsphäre und Öffentlichkeit. Ich war auch aufgeregt, weil ich erstmals ganz allein und ohne Lehrauftrag in Japan sein würde. Ich kam mir vor wie ein *ronin*, ein herrenloser Samurai.

Mit dieser Art Ungewißheit kann ich nicht gut umgehen. »Zu all diesen Problemen kommt noch, daß ich abergläubisch bin«, erzählte ich Maryvonne in einem Telefongespräch. »Es ist meine *vierte* Reise.«

In Japan ist die Vier eine Unglückszahl, denn das Zeichen *vier* wird wie *shi* ausgesprochen, und *shi* bedeutet *Tod.* Die Japaner meiden diese Zahl, wie man im Westen die Dreizehn meidet.

»Jetzt machst du dich aber *wirklich* lächerlich!« schalt Maryvonne. »Wie sollst du denn ein fünftes oder sechstes Mal herkommen, ohne die vierte Reise zu machen?«

»Mein Gott, Maryvonne, du klingst ja wie Bashō!«

»Das ist so, wenn man zwanzig Jahre hier gelebt hat«, erwiderte sie ironisch. »Da spricht man in Rätseln und wird tiefsinnig.«

Ich sagte ihr, ich hätte vor, meine buddhistischen Talismane einzupacken.

»Und ich lasse den Schwiegervater Weihrauch vor dem *butsudan* (Hausaltar) abbrennen«, stichelte sie. »Im Ernst«, ihre Stimme veränderte sich wieder, »ich muß mit dir reden. Ich bin sehr froh, daß du jetzt kommst. Außerdem«, fügte sie hinzu, »überleg mal, was für einen Spaß wir auf Oki haben werden.«

Ich hätte wissen müssen, daß die Reise eine Katastrophe werden würde.

Die erste Enttäuschung kam, als Maryvonne mir enthüllte, daß Suzuki-san Oki ohne jede Spur verlassen hatte. Die zweite folgte unmittelbar darauf.

»Wir werden unsere Reise nach Oki um ein paar Wochen verschieben müssen«, meinte Maryvonne. »Die Danceries sind dieses Jahr gut im Geschäft. Ich kann jetzt nicht weg.«

Neben ihrer eigenen Arbeit als Künstlerin ist Maryvonne auch noch die Managerin, die Kostümbildnerin sowie Beleuchterin und Regisseurin der Danceries. »*Nandemoya-san*«, wird sie von allen in der Gruppe scherzhaft genannt, Frau Hans-Dampf-in-allen-Gassen. Sie meinte, ich könne doch allein auf die Oki-Inseln fahren, mußte dann aber doch zugeben, daß sie gerne mit mir kommen würde, um diese berühmte rauhe See im Winter zu erleben. Das wäre eine Bereicherung für ihre Malerei.

»Ich warte, bis du Zeit hast«, beharrte ich. »Aber warum hast du mir nichts davon erzählt, bevor ich kam? Du weißt doch, wie ungern ich mit Freunden streite. Ich habe mich auf diese Woche Oki gefreut – jetzt muß ich mir was anderes einfallen lassen. Ich hätte auch gut ein wenig später kommen können ...«

»Und das ist der Grund, warum ich's dir nicht erzählt habe«, unterbrach sie mich. »Das habe ich dir den ganzen Herbst über klarzumachen versucht – ich *brauche* dich hier. Und zwar jetzt.«

Erst da erinnerte ich mich wieder an ihre Andeutungen bei unseren Telefonaten. Allzu beschäftigt mit der Frage, wo ich bleiben sollte – wie lang, bei wem – hatte ich nicht zugehört, als sie versuchte, mir etwas mitzuteilen. Jetzt, in ihrem Haus in Nigawa, bemerke ich ihre hängenden Schultern, die Monotonie in ihrer Stimme. Ich kam mir vor, als blickte ich in einen Spiegel und sähe mich vor drei Jahren auf meiner letzten Japanreise. Als ich mich damals wie tot fühlte, half Maryvonne mir, so gut eine Freundin das kann. Und ich hatte mich in den vergangenen Wochen, als sie meine Freundschaft so dringend gebraucht hätte, nur mit Quartierfragen herumgeschlagen.

»Jetzt höre ich dir zu«, sagte ich und berührte ihre Hand. »Ist es deine Kunst? Oder ist es etwas Persönliches?«

»Das ist es ja. Ich weiß es nicht. Ich versteh's nicht, aber alles läuft schief.«

»Ist es der Tod deiner Freundin?« fragte ich direkter. Sie weinte.

Daheim in Frankreich hatte Maryvonne zusammen mit zwei Freundinnen eine Klosterschule besucht. Sie waren unzertrennlich gewesen. Eine davon starb vor ein paar Jahren an Krebs. In diesem Herbst war die andere unter ungeklärten Umständen bei einem Autounfall ums Leben gekommen. Nach ihrem Tod bekam Maryvonne einiges aus dem persönlichen Nachlaß der Frau, darunter auch ein Tagebuch, das ihr enthüllte, wie depressiv ihre Freundin gewesen war.

Maryvonne erzählte mir von den Alpträumen, die sie jede Nacht quälten: brutale Bilder von Vergewaltigung, Mord, Zerstückelung. Sie zeigte mir ihre jüngsten Malereien. Anstelle ihrer ernsten Landschaften wimmelte es auf den Leinwänden von versteckten Teufeln, die mit rotglühenden Augen unter Felsen, hinter Bäumen, in Sonnenuntergängen auftauchten.

Als Ichirō hereinkam, begrüßten wir uns mit einer Umarmung und einem Kuß auf die Wange. Ich überreichte ihm ein paar Hüttenschuhe und eine Flasche Korn-Whiskey, *omiyage* (Mitbringsel) aus North Carolina. Wir lachten und scherzten, Ichirō kostete den Whiskey, ich trank ein wenig Sake. Maryvonne wurde still.

Nachdem er schlafen gegangen war, unterhielten wir uns flüsternd weiter. Ichirō ist einer der wunderbarsten Menschen, die ich kenne – witzig, klug, unaufdringlich. Ehen wie die von Maryvonne und Ichirō werden sonst nur im Liebesroman beschrieben: Die Kunststudentin und der Musikstudent begegnen sich auf einer idyllischen Insel Griechenlands und leben seitdem glücklich und zufrieden in Japan.

»Ich habe Angst, daß er sich umbringt«, flüsterte Maryvonne. Sie sagte, er sei so überanstrengt und erschöpft, daß er nachts nicht schlafen könne, und er brauche manchmal eine Flasche Sake, ehe er ins Bett falle. »Er ist jetzt wie ein *sarariiman*«, sagte sie besorgt.

Drei Tage lang redeten und redeten Maryvonne und ich, wann immer Ichirō das Haus verließ.

»Wie sieht er den Tod deiner Freundin?« fragte ich sie.

»Wir sprechen nicht darüber. Wie denn auch? Dies hier ist Japan. Über den Tod spricht man nicht. Außerdem ist er immer so erschöpft. *Shikataganai*« (Ist eben so).

»Aber diese Spannung ist doch schrecklich, Maryvonne. Vielleicht ginge es dir besser, wenn du ihm von deinen Alpträumen, deinen Ängsten erzählen könntest. Ich mache mir

Sorgen um dich, und ich mache mir Sorgen um ihn. Und ich mache mir Sorgen um euch beide, um eure Ehe. Ihr müßt etwas tun. Eine so gute Ehe kann nicht so einfach aufs Spiel gesetzt werden ...«

»*Shikataganai*«, sagte Maryvonne noch einmal.

Die vierte Reise. Keiner hat gesagt, es würde ein Ausflug ins Grüne werden. Doch irgendwie fühlte ich mich erleichtert. Auf meiner letzten Reise war ich die Zerbrechliche gewesen. Japan half mir darüber hinweg, ganz besonders Maryvonne und Ichirō. Jetzt war ich an der Reihe. *Giri*, die gegenseitige Verantwortung, der Klebstoff dieser Gesellschaft. Ohne ihn funktioniert gar nichts.

Die vierte Reise. Ich war keine Touristin mehr.

Jede Nacht findet ein Gesprächsmarathon statt. Maryvonne sagt, es sei eine Erleichterung, jemanden aus dem Westen um sich zu haben, mit dem sie über ihre Probleme reden, wirklich *reden* kann, was in diesem Land der Nuancen und indirekten Äußerungen, des strategischen Schweigens und des höflichen Themenwechsels nur sehr selten geschieht. Selbst die Ausländer – die, die ständig hier leben – haben sich die Zurückhaltung dieses Landes zu eigen gemacht. Vielleicht wird man aber auch unweigerlich stiller, wenn man eine Zeitlang in Japan gelebt hat. Ich weiß, daß auch ich nach meinem ersten Japanjahr in Gesprächen bedachtsamer und mißtrauischer wurde. Maryvonne hat darauf gewartet, daß ich komme, eine Freundin, der sie alles erzählen kann.

Besser nachvollziehen kann ich dieses Schweigen, unter dem Maryvonne so leidet, als ich ein paar Nächte bei meiner Freundin Chizuko Ozawa verbringe. Chizuko lebt in der Nähe von Kyoto auf dem Land, und sie lädt mich ein, eine Weile bei ihr zu wohnen, während ihr Mann verreist ist. Sie sagt, sie würde sich über meine Gesellschaft freuen. Wir treffen uns auf dem Bahnhof und fahren dann langsam durch einen Regenguß über schmale und einsame Nebenstraßen zu ihrem Haus.

Wir stehen spät auf und schwelgen in Erinnerungen an gemeinsam verbrachte Zeiten. Erst hatte sie als Studentin in den Vereinigten Staaten gelebt, später waren wir uns bei meinem Aufenthalt in Japan wiederbegegnet. Doch mir fällt auf, daß sie ungewöhnlich müde und blaß aussieht, und ich warte ständig auf eine Andeutung von ihr, denn ich spüre, daß etwas nicht stimmt. Sie jedoch wehrt meine Fragen ab, wenn sie persönlich werden.

Dasselbe passiert am nächsten Tag. Es ist, als wünschte und fürchtete sie gleichermaßen, über das zu reden, was in ihrem Leben geschieht. Als ich mich einmal nach ihrem Sohn erkundige, rennt sie fast aus dem Zimmer. Unser Treffen läßt sich überhaupt nicht gut an. Die Atmosphäre in ihrem Haus ist spannungsgeladen. Am Samstag, meinem letzten Tag bei ihr, frage ich sie, ob sie mit mir die Antiquariate von Kyoto besuchen mag. Ich weiß, wie gern sie das macht, und für mich wäre es eine gute Gelegenheit, Bücher über frühe japanische Fotografie zu finden. Als wir aufbrechen, scheint sie begeistert zu sein, beschließt dann aber, wir sollten uns trennen: ich sollte die Buchgeschäfte abklappern, während sie ihre Einkäufe erledigt. Wir könnten uns am Nachmittag zum Tee treffen, meint sie, ehe ich mit dem Zug zurück zu Maryvonnes und Ichirōs Haus fahre.

Als ich den Teeladen betrete, sehe ich Chizuko ins Leere starren, mit einem Gesichtsausdruck, der so verzweifelt ist, daß ich sie in den Arm nehme und darauf bestehe, mir zu sagen, was los ist. Vielleicht fühlt sie sich hier, in der Öffentlichkeit, fern von ihrer häuslichen Umgebung, sicherer, vielleicht beantwortet sie mir endlich meine Frage. Sie sagt mir, daß ihr Sohn zum zweitenmal die Aufnahmeprüfung einer staatlichen Universität vermasselt habe und jetzt noch ein weiteres Jahr wie ein *ronin* verbringen wolle, ohne festen

Halt und ohne klares Ziel. Er werde sich auf die nächste Prüfung zu Hause vorbereiten (nicht auf einer *juku*). Ich weiß, was das bedeutet. Die ganze Familie wird sich noch ein weiteres Jahr – ein ganzes Jahr – für seine Bemühungen opfern und ihn mit Samthandschuhen anfassen müssen. Man wird in seiner Nähe nur vorsichtig und gedämpft sprechen. Das Familienleben wird sich seinem Zeitplan von zwölf oder achtzehn Stunden ununterbrochenen Lernens anpassen, nur damit er auf eine der staatlichen Eliteuniversitäten kommt. Gelingt es ihm, ist er ein gemachter Mann. Noch ein Jahr der Rücksichtnahme.

Ich weiß Chizukos Offenheit zu schätzen, aber ich spüre, daß sie mir ihre anderen Sorgen verschweigt. Als ich nachzuhaken versuche, wechselt sie abrupt das Thema. Mir wird bewußt, daß die Jahre, die sie im Westen verbrachte, ihre Grenzen zwar verschoben, nicht aber aufgehoben haben. Mir kommt in den Sinn, daß ich Chizuko dazu bringen könnte, sich zu öffnen, wenn ich nur meine eigenen Gefühle besser zum Ausdruck brächte, und dabei wird mir wieder einmal klar, was für eine leere Phrase der sogenannte »Austausch von Gefühlen« in meiner Generation eigentlich war. Über das, was uns wirklich bewegte, haben wir kaum sprechen können.

Chizuko und ich tauschen uns über Belanglosigkeiten wie das miserable Herbstwetter aus, obwohl uns beiden bewußt ist, daß dies nicht unser eigentliches Anliegen ist. Dann greift sie plötzlich in ihre Tasche und zeigt mir einen Zeitungsartikel. Sie übersetzt. Es geht um eine Mutter, die Selbstmord begangen hat, als ihr Sohn durch die Aufnahmeprüfung zur staatlichen Universität gefallen ist.

»Um Himmels willen, Chizuko, das ist die Sache doch nicht wert!«

»Ich weiß, ich weiß«, versichert sie. »Aber das ist wie auf einem Schiff, wo einer auf dem Deck herumgeht und die

Leute untersucht, die wirklich seekrank sind. Da ist immer ein Passagier dabei, der lieber springen würde, als noch einmal seekrank zu werden. Ihr Leiden ist so unerträglich, daß sie vergessen, daß die Reise auch ein Ende hat.«

Meine Freundin Hiroko-san spricht überhaupt nicht. Normalerweise ein fröhlicher Mensch mit einem wunderbaren Sinn für Humor, wirkt Hiroko-san ungewöhnlich melancholisch, als ich sie anrufe. Ich versuche, sie auf ihre Lieblingsthemen anzusprechen – Sumo-Ringen, die verschiedenen Töpferdörfer, die wir gemeinsam besucht haben –, aber sie ist distanziert und angespannt. Sie sagt, ihr neues Leben in Tokyo gefalle ihr, doch der Ton ihrer Stimme ist nicht überzeugend. Als ich sie frage, ob alles in Ordnung sei, weicht sie aus. Sie schlägt mir vor, uns im Sakura – der Tokyoter Niederlassung meines bevorzugten Teeladens – zu treffen, wenn ich komme, um das Fotografiemuseum aufzusuchen.

Auf meiner dreistündigen *shinkansen*-Fahrt von Osaka nach Tokyo gehen mir die Anspannung in Hiroko-sans Stimme und ihre Weigerung, über persönliche Dinge zu sprechen, nicht aus dem Kopf.

Fast während der ganzen Reise regnet es in Strömen, und wieder denke ich über meinen seltsamen Japanaufenthalt nach, dieses ständige Umherziehen, all diese Gespräche mit Freundinnen, deren Leben in Aufruhr ist. Überarbeitung, Streß, berufliche Rückschläge, familiäre Unstimmigkeiten, Kinder mit Schulproblemen, Midlife-crisis auf japanisch. Selbst das Wetter ist auf dieser Reise immer schrecklich gewesen, und im legendären japanischen Herbst ist das Wetter nie schlecht.

Als ich Hiroko-san sehe, weiß ich sofort, daß etwas ganz Einschneidendes passiert ist. Es ist sechs Jahre her, seit wir uns zum letztenmal trafen. Damals besuchte sie mich während einer Geschäftsreise in den Staaten. Doch selbst angesichts der dazwischenliegenden Jahre ist ihre Veränderung erschreckend. Statt der vertrauten und übersprudelnden Freundin sehe ich eine Frau in zusammengesunkener Haltung und mit zögerlichem Gang. Durch ihre dünne Jacke sieht man die Schulterblätter.

Wir verbeugen uns voreinander und umarmen uns dann, was bei uns etwas heißen will.

»Es ist so schön, dich zu sehen«, sagen wir und sehen einander an. Sie vermeidet es, mir direkt in die Augen zu blicken. Sie fürchtet, darin zu lesen, wie sehr mich ihr Anblick beunruhigt. Wir gehen in den Teeraum.

Sie starrt ins Leere, lächelt mich dann ausdruckslos an und entschuldigt sich. Ich muß sie immer wieder auf unser Gespräch lenken. Mehrmals frage ich, wie es ihr geht, und sie versichert mir, es sei alles in Ordnung, vollkommen in Ordnung. Ich fülle ihre Tasse einmal nach, zweimal nach. Sie vergißt so lange, meine Tasse wieder zu füllen, daß ich diskret versuche, auch mir selbst einzuschenken, ein Verstoß gegen die japanische Etikette: man füllt nicht seine eigene Tasse. Als sie merkt, was passiert ist, überhäuft sie mich mit Entschuldigungen.

»Ist schon gut, Hiroko-san«, beruhige ich sie und meine damit mehr als nur den nicht eingeschenkten Tee. »Bitte sprich. Ich weiß, daß dich etwas quält.«

Sie steht abrupt auf, sieht auf die Uhr und sagt, sie müsse wieder zurück.

Wohin zurück? möchte ich sie fragen, zögere aber. Meine Freundin ist offensichtlich in einer Krise, aber ich weiß nicht in welcher. Ich weiß auch nicht, ob es helfen würde, noch weiterzufragen, oder ob sie das womöglich völlig aus der Bahn wirft.

Obwohl ich noch ein paar Tage in Tokyo bleibe, fürchte ich, daß ich sie auf dieser Reise nicht mehr treffen werde. Sie wird Ausflüchte finden, und wenn wir uns in ein paar Jahren wiedersehen, wird sie so tun, als sei nichts gewesen.

Schieb's auf's Wetter. Wenn Freunde anrufen, stimmen sie die Litanei über das schlechte Wetter an, über die Wolken, die Blätter, die sich so merkwürdig färben, zu früh, meinen die einen, zu spät, die anderen. Hiroko-san erzählte mir, daß in ihrer Nachbarschaft die Blätter an den Zweigen vertrockneten und herunterfielen, ohne sich verfärbt zu haben.

Es gibt Zeiten, in denen ich die Stille in Japan liebe. Weg vom Getöse des städtischen Japans, tief in einem Bambushain, wo Blätter dick den Boden bedecken, da kann man die Stille *hören*, das schwöre ich. Dann kommt ein Lufthauch, und es ist, als würde die ganze Welt atmen und dazu der sich im Takt wiegende Bambus, Einatmen, Ausatmen, wie ein Seufzer.

Es gab genau solche Augenblicke mit japanischen Freunden. *Ishin denshin*, wortlose Kommunikation von Herz zu Herz: es gibt nichts Vergleichbares.

Zu anderen Zeiten ist die japanische Stille ein Gefängnis. Man weiß, daß da drinnen jemand ist und verzweifelt ausbrechen möchte, doch Sprache, Kultur und Tradition sind mächtige Gefängniswärter. Das Äußerste, was man zu sehen bekommt, ist ein dürrer Arm, der mutlos die Gitterstäbe umklammert.

Selbst bei japanischen Freunden, die nicht so große Probleme haben wie Hiroko-san, entsteht oftmals ein verlegenes Schweigen, wenn es um die Beschreibung von Gefühlen geht. Einige Linguisten behaupten, dies sei auf englisch leichter als auf japanisch. Unsere Sprache ist ungewöhnlich differenziert in den verschiedenen Abstufungen von Gewißheit, Intuition, Fühlen und Einsicht.

Selbst die Psychoanalyse, angeblich ein Weg, sich ins Irrationale und Unbewußte zu vertiefen, ist fest verwurzelt in der rationalen Voraussetzung, daß sich die Ursache bestimmter Gefühle oder Verhaltensweisen im Gespräch aufdecken läßt. Dieses »heilende Gespräch«, wie es manchmal genannt wird, entspricht sehr stark unserer westlichen *cogito*-Tradition, der Bedeutung, die wir dem Ego, dem Rationalismus und der intellektuellen Artikulation beimessen (»Ich denke, also bin ich«).

Die zeitgenössische japanische Psychologie hingegen wurzelt auf sehr unterschiedlichen philosophischen Traditionen, meditative eingeschlossen, in denen Ego, Rationalismus und Sprache abgewertet (und manchmal sogar verdammt) werden. Populäre Therapien wie Naikan und Morita betonen Meditation, Dankbarkeit und Demut. In der Morita-Therapie werden die Gefühle für weniger wichtig erachtet als der Wille. Tatsächlich läßt sich eine Verhaltensveränderung herbeiführen, ungeachtet der Gefühle, die jemand hat. Sowohl Naikan als auch Morita basieren auf dem buddhistischen Prinzip, daß Selbstlosigkeit ein erstrebenswertes Ziel ist.

Für die wenigsten Japaner sind Psychoanalyse und das Aussprechen persönlichster Gefühle etwas Selbstverständliches. Von frühester Kindheit an sind sie darin geschult, sich niemandem aufzudrängen. Seine Probleme erzählen heißt, Aufmerksamkeit fordern. In vielen der Gespräche, die ich in Japan führte, ging es um Schmerz, von dem ich nur indirekt oder intuitiv erfuhr. Sigmund Freud als Haiku: die verdorrten Blätter auf den Bäumen in der Nähe von Hiroko-sans Haus fallen, ohne sich zu verfärben. Das ist das Äußerste, was meiner Freundin an Selbstenthüllung möglich ist.

Was sagt man in einer Kultur, die darin geübt ist, Empfindungen zu verdrängen? Psychologen sind in Japan genauso selten wie Anwälte, und das wahrscheinlich aus vergleichbaren Gründen, denn beide Berufe leben von Klienten, die bereit sind, Zeit aufzuwenden und sich der Mühe zu unterziehen, ihre Bedürfnisse zu artikulieren. Was passiert, wenn sogar das Konzept eines »Selbst« Gegenstand einer philosophischen Debatte ist? Mein früherer Institutsleiter, Professor Sano, erinnert mich immer wieder gerne daran, daß Japan nie eine Aufklärung erlebt hat. Schon die bloße Idee des »Humanismus« wird als arrogant, gleichzeitig aber auch als naiv angesehen. Obwohl das japanische Leben sehr kontemplativ und innerlich sein kann, gibt es in Japan keine psychoanalytische Kultur. Sich zu beklagen ist in Japan ein Ritual wie anderswo auch, aber die Probleme werden hier oftmals an Situationen oder Dingen festgemacht und nicht als Teil eines freudianischen Persönlichkeitskonzepts gesehen, das bereits in der Kindheit seinen Anfang nimmt.

Später, als ich nach meinem Vortrag an einer anderen Universität und dem Übernachtungsbesuch bei einer dort lehrenden Freundin wieder zu Maryvonne zurückkehre, erwähne ich, wie schwer es mir fällt, mich in meiner neuen Rolle zurechtzufinden. Man ruft mich an, um mit mir zu reden, mir etwas anzuvertrauen, doch die Lösungen, die mir am naheliegendsten erscheinen (»Ihr zwei müßt darüber reden. Du mußt ihm zeigen, daß du wütend bist. Ihr beide solltet einen Anwalt aufsuchen ...«), sind nicht nur fehl am Platze, sondern in diesem Land unmöglich.

Maryvonne erzählt mir eine Anekdote, die meine Erfahrung bestätigt. Vor einigen Jahren war sie ganz außer sich, weil ihr Sohn sich weigerte, die Schule zu besuchen und jeden Morgen Bauchschmerzen vortäuschte. Nach endlosen Auseinandersetzungen mit ihm, abwechselnd zwischen ernster Besorgnis und »zupackender Liebe«, und nachdem sie alle westlichen Motivationstechniken ausprobiert hatte, die ihr einfielen, beschloß sie, dem Rat ihrer Schwiegermutter zu folgen und mit Naomo zu einem traditionellen chinesischen Arzt zu gehen.

»Er untersuchte Naomo von oben bis unten und verkündete, er sei ernsthaft aus dem Gleichgewicht«, lachte Maryvonne. »Sein *ki*, sein Geist, sei aus den Fugen geraten. Der Arzt versicherte uns, er habe genau die richtigen *kampō*-Mittel, um das Problem zu heilen. Wenn Naomo sie ein Jahr lang zuverlässig jeden Tag nehme, dann werde es ihm wieder gutgehen. Ich fand das verrückt! Doch natürlich nahm Naomo die *kampō*, ein weißes Pulver am Morgen und ein schwarzes am Abend. Das vermittelte ihm das Gefühl, sehr wichtig und erwachsen zu sein. Er und sein Großvater nahmen ihre Medizin gemeinsam und gleichzeitig ein. Ziemlich bald schon ging er jeden Tag ohne Bauchschmerzen zur Schule!«

Gängige Lösungen alltäglicher Katastrophen. Beschäftige dich, arbeitete hart, geh zum *kampō*-Doktor. Natürlich gibt es auch in Japan tiefe und tragfähige Freundschaften, Freundschaften, in denen man sich (wie in der westlichen Welt auch) einander anvertraut, in denen man Trost sucht und auch bekommt. Doch unsere westliche Gewohnheit, verborgene Motive und Neurosen zu sezieren oder den Grund für Alltagsprobleme in Enttäuschungen und Verlusten der Kindheit zu suchen, ist hier kaum verbreitet. In Japan machen die Pharmazeuten ein besseres Geschäft als die Psychotherapeuten.

Wenn die Psychologie versagt, verlaß dich auf das Schicksal. Glück, Unglück, ein ausgeklügeltes System an Glaubenslehren, Aberglauben und Symbolen. Omen besetzen im japanischen Leben den gleichen dunklen, halbbewußten Bereich, den in unserem Leben das Es innehat. Wir glauben – ganz puritanisch –, daß alles so lange in Ordnung ist, wie wir unser Es unter Kontrolle haben. Keine Promiskuität, kein Ehebruch; kein Rauchen oder Trinken; kein rotes Fleisch, Eigelb oder cholesterinreiche Nahrung. Jogge am Tag fünf Kilometer. Arbeite an deinem Puls, und alles wird gut. Dies sind unsere (derzeitigen) Heilrituale. Für die Japaner sind es Wahrsager, Talismane, Handlesekunst, chinesische Astrologie, Numerologie, Geomantie (schlafe nie mit dem Kopf nach Norden). Rituale, die sie auffangen und glücklich machen.

Nachdem ich meinen Vortrag über frühe Fotografie gehalten habe, bin ich der Ehrengast beim üblichen Abendessen. Die Runde löst sich bald auf, und die beiden Professoren, die die Lesung arrangiert haben, Professor Ueno und Professor Matsushima, Kollegen und Freunde gleichermaßen, laden mich dazu ein, noch irgendwo eine Kleinigkeit zu trinken, bevor ich wieder in das winzige Zimmer meines »Business Hotels« zurückkehre, wo ich zwei Nächte verbringe. Ich glaube, ich tue ihnen leid, hier so allein. Wahrscheinlich hätten sie eine japanische Frau nicht gefragt, ob sie noch ausgehen möchte. Wieder einmal wird mir bewußt, daß das Gespräch ein Geschlecht und ein Land hat.

Es ist ein merkwürdiger Abend. Von gemeinsamen Freunden weiß ich, daß jeder dieser beiden Männer eine schwierige Zeit durchmacht, aber keiner will darüber reden. Da sie zu zweit sind, weiß ich nicht, ob sie so reserviert sind, weil sie ihre Probleme nicht vor einer Frau (noch dazu einer *gaijin*) ausbreiten, oder weil sie voreinander nicht über Persönliches reden wollen.

Professor Ueno ist sehr krank, wahrscheinlich hat er Krebs, wie man mir sagte, obwohl das niemand sicher weiß, er selbst auch nicht. Es ist hier eine übliche medizinische Praxis, den Patienten nicht über seine potentiell tödliche Krankheit in Kenntnis zu setzen, insbesondere nicht bei Krebs. Nicht einmal dem Kaiser hatte man gesagt, daß er sterben würde. Heute haben mir viele gemeinsame Bekannte anvertraut, daß sie sich große Sorgen um Professor Uenos Gesundheit machen, aber niemand hat das Thema in seiner Gegenwart angesprochen.

Beim Essen, als ich ihn nach seinem Befinden frage, antwortet er zuerst einfach »gut«, und fügt dann, als ich ihn zweifelnd anschaue, beherzt hinzu: »Ich kann nicht klagen. Für mein Alter bin ich sehr *genki* (kräftig, aktiv)«. Thema abgehakt.

Professor Matsushimas Problem ist beruflicher Natur. Er war im letzten Jahr von einem hohen Verwaltungsposten an seiner Universität zurückgetreten, als er dahinterkam, daß Mitarbeiter der Universität zweifelhafte Geschäfte abwickelten. Jetzt, da er keine Macht mehr hat, gibt man ihm die Schuld für diese Unzulässigkeiten. Seine Gegner behaupten, der Rücktritt sei ein stillschweigendes Schuldeingeständnis gewesen. Er selbst kann nicht zur Klärung beitragen. Wenn die Kollegen so wenig Respekt vor seiner Ehre haben, können ihn auch bloße Worte nicht retten. Das ist jedenfalls die japanische Logik. Alte Kollegen zögern plötzlich, sich mit ihm sehen zu lassen. Ich habe das alles sowohl von mitfühlenden Freunden als auch von schadenfrohen Gegnern erfahren.

Auch er lacht herzlich, sein Gesicht wird rot vom Sake. Nur ein paar knappe, manchmal sogar bittere Bemerkungen, die er ironisch verpackt, deuten auf seinen Ärger hin, das Gesicht verloren zu haben und sich unverdienterweise schämen zu müssen. Er erzählt uns, daß er einen Teilzeitjob an einer bekannten Universität außerhalb Tokyos angenommen hat.

»Wie schaffen Sie das?« frage ich ihn ungläubig. »Sie unterrichten Vollzeit in Kyoto, Teilzeit in Osaka – und jetzt auch noch in Tokyo?« Er braucht beinahe fünf Stunden, um von einer Universität zur anderen zu pendeln. Zusätzlich steht er als Gelehrter in der Pflicht. »Sie bringen sich um mit soviel Arbeit.«

»*Shikataganai.*« Resigniert zuckt er mit den Achseln. »Mein *sensei* hat mich um einen Gefallen gebeten.«

Die Wiederherstellung seines Rufs verlangt einen hohen Preis. Er trinkt mehr Sake.

Ein peinliches Schweigen liegt über unserem Tisch, und Professor Ueno räuspert sich, um die Stille zu durchbrechen. »Ihr Vortrag heute war sehr interessant. Es hat mich neugierig gemacht, als Sie erwähnten, auch über frühe japanische Fotografie zu arbeiten. Welcher Aspekt«, will er wissen, »interessiert Sie daran besonders?«

»Ja«, meldet Professor Matsushima sich mit neu erwachter Lebhaftigkeit, »was haben Sie bisher herausgefunden?«

Ich erzähle ihm, daß die Kamera 1853 nach Japan gekommen ist, als Admiral Matthew Perry das Land gewaltsam für den Handel mit dem Westen »öffnete«. Ein Daguerreotypist an Bord eines der Schiffe hielt dieses historische Ereignis fest, machte aber auch zahlreiche Fotografien vom japanischen Alltagsleben: von Bürgern, die Tatami-Matten webten, gemeinsam badeten, in ihren *geta* (Holzsandalen mit Plateausohle) über schmutzige Straßen gingen, von einem Friseur, der das Haar eines Mannes zu einem glänzenden Knoten aufsteckte, einem Mädchen, das weißes Make-up auf die Schultern einer Geisha strich, Kindern, die fischförmige Drachen fliegen ließen, alten Frauen, die in den Feldern Reis anbauten.

Die Japaner fanden diese westlichen Fotografien sehr lustig. Warum um alles in der Welt sollte irgendwer an solch prosaischen Szenen interessiert sein. Der Daguerreotypist ließ eine seiner Kameras zurück. Als nach und nach regelmäßig Schiffe aus dem Westen kamen, eröffneten die Japaner in den Hafendörfern Läden, in denen Fotos von Japan verkauft wurden, die exklusiv für den Handel mit dem Ausland bestimmt waren.

Was war auf diesen ersten japanischen Fotografien zu sehen? Bürger, die Tatami-Matten webten, gemeinsam badeten, in ihren *geta* über schmutzige Straßen gingen, ein Friseur, der das Haar eines Mannes zu einem glänzenden Knoten aufsteckte, ein Mädchen, das weißes Make-up auf die Schultern einer Geisha strich, Kinder, die fischförmige Drachen fliegen ließen, alte Frauen, die in den Reisfeldern Reis anbauten – Alltagsleben in Japan.

»Sehr interessant«, sagt Professor Ueno.

»Sehr japanisch«, lacht Professor Matsushima.

»Inwiefern?« will ich wissen.

»Die Amerikaner kamen mit ihren Schiffen und ihren Waffen in die Edo Bay. Zweihundert Jahre lang haben wir für uns gelebt, aber jetzt sind wir plötzlich Handelspartner – *müssen* Handelspartner sein. Sie wollen uns ändern, zu Westlern machen, aber sie wollen uns auch im Bild festhalten, vielleicht, um die Kultur zu begreifen, die sie gerade zu zerstören versuchen. Natürlich haben wir ihnen Postkarten von uns verkauft.« Er muß wieder lachen. »Fällt Ihnen eine bessere Möglichkeit ein, sich zu verstecken?«

Professor Ueno nickt zustimmend. »Gib den Leuten, was sie wissen wollen, und sie lassen dich in Ruhe.«

»Leute.« War ich damit gemeint? Spricht er über unseren gemeinsamen Abend? Habe ich eine Regel verletzt, versucht, zu persönlich zu sein? Dies sind genau die Fragen, die ich nicht stellen kann, denn die Antwort wird keine »Wahrheit« widerspiegeln, sondern nur das, was die gesellige Situation entspannt. »Nein, natürlich nicht, Cathy-san, Sie würden nie unhöflich werden«, ist die einzig mögliche Antwort. Und aus diesem Grund hat es auch überhaupt keinen Sinn, diese Frage zu stellen.

Als wir das Restaurant verlassen, regnet es immer noch in Strömen. Professor Matsushima besteht darauf, mir bei der Suche nach einem Taxi behilflich zu sein, kein leichtes Unterfangen an einem Regenabend. Er hält seinen großen, schwarzen Schirm über mich, wird selbst naß und läuft immer wieder hinaus auf die Straße, um ein Taxi herbeizuwinken. Als endlich eines anhält, ist er völlig durchweicht. Während wir warten, bis der andere Fahrgast ausgestiegen ist, verbeugt er sich tief und dankt mir, mit ihm und Professor Ueno noch ausgegangen zu sein. Er hofft, sie hätten mich nicht zu lange festgehalten.

»Ganz und gar nicht«, sage ich und schüttle ihm die Hand, bevor ich mich verbeuge, meine übliche Mischung aus Ost und West. Er wirkt traurig und müde und ist tropfnaß. Ich mag ihn, er ist immer freundlich zu mir gewesen. Ich muß einfach noch hinzufügen: »Sie sind der freundlichste und ehrenwerteste Mensch, der mir je begegnet ist. Bitte achten Sie auf Ihre Gesundheit.«

Er macht eine sehr langsame, tiefe und förmliche japanische Verbeugung. Im Regen, mit den hellen Lichtern des Vergnügungsviertels, die im Hintergrund verschwimmen, sieht er aus wie ein Schnappschuß des Leidens.

Ich gehe durch die Fotografie-Ausstellung im Museum von Kyoto und frage mich wieder einmal, was so eine Aufnahme wirklich bedeutet. Vielleicht liegt es am Verlauf dieser Reise, daß ich über die Beziehung zwischen einem Foto und dem darauf abgebildeten und so schwer faßbaren Ich grüble. Ist es nicht seltsam, daß die Person, die ein Bild aufnimmt, niemals darauf zu sehen ist? »Verborgene Kraft« lautet der Satz, den ein Philosoph dafür fand. Das Konzept ist irgendwie japanisch.

Gestern abend hatte ich wieder ein Gespräch mit Maryvonne. Es ging um eine weitere Verschiebung unserer gemeinsamen Reise nach Oki. Dreimal haben wir nun schon etwas geplant, und es dann doch wieder umgeworfen. Die Reise soll anscheinend nicht sein. Ich habe vorgeschlagen, die ganze Idee fallenzulassen und uns keine Gedanken mehr darüber zu machen.

»Wir fahren nach Weihnachten, sobald die Konzertsaison

vorüber ist.« Maryvonne ließ nicht locker und versprach es immer wieder. »Wir werden noch vor *oshōgatsu* fahren. Wenn wir Glück haben, ist die See aufgewühlt. Ich werde jede Menge Fotos machen. Ich brauche etwas, ein paar neue Rhythmen für meine Gemälde.«

Maryvonnes neue Bilder sind von eindringlicher Schönheit. Keine finsteren Kobolde mehr, aus dem Rot ist jetzt gedämpftes Grün und Braun geworden. Der Schauplatz ist die Natur, aber eine abstrakte Natur; gefühlt, nicht dargestellt. Sie sagt, in dieser Folge gehe es um die Wiederholung, die Art und Weise, wie das Leben seinen unerbittlichen Zyklus vollzieht; kahle Bäume im Winterwald, Welle auf Welle auf Welle gegen das Ufer.

Daran muß ich denken, als ich zu den Fotografien von Hiroshi Sugimoto komme. Ich habe noch nie von ihm gehört, nie zuvor etwas von ihm gesehen. Es sind hervorragende Arbeiten. Zuerst drei Fotografien von klassischen amerikanischen Kinos. Die Kinosäle sind leer, die Leinwände strahlen weiß und gespenstisch. Jede Einzelheit der vergangenen und stillen Pracht ist in der silbergrauen Tönung dieser außerordentlich traurigen Fotografien perfekt eingefangen. Die Vollkommenheit ist eine Maske für die Trostlosigkeit, die Apokalypse. Die strahlende Leinwand, die keine Geschichte zu erzählen hat, kein Lebenszeichen; ein Kino ohne Film und Publikum.

Doch erst bei den nächsten drei Bildern bleibt mir wirklich die Luft weg. Es sind drei Schwarzweißfotografien vom Ozean. Sie zeigen nur Himmel und Meer, die Linie am Horizont ist der einzige »Inhalt« des Gemäldes, die Unterscheidung zwischen dem graueren Wasser und dem helleren Himmel, auf jeder Fotografie ein anderer Ozean.

Technisch gesehen sind das minimalistische Arbeiten. Sie haben etwas Grenzenloses. Jenseits der Worte. Keine vertraute Gestalt bestätigt menschliches Leben auf diesen Fotografien. Dasein – das Selbst – ist genauso irrelevant wie jegliche Bedeutung. Wie seine trostlos traurigen Kinos ist Sugimotos Ozean perfekt, präzise, unergründlich.

Ich verliere mich in diesen Fotografien, nehme die Klarheit des Lichts auf seinem Karibik-Foto wahr, die präzise Zeichnung jeder Wellenkräuselung, die feste, in Schwarzweiß eingefangene Grenzlinie von Horizont und Himmel. Fast spüre ich die sengende Sonne, die blendendweißen Strände, auch wenn sie gar nicht auf dem Bild sind.

Sein Mittelmeer ist weicher, mit samtigem Horizont, als würden Meer und Himmel dort miteinander verschmelzen.

Mir fällt das moosige Licht der dritten Seelandschaft auf, noch ehe ich den Titel lese: »Japanisches Meer, Oki, 1987.«

An dem Festtag, an dem der neue Kaiser feierlich in sein Amt eingesetzt wird, bin ich wieder bei Maryvonne und Ichirō. Es ist ein Tag voller Symbolik. Heute schläft der Kaiser mit der Sonnengöttin.

Nun, wir wissen nicht, ob sie wirklich Unzucht treiben (niemand außer dem Kaiser kennt das Ritual), aber wir wissen, daß ein königliches Bett im inneren Heiligtum steht und daß in früherer Zeit, vor dem Ende des Zweiten Weltkriegs, eine Art physische Vereinigung zwischen dem neugekrönten Kaiser und seiner alten Stammutter (eine Tempelpriesterin? eine Nonne? eine vestalische Jungfrau?) stattfand. Es war eine Form des symbolischen Inzests, aus dem der Kaiser weder als Mann noch als Frau hervorging; von da an war er nicht mehr Mensch, sondern Gott.

Maryvonne flüstert mir zu, daß Ichirōs Arbeitsbelastung endlich weniger geworden sei. Er gehe in letzter Zeit früh zu Bett, und heute morgen habe er tatsächlich bis neun Uhr geschlafen. Seine ganze Stimmung sei verändert; er trinke kaum mehr. Er scheint wieder der alte Ichirō zu sein. Wir lachen und erzählen uns Geschichten. Ich vertraue mich ihm sogar an. Ich erzähle ihm, daß alle, denen ich diesmal in Japan begegne, in einer Krise stecken. Ich sei mir nicht sicher, ob es an diesem der Jahreszeit nicht gemäßen Wetter liege, oder ob ich das Unglück mitgebracht habe.

Ichirō zieht mich auf, er glaubt nicht, ich könne *all* diese Probleme verursacht haben, aber vielleicht gebe es einen Grund, warum ich sie jetzt, dieses Mal, wahrnehme.

»Ich glaube, wenn wir glücklich und optimistisch sind, sehen wir nur das Positive. Vielleicht ist deine vierte Reise wirklich der Auslöser, der dich auch die andere Seite erfahren läßt.«

Ich sage, daß ich mich diesmal weniger als Touristin fühle als sonst. Möglicherweise liegt das daran, daß ich keinen konkreten Lehrauftrag habe und mich mit mehr Zeit und Aufmerksamkeit meinen Freunden widme.

Ichirō meint scherzend, dieses Gespräch werde ihm jetzt zu tiefgründig. Vielleicht sei doch das Wetter die plausiblere Erklärung.

»Das sagen alle«, pflichtet Maryvonne ihm bei. »Selbst im Wetterbericht sagen sie's.«

Das überrascht mich nicht. Die Japaner gehen von Beziehungen zwischen äußeren und inneren Zuständen aus. Wenn beispielsweise die Regenzeit zu spät kommt oder zu lange dauert, fangen alle an, seltsam zu agieren, es wird fast zu einer nationalen Obsession. Der staatliche meteorologische Dienst fühlt sich dazu aufgefordert, sich öffentlich für diese Störung zu entschuldigen und bietet eindrucksvolle Erklärungen zu den neuen, revidierten Daten für den offiziellen Anfang oder das Ende der Saison. Im Westen würden wir uns der Vorstellung widersetzen, etwas so Bedeutsames wie das Ego könne durch die Natur beeinflußt werden.

»Ich habe dazu übrigens meine eigene Theorie entwickelt«, behauptet Ichirō kauzig. »Vielleicht sind in diesen Tagen alle wegen des neuen Kaisers so durcheinander.«

»Des Kaisers?«

»Aber sicher. Du weißt doch, daß wir Japaner Veränderungen hassen. Wir hatten fast vierundsechzig Jahre lang ein und denselben Kaiser. Er starb vor langer Zeit, dann kam das Trauerjahr, jetzt haben wir einen neuen Kaiser. Natürlich haben die Leute damit Schwierigkeiten!«

Er erklärt uns, daß sich der ganze Kalender mit einem neuen Kaiser verändert. Jetzt ist *Heisei gannen*, das erste Jahr der *Heisei*-Ära, der neuen kaiserlichen Regentschaft. »Wir kommen uns wieder vor wie Säuglinge. Unser erstes Jahr. Ihr wißt ja, was für einfache Menschen wir sind.«

Ichirō macht sich ständig über das japanische Leben lustig. Und das mit Scharfsinn. Als er sagt, daß eine neue Ära die Menschen verunsichere, werde ich aufmerksam. Veränderung. Das ist nicht zwangsläufig ein positives Konzept. Ich sage ihm, daß Psychologen in Amerika sich schon darauf einstellen, daß die Jahrtausendwende ähnliche Probleme aufwerfen wird.

»Keine Veränderung ist eine gute Veränderung«, witzelt Ichirō.

Auf dem Fernsehschirm trägt der Kaiser goldgesäumte mittelalterliche Gewänder. Sie scheinen über Reifen zu liegen, denn sie sind sehr ausladend.

»Vielleicht sind es auch Drähte, wie bei einer Marionette«, meint Maryvonne. »Manche Menschen behaupten ja, er sei ohnehin nur noch eine Art Puppe.«

Das stimmt. In einer kontrovers aufgenommenen Rede – von einigen überaus begrüßt, von konservativen Japanern abgelehnt – hat der Kaiser gesagt, er werde der Verfassung dienen und sich an sie halten. Ich bewundere die Art, wie er seinem althergebrachten Anspruch auf Vergöttlichung entsagt. Er spricht von sich sogar mit den üblichen Personalpronomen anstatt jene speziellen Formulierungen zu verwenden, die traditionsgemäß exklusiv dem Kaiser vorbehalten sind. Für die Japaner, die alt genug sind, um sich noch an das alte System zu erinnern, muß dies alles verwirrend sein. Der neue Kaiser hat sogar indirekt zugegeben, daß sein verstorbener Vater auch eine Verantwortung für den Zweiten Weltkrieg getragen habe, was die Konservativen in ganz Japan ziemlich entrüstete. All dies ist politisch, aber, wie ich meine, auch äußerst persönlich. Der neue Kaiser scheint ein scheuer, stiller Mann zu sein, ein Intellektueller. Man hat den Eindruck, er wäre alles andere lieber als Kaiser. Er erklärt auch in einem Zeitungsinterview, er habe nicht wirklich Sex mit der Sonnengöttin. Er sagt nicht, was er in diesem großen Raum mit dem kaiserlichen Bett getan hat, aber er macht nicht den Eindruck, als hätte er viel Spaß gehabt. Er wirkt, als hätte er Kopfschmerzen.

»Vermutlich passiert einem das«, meint Maryvonne, »wenn man kein Gott mehr ist.«

Bei einem großen Abendessen sitze ich neben einer Japanerin, die ich nur beiläufig kenne, aber immer bewundert und gemocht habe. Mehrmals und mit Nachdruck erzählt sie mir, daß sie ihren Sohn gerne auf ein ausländisches College schicken würde, nicht nur für ein Jahr, sondern für vier Jahre, obwohl er so gut wie kein Englisch spricht. Sie bittet mich, ihm beim Ausfüllen der Anträge zu helfen. Ein paar Tage danach treffen wir uns in einem ruhigen Café, ich korrigiere die Formulare und helfe ihr dann bei den schwierigeren Absätzen.

Erst später erfahre ich durch einen gemeinsamen Freund, daß der einzige Bruder dieser Frau, ein Angestellter im mittleren Management, mit einundvierzig Jahren an einem Schlaganfall gestorben ist. Das inoffizielle Urteil lautet *karōshi*, Tod durch Überarbeitung. Sie ist davon überzeugt, daß sie ihren Sohn nur dann vor diesem Schicksal bewahren kann, wenn sie ihn rechtzeitig mit der westlichen Lebensart vertraut macht. Mir fällt ein, wie sorgfältig sie seine Anträge ausgefüllt, wie besessen sie auf jeden i-Punkt geachtet hat, als hinge sein Leben davon ab.

Ich merke, daß ich all diesen Kummer verinnerliche.

Ständig frage ich mich, was ich falsch mache. Selbst wenn meine Freunde sich mir anvertraut haben, bleibt in mir das Gefühl zurück, daß die wirkliche Geschichte nicht erzählt wurde. Ich kriege die Fetzen einer Biographie mit, die Überbleibsel einer Tragödie. Was *meinst* du damit? frage ich. Was *empfindest* du dabei? Das sind *amerikanische* Fragen, und manchmal sehen meine Freunde mich an, als käme ich vom Mars.

»*Hazukashii!*« entschuldigt sich meine Freundin Chizuko Ozawa, als ihr die Tränen übers Gesicht laufen. Sie hält dabei den Zeitungsausschnitt von der Frau, die sich wegen des Scheiterns ihres Sohnes bei der Collegeaufnahmeprüfung umgebracht hat, noch in der Hand.

Ich berühre Chizukos Hand, und sie schluchzt, was sie wahrscheinlich in der Gegenwart anderer Japaner nicht getan hätte. Sie schämt sich, ist aber offensichtlich auch erleichtert. Ich finde die Tränen viel besser als die steinerne Reserviertheit, die ich vorher in ihren Augen gesehen habe. Der Ausdruck erinnert mich an die in japanischen Filmen üblichen Nahaufnahmen: das ungerührte Gesicht der Heldin, kurz bevor sie sich das Messer in den Bauch stößt. Als ich versuche, mehr aus Chizuko herauszubekommen, wischt sie bloß ihre Augen ab und entschuldigt sich, eine Szene gemacht zu haben. Sie fragt mich, ob ich noch Tee wolle, und erkundigt sich dann nach unserem japanischen Haus in North Carolina.

Mich hungert nach amerikanischen Worten.

Meine Telefonrechnungen für Heimatgespräche sind enorm, viele hundert Dollar. Ich sage Ted, daß alle, die wir kennen, in einer Krise zu stecken scheinen. Ich berichtete ihm jede Einzelheit, jede Nuance eines Gesprächs. Dabei wird mir klar, daß es enorme Lücken gibt, wesentliche Informationen, die ich nie erhalten habe und die ich auch nicht erraten kann. Ted und ich reden und reden, analysieren, versuchen zu verstehen. Das ist genau das, was ich mit meinen japanischen Freunden nicht kann.

Wenn ich auflege, fühle ich mich so allein wie nie zuvor. Heute bin ich Gast in einer wunderschönen Villa, die zur hiesigen Universität gehört. Sie wurde von einem Millionär erbaut, bevor die Grundstückspreise Japans in astronomische Höhen kletterten. Es ist die exklusivste Privatresidenz, in der ich je gewesen bin. Über viertausend Quadratmeter Land, ein Teegarten, sogar ein Wasserfall, der sich in einen wunderbaren Teich, in dem *koi* schwimmen, ergießt. Der Verwalter zeigte mir eine Schachtel mit Karpfenfutter und erklärte mir, ich könne mich dicht übers Wasser beugen, und die *koi* würden mir dann aus der Hand fressen.

Ich wünschte, Ted wäre hier. Ich bin in Japan, sehne mich nach meinem kanadischen Ehemann, nach meinem ruhigen neuen Haus – Ted sagt, es rieche noch immer nach frischem Bauholz – nach unserer japanischen Fantasie in Cedar Grove, North Carolina. Ich verstehe, was das Wort *Heimweh* bedeutet. Mir ist tatsächlich übel. Meine Sehnsucht nach zu Hause tut weh. Es ist dumm, aber ich kann nicht widerstehen: zehn Minuten später rufe ich Ted noch einmal an.

»Was hast du heute gemacht? Was hast du gegessen? Was hast du an? Sag mir, wo du gerade stehst. Genau. Wirft die niedrige Wintersonne Schatten? Blüht der japanische Kamelienstrauch schon? Duften die Tatami immer noch so frisch wie ein Reisfeld zur Erntezeit?«

Nach Oki habe ich es nicht geschafft. In der Flaute zwischen Weihnachten und *oshōgatsu* fuhren Maryvonne und ich mit dem Zug bis an die Küste, doch nur, um dann dort zu erfahren, daß keine Fähren gingen. Die See war zu stürmisch. Am Fahrkartenschalter warnte uns der Ticketverkäufer: der Sturm könne durchaus noch eine weitere Woche andauern.

Weil wir keine Lust hatten, einfach umzukehren und nach Hause zu fahren, gingen wir in ein japanisches Reisebüro vor Ort, um in Erfahrung zu bringen, ob es in der Nähe etwas Interessantes gebe. Man erzählte uns von einem *onsen*, einem Thermalbad am Meer, in der Nähe von Kaike. Wir fuhren nach Kaike.

Dort blieben wir drei Nächte, telefonierten jeden Abend mit Oki, scherzten und wünschten unseren Freunden jedesmal *oyasuminasai*, gute Nacht.

»Frag doch, ob Suziki-san wieder da ist?« sagte ich zu Maryvonne. Sie schüttelte den Kopf, als man ihr sagte, sie sei nicht wieder aufgetaucht.

Eines Abends dachten Maryvonne und ich uns einen komischen Brief für unsere Freunde auf Oki aus, eine Parodie auf die schmachtenden japanischen Liebeslieder über Menschen, die durch die stürmische See voneinander getrennt sind. Ich übertrug ihn in *hiragana*, warf obendrein ein paar *kanji*-Zeichen aufs Papier und konnte das Triumphgefühl genießen, mich wenigstens an etwas aus meinem qualvollen Sommerkurs zu erinnern. »Beim nächstenmal«, fügten wir in einem Postskriptum hinzu, »schaffen wir es nach Oki, und wenn wir schwimmen müssen.«

Wir legten den Brief zusammen mit einigen der Geschenke, die wir für unsere Freunde mitgebracht hatten, in eine Schachtel und vereinbarten mit dem Besitzer der Herberge, das Paket mit der erstmöglichen Fähre nach Oki zu befördern. Die anderen für Oki gedachten Mitbringsel verzehrten wir selbst. Gefräßig entschädigten wir uns für unseren Verlust, genossen Kekse, Schokolade, *marrons glacés* und eine große Flasche Sake. Das *onsen*, wo wir in Kaike wohnten, war bekannt für seine Krebse, und deshalb aßen wir drei Tage und Nächte nur Krebsbeine, Krebsscheren, Krebssuppe, Krebssalat, Krebssoufflé, Krebsrogen.

Wir saßen im Schneidersitz auf den Tatami, sahen hinaus aufs graue Meer, den grauen Himmel, die gegen die Piermauern donnernden Wellen, pickten das Fleisch aus den Krebsschalen, aßen Süßigkeiten, wurden vom Sake immer betrunkener – zwei Frauen mittleren Alters, die sonst eher abstinent leben –, tauschten unsere Lebensgeschichten aus, erzählten Witze, die jetzt spaßiger waren als wir sie in Erinnerung hatten, lachten, bis uns die Tränen runterliefen.

»O nein! Mir wird schlecht!« Maryvonne sprang vom Tatami hoch. »Gottseidank ist es eine westliche Toilette.« Sie schaffte es gerade noch rechtzeitig.

Ich stand hinter ihr, massierte ihr den Rücken, versuchte sie aufzubauen. Nach ein paar Minuten kam sie zurück und ließ sich auf das Tatami fallen.

»Wie schaffen das die *sarariiman* nur jeden Abend?« meinte sie, ein wenig grün im Gesicht.

»Jetzt erwischt's mich!« sagte ich und fühlte mich immer elender.

Abwechselnd übergaben wir uns die ganze Nacht, jede stützte die andere, und wir versuchten, darüber zu lachen.

»Wahrscheinlich sind wir die einzigen Frauen, die auf dem Weg nach Oki je seekrank wurden, *ohne* die Fähre zu nehmen!« lachte Maryvonne, als sie unsere Freunde auf Oki an unserem letzten Abend in der Herberge anrief. »In meinem ganzen Leben will ich keinen einzigen Krebs mehr sehen«, fügte sie hinzu.

Als sie mir den Hörer gab, sagte Shimura-san mir, er werde die Glaskugel, die er gefunden habe, weiter für mich aufbewahren, und er und seine Familie würden ganz besonders darauf aufpassen, bis ich sie mir abholte.

»Wir sind alle froh, daß Sie noch einen Grund haben, wiederzukommen«, sagte er.

»Unsere Reise ist inzwischen ein Familienwitz«, sagte Maryvonne bei einem Telefongespräch. »Wann immer etwas nicht so läuft wie geplant, sagen wir einfach: ›Ich glaube, ich gehe nach Kaike.‹ Egal wie enttäuscht wir sind, das bringt uns immer zum Lächeln.«

Ich kehre zurück ins Kyoto-Museum und schaue mir den Rest der Fotografie-Ausstellung an. Beim letztenmal war ich so bewegt, daß ich das Museum verlassen mußte, nachdem ich die Fotografie von Oki gesehen hatte, Meer und Himmel, ohne menschliche Einmischung. 1987. In diesem Jahr war auch ich dortgewesen. Manchmal gibt es schicksalhafte Zufälle.

Jetzt fange ich mit Sugimotos Fotografien an. Während meines vierten Japanaufenthaltes führt mich allein seine Fotografie nach Oki. Ich muß mich an den Gedanken gewöhnen, daß ich vielleicht nie dorthin zurückkehren werde. Ich stehe in der Ausstellung. Mein Abstand zum Bild an der Wand ist zu groß, als daß ich den Titel auf der kleinen weißen Karte lesen könnte. Nie habe ich eine schönere Fotografie gesehen. Könnte ich es mir leisten, würde ich diese Fotografie kaufen. Ich würde sie über meinen Schreibtisch hängen und bräuchte Oki nie wieder zu verlassen.

Es sind noch mehr Menschen als sonst im Museum. Die Besuchergruppen bewegen sich geschlossen, in riesigen Pulks, von Fotografie zu Fotografie. Ich lasse mich von der Menge mittragen. Vieles habe ich noch nicht gesehen, und ich bin fasziniert von der Zusammenstellung aus alt und neu, von japanischen und westlichen Fotografen, Bildformulierungen, die für mich neu und überraschend sind.

Ich komme zu den Fotografien des Brasilianers Sebastião Salgado. Ich habe schon Reproduktionen in Zeitschriften gesehen, doch noch nie die Originalabzüge. Ich bin erstaunt, wie absolut klar er den Schmerz der brasilianischen Goldminenarbeiter festgehalten hat, bin berührt von diesen Porträts der Armut und des unvorstellbaren Elends. Sie sehen aus wie Brueghelsche Allegorien des menschlichen Leids. Eine verschwommene Fotografie zeigt Hunderte von Minenarbeitern, die sich über zerbrechliche Leitern hochschlängeln, manchmal zwei auf einer der dünnen Sprossen, während ebensoviele noch unten am Boden darauf warten, die Mine zu verlassen. Auf einer Nahaufnahme ist eine schmutzverkrustete Hand zu sehen, die sich einem Arbeiter entgegenstreckt, der auf einer unsicheren Astleiter steht. Der Arbeiter auf der Leiter sieht aus, als würde er gleich vor Erschöpfung zusammenbrechen. Hinter ihm ist der Abgrund, die klaffende Höhle der Goldmine, tief drinnen in der Erde.

Wer sich auf diese Fotografien einläßt, ist zutiefst berührt. Manche Besucher seufzen beim Anblick der Bilder, andere eilen vorbei, als ginge es sie nichts an. Mit starrem Blick steht eine ältere Frau im Kimono vor der zweiten Fotografie. Sie stand schon so, als ich hereinkam, und als ich den Saal verlasse, steht sie immer noch dort.

Ich gehe weiter, um mir den Rest der Ausstellung anzusehen, kehre dann aber zurück, um die Fotografie von Oki ein letztes Mal zu betrachten. Beim Hinausgehen komme ich noch einmal an Salgado vorbei. Die alte Frau im Kimono hat sich nicht von der Stelle gerührt. Ich bemerke, daß ihre Lippen sich bewegen, als versuche sie, etwas zu sagen, als führe sie einen stummen Dialog mit der leidenden Gestalt im Vordergrund des Fotos. Der Kopf des Minenarbeiters ist nach vorne gebeugt, sein Mund offen, als keuche er von dem langen Aufstieg. Auch ihr Mund ist offen. Es dringen keine Worte nach außen, aber ihre Lippen bewegen sich angesichts des menschlichen Leids. Lautlos, und das Bild verändert sich nicht.

Ich muß hart gegen meine Tränen ankämpfen. Ich verspüre das dringende Bedürfnis, die Frau zu berühren, festzuhalten, ihr zu sagen, daß ich weiß, was sie empfindet. Aber wir sind in Japan. Man spricht nicht einmal mit Freunden so. Was könnte ich denn einer Fremden sagen? Ich streife den Ärmel ihres Kimonos, als ich an ihr vorübergehe. Sie bemerkt es nicht. Als ich den Ausstellungssaal verlasse, steht sie noch immer da und spricht lautlos mit der Fotografie.

14 Das Übungshaus

»Guten Abend. Bitte kommen Sie herein und sehen sich in unserem Haus um.« Mit diesen Worten öffnete uns eine junge Dame die Tür zum Übungshaus.

1987, während unserer dritten Japanreise, waren Ted und ich zum Abendessen in dieses quasi-viktorianische Wohnhaus geladen, das ganz im westlichen Stil eingerichtet war. Wir waren Gäste einer amerikanischen Lehrerin für Hauswirtschaft und ihrer sechs Studentinnen der Kansai Women's University. Wie alle Studentinnen der KWU hatten auch diese sechs zwei Wochen im Übungshaus zugebracht, um die Grundkenntnisse einer westlichen Hausfrau zu erwerben. Am Ende ihrer Arbeit hatten sie uns, zwei *gaijin*, zu einem unterhaltsamen Abendessen eingeladen.

Es wurden nicht-alkoholische Aperitifs mit kleinen Appetithäppchen gereicht, die hübsch auf Tabletts angerichtet waren. Es gab ein amerikanisches Abendessen mit Schmorbraten, Kartoffelpüree, grünen Bohnen mit Mandelsplittern, Gemüse in Aspik und zum Nachtisch Marmorkuchen mit Schokoladenguß. Wir sollten beurteilen, ob alles richtig gemacht wurde. Eines Tages könnte irgendeine dieser jungen Frauen einen Diplomaten oder einen Manager heiraten, der bei irgendeiner multinationalen Firmenkette im Ausland beschäftigt ist. Zwei Wochen lang haben die Studentinnen von der KWU für Amerika geübt.

Es war faszinierend (wenn auch ein wenig erschreckend), unsere Kultur durch japanische Augen betrachtet zu sehen. Besonders überraschte die offene Einladung, das Haus zu besichtigen, denn in Japan zeigt man dem Besucher sein Zuhause nicht. Das wäre unverschämt und hochmütig und käme einer Verletzung der Privatsphäre gleich. Die amerikanische Lehrerin im Übungshaus gestand uns, sie habe den

Der Fuji gleicht im Fensterausschnitt einem Hängebild

Studentinnen nahegelegt, nicht alle Gäste zu einer obligatorischen Hausbesichtigung einzuladen, aber die Studentinnen seien ihrer Bitte nicht nachgekommen. Sie waren fasziniert von unserer Angewohnheit, Besucher durch das Haus zu führen, und sie bestanden darauf, dieses exotische amerikanische Ritual durchzuexerzieren.

Noch im Mantel besichtigten wir alle Räume. Sie zeigten uns das Innenleben der Schränke, die amerikanische Badewanne hinter dem Duschvorhang, selbst die Küchenspüle. Es wurde keine Auswahl vorgenommen, denn diese Studentinnen waren der Ansicht, in Amerika sei alles öffentlich. Unser Land ist ein Land der Öffnung.

Öffnung. Abgrenzung. Die Beziehung zwischen diesen beiden Worten ist in Japan provokativ. Nachdem wir in drei oder vier kleinen japanischen Wohnungen gewesen waren, meinte Ted, daß der Wunsch nach einem Haus nicht nur ein Wunsch nach mehr Wohnraum, sondern auch nach mehr Privatheit sei. Häuser sind hier oft nicht größer als unsere Zwei-Zimmer-Wohnung. Der Garten auf der Rückseite des Hauses hat oft nur die Größe eines Badehandtuchs.

Doch der entscheidende Unterschied besteht darin, daß es umzäunt ist. Ein japanisches Haus wird typischerweise von Mauern umgrenzt, die es von den Nachbarn trennen, eine Grenze zwischen uns und ihnen, mein und dein ziehen. In einem Mehrfamilienhaus sind die Eingangsbereiche für jeden einsehbar. Man teilt sich mit dem Nachbarn die Wand. Gebiete überlappen sich. Da werden die Menschen ein bißchen verrückt und träumen von Häusern.

Sobald klar war, daß wir 1990 ein viertes Mal nach Japan kommen würden, schrieben wir Professor Sano und fragten an, ob es möglich sei, unsere alte Wohnung in der Nähe des Bahnhofs von Nigawa zu mieten. Er antwortete uns, sie sei leider schon vermietet, aber im Dezember stehe das Übungshaus leer und wenn wir wollten, könnten wir dort wohnen. Dieses Angebot der Schule war sehr großzügig und freundlich. Professor Sano bemerkte, es entbehre nicht der Ironie, wenn wir in Japan in einem dem Westen nachempfundenen Haus lebten, wo wir doch selbst gerade ein japanisches Haus in North Carolina bauten.

Professor Sano erklärte, warum das Übungshaus im Dezember zur Verfügung stand. Die Kansai Women's University hatte beschlossen, das Wohnprogramm auslaufen zu lassen. Einige Mitglieder der Fakultät hatten argumentiert, daß es überflüssig sei, die Studentinnen in einem »amerikanischen« Haus zu unterrichten, da die meisten von ihnen ohnehin in Häusern und Wohnungen lebten, die westlich orientiert waren. Immer weniger junge Japaner schlafen auf Futons, und man brauche deshalb wohl kaum ein Übungshaus, um ihnen Grundkenntnisse über ein westliches Bett beizubringen. Viele Studentinnen der KWU hatten schon im Ausland gelebt, manche mehrere Jahre lang. Außerdem sei, wie eine junge Professorin auf einer Fakultätssitzung unwirsch bemerkte, die ganze Idee abwertend. Gäbe es ein besseres Beispiel für den amerikanischen Kolonialismus, das Aufzwingen westlicher Werte, als das Übungshaus?

Entworfen für japanische Studenten, die vielleicht eines Tages ins Ausland gehen würden, sollte das Übungshaus 1990 in ein Wohnhaus für ausländische Besucher umgewandelt werden. Ich würde der erste Gast sein. Ted käme dann eine Woche später, aber bis dahin würde ich das große Haus auf dem Hügel ganz für mich alleine haben.

Ich ziehe während eines Taifuns in Übungshaus ein. Die Studentinnen sind alle zu Hause, und die Kansai Women's University ist dunkel und verwaist, als ein Freund mich zum Sekretariat des Englischen Seminars fährt, dem einzigen beleuchteten Punkt auf dem Campus. Dort werde ich von

Frau Kitagawa, der Sekretariatsleiterin, und Professor Sano erwartet.

»Mein Gott«, lacht Professor Sano. »Sie haben diesmal ja mehr Koffer dabei als damals für ein ganzes Jahr. Sie scheinen viel arbeiten zu wollen!«

Ich hatte einige Kisten mit Büchern und Aktenordnern vorausgeschickt, alles, was ich brauchen würde, um ein Buch über Fotografie zu schreiben. Ja, ich wollte im Übungshaus hart arbeiten.

»Nun, ich bin mir sicher, daß Sie dort einen Schreibtisch finden werden«, lacht er, denn er weiß, daß in jedem Schlafzimmer zwei Schreibtische stehen.

Bis wir meine Sachen ins Haus gebracht haben, sind wir alle durchnäßt. Ich gebe meinen drei japanischen Freunden den Rat, nach Hause zu gehen, ehe der Taifun richtig loslegt, aber sie wollen mich erst durchs Haus führen. Es ist ein anderer Rundgang als 1987, als uns die Studentinnen von der KWU ihre westlichen Umgangsformen vorgeführt hatten. Diese Führung ist eher praktischer Natur: wie dreht man die Heizung an, den Herd, die Dusche. Sie vergewissern sich, daß ich weiß, wie alles funktioniert. Die Knöpfe werden in eine Richtung gedreht, die ich nicht als natürlich empfinde. An solchen Kleinigkeiten wird mir bewußt, daß die Japaner aus einer Kultur stammen, die von rechts nach links liest. Ich mache mir gewissenhaft Notizen, als wir sämtliche Anweisungen durchgehen. Wenigstens sind die Eingeweide dieser Behausung japanisch.

Sie fragen, ob sie mir beim Wegräumen meiner Koffer und Kisten helfen können, aber jetzt bestehe ich darauf, daß sie nach Hause fahren, bevor der Sturm richtig losgeht. Mein Freund wird Professor Sano und Frau Kitagawa zum Bahnhof bringen. Der Regen wird immer heftiger. Der schlimmste Teil des Taifuns wird irgendwann während der nächsten paar Stunden erwartet.

»Kommen Sie klar?« fragt man mich.

»Natürlich.«

Als sie gehen, sitze ich im Wohnzimmer. Ich habe die Heizung angeschaltet, aber das Haus hat sich noch nicht erwärmt. Mich friert. Ich könnte mir eine Erkältung holen. Regen prasselt gegen die Fenster. Meine Koffer säumen den Flur. Es sind viel zu viele – viel mehr Arbeit als man in einem Monat schaffen kann. Für gewöhnlich reise ich mit leichtem Gepäck. Das hier ist lächerlich. Ich habe nicht die Absicht, jede Minute meiner Japanreise mit Forschungsarbeiten und Schreiben zu verbringen. Warum all diese Kisten und Kartons?

Blitzartig fällt mir eine Gewohnheit ein, die Charles als Kind hatte: alles, was ihm wichtig war, wurde vom Haus des einen Elternteils zum Haus des anderen mitgeschleppt. Ich sehe mich im Übungshaus um und betrachte *meine* Koffer. Sie erinnern mich an das, was ich *jetzt* bin. Sie dienen meiner Verteidigung, sind mein Schutzwall. Gegen was? Vielleicht Geister. Das Übungshaus ist voller Geister.

Mehr und mehr entdecke ich, daß ich dieses Haus nicht mag. Es ist freudlos und düster und hat eine Aura protestantischer Strenge. Es könnte den Drehort für *Jane Eyre* abgeben – hohe Decken, lange, trüb beleuchtete Korridore, nach Wachs riechende dunkle Fußböden, Wände die einst weiß gewesen waren, über die Jahre jedoch zu einem fleckigen Grau-Beige nachgedunkelt sind. In einer kleinen Nische am Fuß der geschwungenen Mahagonitreppe steht ein schweres, altes schwarzes Telefon im Stil der fünfziger Jahre. Ich zähle sechsundzwanzig Stufen, als ich von meinem Arbeitszimmer im zweiten Stock herunterrase, um ans Telefon zu stürzen, aber es ist niemand mehr dran. Hier lassen die wenigsten Leute das Telefon mehr als drei oder viermal klingeln, was für ein Zwei-Zimmer-Apartment genau richtig ist, aber im Übungshaus ein Unding.

»Nun, *das* ist ganz und gar britisch«, scherzt Maryvonne, als ich sie anrufe, weil ich hoffe, daß sie diejenige war, die mich erreichen wollte. »Ich weiß noch, als ich zum Schüleraustausch in Sussex war, da verpaßten wir auch immer die Anrufe.«

»Es gibt oben sogar eine kleine verschlossene Tür«, berichte ich. »Ich denke, die führt auf den Speicher, wo sie die Verrückte eingesperrt haben.«

Die Möbel haben verschiedene Hauswirtschaftslehrerinnen im Lauf der Jahre zusammengetragen und sie dokumentieren die unterschiedlichsten japanischen Vorstellungen von den Dingen, die in ein westliches Haus hineingehören. Manche der Wohnzimmermöbel sind jene düsteren und überladenen Modelle, die eine meiner Freundinnen »Brooklyn Barock« nennt; sie füllen noch immer die Empfangsräume älterer japanischer Geschäftshäuser und erinnern an die Maiji-Ära, die erste Periode japanischer Verwestlichung im großen Stil. Zwischen den Samtpolstern stehen einige schwarz getönte Rattanmöbel mit beigen Kissen und strengen skandinavischen Linien aus der Zeit um 1960. Auf einem der Rattantische türmen sich neben einer Stereoanlage Alben mit den Weihnachtsliedern der letzten vierzig Jahre – Frank Sinatras Weihnacht, Mel Tormes Weihnacht, Patty Pages Weihnacht, Perry Como, Andy Williams, Mahalia Jackson, Mantovani, 101 Strings. Es gibt eine LP mit verschiedenen Stücken von »Rudolf Rotnase«, gesungen von Interpreten, deren Namen mir alle irgendwie vertraut erscheinen.

Ich weiß fast nichts über die Geschichte des Übungshauses, ich versuche sie aber zu »lesen«, so wie sich ein Archäologe durch die Schichten einer alten Siedlungsanlage lesen mag.

Offensichtlich hat sich hier eine Katastrophe ereignet, und zwar etwa um 1965. Die kulturelle Uhr ist irgendwo nach der

Beatlemania stehengeblieben. Da enden nämlich die Plattensammlung und auch die Ausgaben des *Family Circle.* Selbst die meisten Bücher über Hauswirtschaft auf dem Regal sind vor 1970 erschienen, bis auf ein paar häßliche Exemplare in plastiküberzogenen Ringbüchern mit »Didaktischen Einheiten« über häusliche Organisation und Humanökologie, deren verschiedenfarbige Tabellen einen Themenkomplex vom nächsten trennen, wissenschaftlich aufgezogen, aber wenig überzeugend.

Die Ausstattung ist übertrieben prä-postmodern. Nichts Schnittiges, kein High-tech, kein mattes Schwarz. Ich muß an die eigenwillige Verschwörung zwischen den Hauswirtschaftslehrerinnen und den Studentinnen denken, die zwei Jahrzehnte lang so taten, als entspräche das Übungshaus dem heutigen Amerika. Die einzigen im letzten Jahrzehnt erworbenen Einrichtungsgegenstände sind elektronische Geräte. Ein Farbfernseher mit einem Adapter für Zweikanalton, ein Videorecorder und eine Stereoanlage – alles »Made in Japan«.

Ich denke zurück an 1968 – den Vietnamkrieg (in dem Japan die Rolle einer Auftank- und Nachschubstation für die amerikanischen Streitkräfte spielte, die auch von Offizieren bevorzugt wurde, die sich erholen wollten), Studentenrevolte, die Ermordung Martin Luther Kings, die Ermordung von Bobby Kennedy. War das die Zeit, als die Japaner ihren Glauben ans Übungshaus verloren?

Oder war es die Frauenbewegung? Das in diesem Haus gezeigte Modell westlicher Weiblichkeit kennt den Feminismus der späten sechziger und frühen siebziger Jahre noch nicht. Hauskleider. Schürzen. June Allison und Doris Day würden sich hier wohlfühlen. Das Übungshaus ist die Ikone einer Zeit, in der das amerikanische Ideal die Mutter war, die ihre drei oder vier Kinder im Vorortshaus hütete und das Essen fertig hatte, wenn der Ehemann aus seinem Büro in der Stadt zurückkehrte. Die Glucken-Mutter.

Meine amerikanischen Freundinnen, die zu Hause bleiben und sich ganztags um ihre Kinder kümmern, verhalten sich ganz anders. Die amerikanische Lehrerin für Hauswirtschaft, die das Übungshaus bis 1990 leitete, muß gewußt haben, daß es eine Farce war. In den Vereinigten Staaten hätte sie im Hauswirtschaftsunterricht wahrscheinlich eher über safer Sex als über die Kunst des Tischdeckens geredet.

Vielleicht hat das Ende des Übungshauses aber auch mit dem Handelsdefizit zu tun und der sich verändernden Weltwirtschaft. In dem Buch *Conversations in Japan*, einem Reisebericht der beiden Soziologen David Riesman und seiner Frau Evelyn Thompson Riesman über das Japan im Jahre 1961, ist eins der zentralen Themen das belastende Außenhandelsdefizit der Japaner. Die beiden westlichen Autoren klagen über die Milliarden von Dollar, welche die Japaner *uns* schulden, nicht wir *ihnen*. Japan war damals der drittgrößte Schuldner der Weltbank und hatte den Status eines »gering entwickelten Landes«.

Ironischerweise findet heute der ganze Streit unter umgekehrten Vorzeichen statt: Damals waren es die Amerikaner, die an Japan appellierten, daß bessere »Qualitätskontrollen« sowie eine einsatzfreudigere und besser ausgebildete Arbeiterschaft vonnöten seien. Die Japaner zogen dann verbittert über den amerikanischen Protektionismus her, der sie vom Markt der Autoindustrie und der Elektronik ausschloß, wo sie glaubten, eine Chance zu haben, sich mit amerikanischen Produkten zu messen.

Das Übungshaus wird vom Geist der amerikanischen Vergangenheit beherrscht. Je näher Weihnachten rückt, um so mehr frage ich mich, welche Geister sich noch zeigen werden.

»Ganz schön scheußlich«, meint Ted, als er im Dezember nach Beendigung seiner Kurse auch ins Übungshaus kommt.

In teuren Telefonaten habe ich ihm geschildert, wie dieser Ort auf mich wirkt, daß eine unglückselige Aura ihn umgibt, eine amerikanische Vergangenheit, die Geister der japanischen Mädchen, die hier waren, ihre fehlgeschlagenen Soufflés und fallengelassenen Maschen.

»Und du hättest es vorher sehen sollen«, sage ich scherzend.

Ich habe die Möbel umgestellt. Habe *ikebana*-Gestecke für die Zimmer hergerichtet. Habe die Vorhänge ganz aufgezogen, um so viel Licht wie möglich hereinzulassen. Ich bin froh, daß er da ist.

»Ein Videorecorder!« ruft er begeistert. In Amerika haben wir keinen.

Ted, dieser unvergleichliche Spürhund, hat bald den besten Videoladen der Gegend entdeckt, der mehrere hundert amerikanische Filme auf Lager hat, alle mit japanischen Untertiteln. Er findet sogar einen Laden, der Popcorn verkauft, in Japan eine Seltenheit.

Wir haben ein Ritual. Tagsüber machen wir Ausflüge oder besuchen unsere Freunde, kehren abends mit dem letzten Zug zurück und kuscheln uns dann vor dem Heizkörper im Wohnzimmer des Übungshauses aneinander, um amerikanische Filme anzuschauen und Popcorn zu naschen. Als unsere Zeit im Übungshaus abgelaufen ist, kann ich noch immer kein Soufflé backen oder einen Kranz aus Kiefernzapfen stecken oder einen Tisch für eine Familie decken. Aber wir haben jeden Film von Woody Allen gesehen. Schon bald fällt uns gar nicht mehr auf, daß die japanischen Untertitel auf der rechten Seite des Bildschirms entlanglaufen.

»Weißt du, daß ich zum erstenmal in Japan Heimweh habe«, sagt Ted eines Abends. Wir haben uns gerade *Hannah und ihre Schwestern* angeschaut.

»Es ist das Haus, oder? Mir geht's genauso.«

»Ironie des Schicksals. Ich lebe hier und vermisse unser japanisches Haus daheim.«

Wir kuscheln uns auf dem Sofa zusammen, die Decken um uns gewickelt. Es sind Weihnachtsferien, die Studentinnen sind heimgefahren, und im College hat man die Heizungen abgedreht. Für uns bedeutet das, daß auch dieses Haus nicht mehr zentral beheizt wird. Die wenigen Radiatoren reichen für die Kälte in dem riesigen und zugigen Wohnzimmer mit seinen hohen Wänden nicht aus. Es ist wirklich ein Gefühl wie in England.

»Doch die gute Nachricht lautet«, erklärt Ted, »daß sie von uns nur 4000 Yen am Tag haben wollen, und das für uns beide.«

Wir hatten das mißverstanden und 4000 Yen pro Person und Tag als Miete kalkuliert, ein für japanische Verhältnisse durchaus normaler Preis. Als wir die tatsächliche Höhe der Miete erfahren, kommt es zu zwei gleichzeitigen Reaktionen. Wir sind zum einen wieder einmal dankbar für die Großzügigkeit der KWU, und wir sind ganz aufgeregt, weil wir 120000 Yen zur Verfügung haben, mit denen wir nicht gerechnet hatten, fast tausend Dollar. Wir wissen genau, was wir mit diesem Geld machen.

»Wir wollen jeden Penny davon für Dinge ausgeben, die wir in unserem eigenen Haus brauchen können!« sagt Ted.

Wir fangen mit unseren Einkäufen an.

Ein paar Tage vor Weihnachten drängeln wir uns mit der Masse der Einkaufstouristen den Hügel in Kobe hoch zu einem riesigen neuen Geschäft, das sich in einer ausgewogenen Mischung von Japanisch und Englisch »Tokyu Hands« nennt.

Weihnachtsmusik plärrt aus dem Lautsprecher. Wir sehen keine anderen Ausländer, aber der Laden ist voller Japaner, die Rentiere, Nikoläuse, sogar Krippen und Plastik-Jesuleins kaufen.

Ted entdeckt die Information. Vor einem der Männer steht ein Schildchen: Englisch. Wir gehen zu ihm.

»Wo finden wir bitte *zabuton, chawan, hashioki* und *washi?*« fragt Ted in voller Lautstärke auf englisch, um den Lärm im Geschäft zu übertönen.

Der Verkäufer bedenkt ihn mit leerem Blick, als hätte er etwas auf kroatisch gesagt.

Ted sieht mich an. Er ist besser in der Grammatik, aber ich bin besser in der Aussprache und werde normalerweise auch eher verstanden.

»*Zabuton, chawan, hashioki to washi wa doko desu ka?*« frage ich.

»Hhehhhhyh?«

Als alles versagt, versuche ich es mit Pantomime.

Ich zeige ihm Größe und Form mit den Händen. »Kissen? *Zabuton*? Zum Knien« – ich tue so als wollte ich eine japanische Haltung einnehmen – »im Tatami-Raum.«

»Ah!« Der Verkäufer lacht los. »*Mecha kucha, mecha kucha*!« (Verkehrte Welt, alles ist auf den Kopf gestellt.)

Dann schaltet er um auf ausgezeichnetes Englisch. »Es ist verrückt«, sagt er und schlägt sich wie ein Komiker mit der Hand an die Stirn. »Ständig fragen die Japaner, wo sie Nikoläuse finden, und dann kommen zwei *gaijin* und suchen *zabuton*!«

Er sagt uns ganz genau, wo wir Kissen, Schalen, Reispapier und Eßstäbchenhalter finden. Bald darauf steuern wir mit all diesen Dingen beladen dem Ausgang zu.

Es ist noch mehr geworden: *chawan mushi* – Geschirr für eine Art Vanillecreme, die im Winter heiß und im Sommer kalt serviert wird; *udon*, Schalen für dampfende japanische Nudeln; Krüge und Becher für Sake; Vasen und Zubehör für *ikebana*.

Eines der Zimmer im Übungshaus füllt sich langsam mit traditionellen japanischen Gegenständen.

»Reicher Fischzug!« ruft Ted, als er eines Tages unsere Beute überfliegt, die auf dem Doppelbett des Gästezimmers ausgebreitet liegt. Es sieht aus wie eine typisch japanische Ausgabe des *Family Circle*. Den Geist des Übungshauses haben wir jedenfalls erfaßt!

Gegen Ende unseres Aufenthalts entschließen wir uns zu einer Feier, die eine Mischung zwischen Weihnachts- und *bōnen-kai*-Fest sein soll. Wir laden alle unsere Freunde ein – Japaner, Amerikaner, Franzosen.

»Guten Abend. Bitte besichtigen Sie doch unser Haus«, begrüße ich Maryvonne und Ichirō an der Eingangstüre.

Sie kennen diese Geschichte und verstehen den Scherz. Ichirō beschenkt uns mit einem guten französischen Wein. Maryvonne bringt eine Flasche *umeshu* mit. Ich habe sie gewarnt, denn ich will an diesem Abend so viel wie möglich miteinander vermischen. Im ganzen Haus sind *ikebana*-Arrangements verstreut, ziemlich asymmetrisch und mit leichter Untertreibung, und ich habe sie alle mit Weihnachtsschmuck behängt.

Auch das Essen ist ein Mischung – *sushi* und *sashimi*, serviert auf westlichem Geschirr, eines der Pastarezepte meiner Großmutter mit *soba*, serviert auf kleinen japanischen Untertassen. Es gibt weihnachtliche Platzgedecke und dazu passende Servietten, wie auch rotgrüne Eßstäbchen mit Nikoläusen darauf. Sämtliche Koffer sind gepackt und warten darauf, in jenes japanische Haus verschifft zu werden, das in Cedar Grove auf uns wartet. Wir wissen nicht, wann wir wieder nach Japan zurückkommen werden. Der heutige Abend ist zum Feiern mit Freunden gedacht.

Wir alle, Japaner und *gaijin*, sitzen in dem großen Wohnzimmer des Übungshauses mit seinen dunklen Vorhängen und den schwach erleuchteten Korridoren. Wir trinken Sake und Wein. Wir essen Pasta und rohen Fisch. Aus der Stereoanlage schmettert Andy Williams »I'm dreaming of a white Christmas.«

15 Hausgast

Im September 1991 rief mich meine Freundin Kazue-san von New York aus an und teilte mir mit, daß sie einen Monat lang mit einem Endlos-Flugticket durch die Vereinigten Staaten reisen werde. Sofort lud ich sie zu uns nach North Carolina ein.

Dabei sagte ich ihr jedoch nicht, daß sie unser erster japanischer Gast seit unserer Rückkehr aus Japan sein würde. Spukte der Geist des Übungshauses auch in unserem japanischen Heim in North Carolina? Ich wollte über Kazue-san Gewißheit erlangen, daß unser Haus nicht nur eine Kulisse oder ein Themenpark, eine Konstruktion aus verfälschten Erinnerungen und fehlgeleiteten Wünschen war.

Kazue-san ist von Natur aus ein freundlicher Mensch mit einer feinen, zur Nuancierung fähigen Sensibilität. Sie kann mit einem einzigen Satz ihre ganze Gefühlspalette zeigen, wie ein Sänger, der alle Facetten der Tonleiter beherrscht. Als ich am Flughafen auf sie warte, erinnere ich mich an die Zeit vor zehn Jahren, als wir zusammen mit der japanischen Gesellschaft für Frauenfragen nach Shirahama fuhren und dort im Gemeinschaftsbad dieser alten und selbstbewußten Dame begegneten. Damals fand ich es seltsam – wenn auch gut nachzuvollziehen –, daß Kazue-san sich gesellschaftspolitisch engagierte, sich für die Bürgerrechte der Frauen und Minderheiten in Japan einsetzte, gleichzeitig aber in traditioneller japanischer Kultur bewandert war, besonders in der Teezeremonie und in der Kalligraphie. Sie ist eine starke Frau, die die feinen Künste beherrscht. Seit damals habe ich Kazue-san noch ein paarmal gesehen, aber immer zu kurz. In den vergangenen Jahren hat sich in unser beider Leben viel verändert.

Ihre Maschine landet gegen sechs Uhr. Wir essen in aller

Der Fuji unter der Brücke gesehen

Ruhe zu Abend und machen uns dann in der Dunkelheit auf den langen Weg, der uns über die kurvenreichen Straßen des Hinterlandes von North Carolina zu unserem Haus führt. Die Außenbeleuchtung erhellt den japanischen Garten. Die farbenprächtigen *koi* kommen an die Oberfläche des kleinen Teichs, als sie unsere Schritte auf dem Plankenweg hören. Ein Frosch springt ins Wasser.

»O ja, wir brauchen einen Frosch!« lacht Kazue-san. »Das gehört dazu.«

Sie betritt das Haus, nachdem sie ihre Schuhe automatisch im *genkan* ausgezogen hat. Ich hole japanische Pantoffeln aus der untersten Schublade der *tansu* (Kimono-Kommode), und sie schlüpft hinein. Ein nostalgisches Gefühl steigt in mir auf, als Kazue-san über den Fußboden geht: das Wischen von Pantoffeln, die über glattes Holz gleiten. Ein *japanisches* Geräusch, fällt mir ein.

Mit prüfendem Blick wandert sie durch das Haus.

Ich warte auf ihr Urteil.

»Es ist japanischer als Japan!« stellt mein erster japanischer Gast überrascht fest.

Während Kazue-san auspackt, mache ich uns *sencha*, einen sehr feinen japanischen grünen Tee, und serviere ihn im Tatami-Raum.

»*Itadakimasu*«, sagen wir beide automatisch, die rituelle Aufforderung, ehe man in Japan zum Essen oder Trinken greift. Wir verbeugen uns voreinander und trinken unseren *sencha*. Wir knien im Tatami-Raum dicht beisammen. Der Raum hat die Größe von viereinhalb Matten, die Größe eines Raums für die Teezeremonie, und wir wahren die traditionellen Regeln für Gastgeber und Gast: Kazue-san sitzt mit dem Rücken zum *tokonoma*-Alkoven. Wenn ich sie ansehe, sehe ich auch die Schriftrolle, die Vase, das *ikebana*-Arrangement hinter ihr im *tokonoma*. Ich habe einmal eine überaus einleuchtende Erklärung dafür gelesen, warum die Japaner so sitzen, daß der Gast dem schönsten Teil des Raums den Rücken zukehrt: dies geschieht, damit der Gast tatsächlich Teil der Schönheit des Raums wird. Wenn sie geht, wird Kazue-sans Bild mir immer vor Augen sein, sobald ich den *tokonoma* anschaue. Dies ist die Essenz japanischer Kunst: nicht nur was da ist zählt, sondern auch die Erinnerung, nicht nur das Objekt, sondern auch die Beziehung zu den Menschen, die es bewundert haben.

»*Oishikatta*!« sagt Kazue-san, nachdem sie ihren Tee ausgetrunken hat (Das war köstlich). Wir verbeugen uns wieder, »*gochisō sama deshita*«, der förmliche Abschluß nach jedem Essen oder Trinken.

Ich gebe Kazue-san einen frischen *yukata*, den sie im Haus tragen kann. Während sie in unserer tiefen japanischen Wanne ein Bad nimmt, räume ich das Teegeschirr weg und hole im Tatami-Raum den Futon aus dem Schrank, um ihr das Bett für die Nacht herzurichten.

Das habe ich auch schon für amerikanische Hausgäste getan, aber diesmal kommt es mir anders vor. Falsch. Ich fühle mich wie eine Gestalt in einem billigen Film, eine *gaijin*-Schauspielerin mit Geisha-Perücke, Faschingsbemalung und dickem flüssigen Eyeliner, um die Augen schräg zu machen. Ich fühle mich wie eine Hochstaplerin.

Voller Unbehagen erinnere ich mich an einen Mann, den ich auf einem Trödel- und Antiquitätenmarkt vor dem Tōji Tempel in Kyoto gesehen habe. Er war Europäer, bekleidet mit den traditionellen japanischen Kleidungsstücken: dem *haori*-Jackett und den *hakama*-Hosen, und er trug sogar *geta*, die hohen hölzernen Sandalen aus einer anderen Epoche. Mit seinen fast einsneunzig erhob er sich gebieterisch über uns, und seine blauen Augen weigerten sich entschieden, mit westlichen Ausländern Blickkontakt aufzunehmen, die ihrerseits allem Anschein nach Angst hatten, sich ihm zu nähern oder ihn anzusprechen.

Er faszinierte mich. Ich beobachtete ihn, wie er sich langsam bückte und eine zerbrechliche Tabatiere aus Jade hochhob. Er musterte sie eingehend, drehte sie in seinen langen, blassen Fingern und wandte sich dann in gehobenem und sehr höflichem Japanisch an den Antiquitätenhändler.

»Hyhehh?« rief dieser aufgeschreckt.

Als der *gaijin* wieder mit seinem eleganten Japanisch anfing, wedelte der Verkäufer abwehrend mit seinen Händen. »Kein Engrisch, kein Engrisch«, schrie er.

Die Freunde, mit denen ich zusammen war, konnten sich nicht mehr beherrschen. Sie prusteten laut los. Der Europäer setzte vorsichtig die Tabatiere ab, richtete sich dann zu seiner vollen Größe auf und schritt an uns vorbei, entschlossen und langbeinig, unverkennbar amerikanisch, Gary Cooper in *geta.*

Damals erschien mir der *gaijin* in seinem traditionellen japanischen Gewand lächerlich. Mit Begeisterung erzählte ich diese Geschichte verschiedenen japanischen und westlichen Freunden. Jetzt, da ich darauf warte, daß Kazue-san aus dem Bad kommt, bin ich überwältigt von dem Pathos der ganzen Sache. Gefiel es ihm einfach, sich so zu kleiden, oder war er auf der Flucht vor sich selbst, versteckte er sich vor einem anderen Ich? Was treibt einen Menschen zu einer so unerbittlichen und zudem vergeblichen Suche nach Verwandlung des Ichs (oder gar dessen Auslöschung)? Was kostet der Versuch, das eine Leben aufzugeben, um ein anderes zu finden? Nützt sich der Reiz des kulturellen Kleidertauschs nicht einmal ab? Was passiert, wenn man eines Tages in den Spiegel schaut und feststellt, daß alles nur Maskerade war und selbst das vollendetste Kostüm die Geister nicht in Schach halten konnte?

Frisch aus dem Bad kommend, leuchtet Kazue-sans Gesicht rosig.

»Du siehst traurig aus, Cathy-san«, sagt sie.

Ich erzähle ihr von dem Typen vor dem Tempel, und daß mir ihr Satz »japanischer als Japan« nicht aus dem Kopf geht. Ich erzähle ihr, daß ich mich wie eine Hochstaplerin fühle.

»In Japan nehme ich mir meist nicht die Zeit, meine eigene Kultur zu schätzen – und das, obwohl ich Japanerin bin«, antwortet sie nachdenklich. »Vielleicht ist es ein Trugschluß, zu glauben, daß wir Bürger irgendeines Landes sind. Vielleicht machen wir es uns damit zu leicht. Vielleicht brauchen wir dafür die Ausländer.«

Als wir uns mit »*Oyasuminasai!*« voreinander verbeugen, der ungefähren Entsprechung von »Träum schön«, kichert Kazue-san. Sie sagt, mein Haus stimme sie fröhlich. Hier sei sie wieder Kind. Sie sagt mir, sie habe seit Jahren nicht mehr in einem Tatami-Raum geschlafen, auf dem Fußboden, in den Futon gekuschelt.

»Auch nicht in einer *ryokan?*« frage ich nach. Gewiß hat sie in einer traditionellen japanischen Herberge auf einem Tatami geschlafen.

»Doch«, nickt sie nachdenklich. »Aber eine *ryokan* ist eine Art Fantasiegebilde. Das ist nämlich der Punkt. In unserem Urlaub besuchen wir Tempel oder berühmte Teehäuser. Wir übernachten in *ryokan*, und das gibt uns ein gutes Gefühl, wie heiter und schön das japanische Leben doch ist. Aber – wie viele Leute leben denn wirklich so? Wir wohnen in Apartments, in Betonschachteln und in riesigen lauten Städten.«

Nachdem sie ihre Pantoffeln ausgezogen hat, geht sie hoch in den Tatami-Raum und seufzt: »*Natsukashii!*« Mein Haus ruft in ihr ein nostalgisches Gefühl wach, die traurigsüße Sehnsucht nach etwas längst Vergangenem.

»*Natsukashii!*« pflichte ich ihr bei.

Ich erzähle ihr, daß meine Sehnsucht nach Japan manchmal kaum auszuhalten ist. Ich erzähle ihr von unserer Illusion, mit dem Bau eines japanischen Hauses einen Teil dieser Sehnsucht zu stillen. Aber das Gegenteil ist eingetreten. Ständig ist da direkt unter der Oberfläche des Bewußtseins das Verlangen, zurückzukehren.

»Natürlich«, sagt sie schlicht. »Das hätte dir jeder sagen können. Es ist wie bei der Witwe, die die Fotografie ihres Ehemannes aufs Klavier stellt. Die steht nicht da, weil sie ihn vergessen möchte.«

Ich höre die Sanftheit in ihrer Stimme.

»Ich kenne das«, fügt sie weich hinzu, »denn auch ich sehne mich nach einem solchen Japan.«

»Du führst ein sehr schönes Leben«, stellt Kazue-san beiläufig fest.

Nie hat sie mich und Ted gemeinsam im Alltag zu Hause erlebt. Sie ist ihm früher schon begegnet, aber diesmal hat sie ihn richtig kennengelernt. Am Morgen macht er für uns alle das Frühstück. Er kommt zu uns, wenn wir abends Tee trinken. Er spricht mit leiser Stimme, wenn er sich an unseren Gesprächen beteiligt, bleibt absichtlich im Hintergrund, läßt uns diese gemeinsamen Tage. Er weiß, wie wichtig diese Zeit für mich ist, und wie selten Ruhepausen sind, sowohl in Kazue-sans hektischem Leben in Japan als auch in meinem in Amerika. Er läßt uns Zeit für uns.

Kazue-san fallen diese Dinge auf. Sie ist beeindruckt. Wieder stellt sie fest, daß ich mich glücklich schätzen könne, einen solchen Mann zu haben, jemanden, dem es nichts auszumachen scheine, daß auch ich beruflich erfolgreich bin.

»In Japan findet man das selten«, sagt sie.

Sie erzählt mir von dem Mann, der in ihrer Wohnanlage auf der gegenüberliegenden Flurseite wohnt. Er war ihr immer freundlich und aufmerksam begegnet. Dann, eines Tages, haben sich er, seine Frau und Kazue-san gemeinsam auf die Suche nach seinem Hund gemacht, der aus der Wohnung weggelaufen war. Kazue-san war schockiert über die barsche und respektlose Art, mit der er seine Frau anschnauzte.

»Als wäre *sie* der Hund«, sagt Kazue-san und macht dann eine Pause. »Nein, ich habe gesehen, wie er später den Hund umarmt und ihn gekrault hat und mit ihm sprach wie mit einem Baby. Er behandelte seine Frau schlechter als einen Hund. So könnte ich nicht leben. In Amerika ist eine solche Entscheidung vielleicht nicht nötig.«

»Manchmal ja, manchmal nein«, antworte ich. »Es ist hier auch nicht immer leicht.«

»Ach, nimm mir nicht meine Illusionen!« ruft sie. »Ich würde gern glauben, daß ihr *alle* so lebt.«

»Und ich glaube gern, daß ihr *alle* so lebt!« Ich zeige auf unser japanisches Haus.

Wieder müssen wir gemeinsam lachen.

»Erinnerst du dich daran?« Ich deute auf ein *shikishi*, ein Gedicht, das auf einer kleinen Rolle befestigt ist und in unserem Flur hängt. Das Haiku ist in ihrem wunderbaren kalligraphischen Gras-Stil geschrieben, fließende Linien wie Wind, der über ein Weizenfeld streicht. Sie gab es mir als *sayonara*-Geschenk, am Ende meines ersten Japanbesuchs. Damals sagte sie schlicht, sie habe keine Worte, um ihr Gefühl der Traurigkeit über meine Abreise auszudrücken. Ich weiß nicht, ob sie das Gedicht selbst verfaßt hat, oder ob es ein berühmtes Gedicht ist, das jemand kennen würde, der sich mit japanischer Literatur beschäftigt. Auf der Rückseite steht Kazue-sans Übersetzung:

Wenn ich den Frost auf der kleinen Brücke sehe,
weiß ich, daß es die wirkliche Mitternacht ist (die Luft ist ganz kalt).

Kazue-san erkennt es nicht gleich. Als ich ihr sage, daß es von ihr ist, ruft sie: »Ich schäme mich über meine armselige

Kalligraphie!« Typisch japanisch. Dann sagt sie sofort etwas, was mich vollkommen überrascht.

»Weißt du, du solltest Japan nicht allzusehr nachtrauern.« Sie lächelt. »Du bist ein sehr glücklicher Mensch. Du bist glücklich und reich.«

»Ich *bin* ein glücklicher Mensch«, sage ich.

»Und reich.«

»Nun, reich wohl kaum!« Bei diesem Wort läuten in mir sämtliche Alarmglocken. Ich hebe zu meiner Litanei an, wie ich mit Schulden groß wurde und beschloß, in meinem Erwachsenenleben nichts zu besitzen und nichts schuldig zu bleiben; jetzt habe ich eine Hypothek, und das ist beängstigend. Außerdem ist das Haus nicht so teuer, wie es aussieht; Grundstückspreise und Baukosten sind hier niedriger als anderswo. In Tokyo könnte man mit dem Geld, was unser Zwanzigtausend-Quadratmeter-Grundstück gekostet hat, nicht einmal eine Anzahlung für einen *tsubo* (knappe sechs Quadratmeter) machen.

Ruhig hört sie sich meine Tirade an. Sie wartet, bis ich fertig bin.

»Zwanzigtausend Quadratmeter?«

»Ja.«

»Meine *Universität* in Japan steht nur auf halb soviel Land.«

Von der kleinen Frühstücksecke aus, die auf den See ausgerichtet ist, betrachten wir den Sonnenuntergang. Ein Reiher fliegt tief über unsere Bucht. Der Himmel wechselt vom Carolina-Blau zu einem satten Goldton, dem Herold des nahenden Herbstes. Kühle liegt in der frühen Abendbrise.

»Schau doch!« sagt Kazue-san. »Schau!«

Sie läßt mich all das *fühlen*, die Kostbarkeit dieser schlichten Schönheit meines Alltagslebens.

»Du bist sehr glücklich und sehr reich«, betont sie noch einmal mit Nachdruck.

Darüber läßt sich nicht streiten. Ich höre die Eindringlichkeit, mit der sie das sagt. Es ist *unmoralisch*, inmitten von so viel Schönheit zu sitzen und sich wegen der Hypothekenzinsen zu sorgen. Soviel zu besitzen und dennoch zu jammern hieße, die Bestrafung der *kami* auf sich zu ziehen, der immer wachsamen japanischen Götter, die noch rachsüchtiger sind als Jahwe.

»Du hast recht«, lenke ich ein. »Ich bin sehr glücklich.«

»Und sehr reich«, fügt sie hinzu. Sie ist derart beharrlich – so un-japanisch, daß ich ihr verlegen zustimme.

»Und sehr reich«, spreche ich ihr nach.

O mein Gott. Selbst nach zwanzig Jahren Therapie hätte ich es nicht über mich gebracht, diese Worte zu sagen.

Kazue-san kennt meine Biographie gut genug, um zu wissen, was dieser Satz mich kostet. Doch jetzt geht es ihr gar nicht um Psychologie. Es geht um etwas anderes.

»Ihr Amerikaner«, fängt sie an, »und das fällt mir gerade in diesem Monat auf, selbst abends in den Nachrichten, ihr Amerikaner haßt es zuzugeben, in was für einem reichen Land ihr lebt.«

»Aber es gibt hier jede Menge Armut. Jedesmal, wenn wir etwas in den Abfall werfen, kommt ein armer Mensch und wühlt darin herum.«

»Natürlich. Und das kommt zum Teil daher, *weil* die meisten Amerikaner der Mittelklasse nicht zu schätzen wissen, wie reich sie sind. Es ist interessant: die Amerikaner sind die nettesten und freundlichsten Menschen auf Erden, doch ich hörte einmal jemanden sagen, einer ihrer größten Fehler sei es, ihre eigenen Privilegien als Rechte anzusehen und die aller anderen als Ansprüche. Ich weiß nicht, ob das stimmt, aber als Japanerin sehe ich, was für ein üppiges Land ihr habt, so viel Platz, so viel Schönheit, so viele Rohstoffe. Wir Japaner empfinden dabei großen *urayamashii*, Neid. Amerikanern fällt es schwer, das zu verstehen. Ihr seid wütend auf

Japan wegen des Ungleichgewichts im Handel und so weiter. Als ich aufwuchs, war es genau andersherum. Amerika war wütend auf Japan, weil wir alles importierten. Wir waren abhängig und schwach. Alles, was wir machten, war billig – nicht gut. Es fällt uns heute schwer, eure Klagen anzuhören, denn ihr schuldet uns zu viel Geld. Damit meine ich nicht die Regierung – die ist mir egal.«

Sie deutet auf ihr Herz. »Ich meine hier drin, als *Individuen*, als einfache Leute, *empfinden* wir Japaner das so. Wir haben so hart um die Anerkennung durch den Westen gekämpft, wir haben unseren Stolz, wir wollten nicht billig und abhängig sein. Aber jetzt ist es das genaue Gegenteil. Irgendwann habe ich in New York in den Abendnachrichten sogar gehört, Japan würde sich in Amerika breitmachen, und man mache sich Sorgen über zu viele japanische Restaurants und Toyotas und so weiter. Aber niemand hier trägt Kimonos! Seht uns doch an! Alles, was wir tun, ist westlich. Wir leben in westlichen Wohnhäusern in westlich geprägten Städten. Wir kleiden uns westlich. Wir essen bei McDonald's, wir schauen uns *Batman* an. Wir haben nicht das Gefühl, uns in Amerika breitzumachen. Und es fällt uns schwer, euer reiches Land zu sehen und zu verstehen, warum eure Staatsverschuldung so hoch ist, warum niemand Ersparnisse hat und warum es Armut und Arbeitslosigkeit gibt. Wir leben in winzigen Apartments – selbst die unserer Mittelklasse wären hier Slums. Wir arbeiten und arbeiten und arbeiten, siebzig bis achtzig Stunden pro Woche, um in armseligen Verhältnissen zu leben. Es fällt uns schwer, uns anzuhören, wir seien so unfair und würden Amerika ausbeuten.«

»Du klingst wütend.«

»Nicht auf *dich*, Cathy-san. Du bist in Japan gewesen. Du kennst es. Du hast es gesehen. Und Japan ist nicht perfekt. Das will ich gar nicht sagen. Du weißt um den Rassismus, du kennst die Probleme. Aber manchmal habe ich das Gefühl, als würden die Amerikaner uns *beneiden*, vor allem, wenn japanische Touristen Cartier-Uhren und Armani-Klamotten kaufen. Die Amerikaner verstehen nicht, wie *hart* das Leben in Japan ist, wie beengt und ärmlich wir leben.«

Sie hat natürlich recht, sowohl was das Schlechte, als auch das Gute angeht. Für die meisten Mittelklasse-Amerikaner wäre es unvorstellbar, täglich fünfzehn Stunden zu arbeiten, um dann in einer winzigen Wohnung zu hausen, in zwei Räumen à zweieinhalb mal dreieinhalb Meter, eine Stunde von der Arbeit entfernt. Als ich mit Kazue-san durch North-Carolina fuhr, fand sie selbst die kleinsten und ärmsten Häuser auf dem Land noch wohlhabend.

»Schau doch, wieviel Grund und Boden die haben!« rief sie, als wir an einem winzigen Bungalow mit einem auf dem Rasen grasenden Plastikreh vorbeikamen.

Als wir an einer großen, neuen Vorstadtsiedlung vorüberfuhren, beschrieb Kazue-san die Häuser als »wahre Villen« und wollte wissen, ob hier die Millionäre von North Carolina wohnten. Sie hat Asien und Afrika bereist, aber sie hat keine Vorstellung von dem, was wir unter amerikanischer Mittelklasse verstehen. Sie sagt, die meisten Amerikaner seien sich nicht darüber im klaren, daß der wirtschaftliche Erfolg Japans auch seine negative Seite habe – das Leben in Japan sei so teuer. Seit den fünfziger Jahren, als sie Kind gewesen war, sind die Grundstückspreise in den größten Städten des Landes um sechzehn*tausend* Prozent gestiegen. Sie deutet wieder auf die Wohnsiedlung. »Die Amerikaner denken, wir seien alle Millionäre – aber selbst Millionäre könnten in Japan nicht so schön wohnen.«

Es überrascht mich, daß Kazue-san bereit ist, mit solcher Offenheit zu sprechen. Ich frage mich, ob wir dieses Gespräch auch in Japan geführt hätten. Der Höflichkeitskodex hätte das erschwert, trotz unserer Freundschaft. Etwas geschieht hier, hier in diesem japanischen Haus in North Carolina. Ich möchte ihr zu verstehen geben, daß mich ihre Worte erreicht haben.

»Du weißt ja«, sage ich, »daß wir uns überlegt hatten, auf Dauer in Japan zu leben. Wir haben uns dagegen entschieden – die Sprache war zu schwer für uns, wir wollten nicht ständig *gaijin* sein. Es gibt vieles, was uns an Japan nicht gefällt, aber andere Dinge lieben wir. Darum haben wir uns auch dieses Haus gebaut. Es ist unser Ersatz für das Echte.«

»Hör zu, Cathy-san«, sagt Kazue-san, als sie mir ein Geschenk überreicht. »Dies hier ist für euch *besser* als Japan. Manchmal gibt es das, daß die Imitation besser ist als das Original.« Sie lacht wieder. »Darüber wissen wir in Japan nur allzugut Bescheid.«

An diesem Abend trinken wir vor dem Zubettgehen wieder Tee im Tatami-Raum. Gemeinsam breiten wir ihren Futon aus.

»*Oyasuminasai.*« Ich mache die »Gute Nacht«-Verbeugung und hoffe, sie möge die Umarmung ersetzen, nach der mir eigentlich ist. »*Oyasuminasai*«, flüstert sie und löscht das Licht.

Ich hantiere noch ein wenig in der Küche herum, gehe dann auf Zehenspitzen am Tatami-Raum vorbei. Ich sehe sie auf ihrem Futon schlafen, und mir wird deutlich, daß, wer auch immer den ersten Tatami-Raum geschaffen hat, dabei den kompakten japanischen Körper vor Augen hatte. Kazuesans Futon hat genau die gleiche Größe wie die rechteckigen Matten. Ihr Körper paßt sich dem vollkommen an. Sie schläft auf dem Rücken – die japanische Schlafstellung – in der Mitte des Futons, die Arme seitlich unter der Decke. Ihr dichtes schwarzes Haar und das runde japanische Gesicht bilden einen Kontrapunkt zu den schwarzumrandeten Strohmatten, die asymmetrisch im Zimmer verteilt sind. Ihr Körper vervollkommnet die strenge Kunst des Tatami-Raums, als wäre er die japanische Version eines Mondrian-Gemäldes.

Ich stelle mir vor, wie ich aussehe, wenn ich mit meinen langen, angezogenen Gliedmaßen und meinem rötlichen Haar auf dem Futon liege. Wieder wird mir bewußt, daß Japan nie mein Zuhause sein kann. Kazue-san hat recht. Wir haben eine Imitation geschaffen, eine amerikanische Version von Japan. Dieses Haus ist eine Kopie, und wie jede Kopie ein Hirngespinst. Ein unter Glas eingefangener Augenblick. Dreh ihn um. Schüttle ihn. Kleine Schneeflocken kommen heruntergewirbelt.

Der Fuji von der Küste aus

16 Den Berg hinauf

Für den im Leben zu kurz gekommenen *gaijin*, der Japan zum erstenmal besucht, könnten sich alle Erfolgsfantasien erfüllen. Dies ist ein Land, in dem man Beachtung findet, ohne sich anstrengen zu müssen. Ist man jung, groß oder blond wird man wie ein Filmstar behandelt. Das kann einem leicht zu Kopf steigen. Ich habe zahlreiche Europäer erlebt, die sich für genauso betörend, großartig und wichtig hielten, wie sie von den Japanern eingeschätzt wurden. Menschen jedoch, die länger in Japan leben, haben oft das Empfinden, nie mithalten zu können. Dieselbe Person, die mir wegen meines Japanisch Komplimente machte, hat die Aussprache oder den Wortgebrauch einer Freundin kritisiert, die professionelle Übersetzerin ist. Ob man Applaus oder Kritik erntet, als Fremder ist man ihn Japan niemals unsichtbar.

In Japan ist die *gaijin*-Gestalt eine Art Fundgrube für japanische Vorstellungen vom »Westen«. Im japanischen Fernsehen wimmelt es von Werbespots, die westliche Kinostars, Athleten oder Rocksänger präsentieren. Die meisten würden nicht im Traum daran denken, im amerikanischen Fernsehen Produkte feilzubieten – Paul Newman, Mickey Rourke, sogar Marlon Brando. Sylvester Stallone verkauft Schinken. David Bowie preist Whiskey in einem supercoolen Werbespot an.

Bei meinem ersten Japanaufenthalt ging ich an einem heißen Junitag in meinem fuchsienroten, ärmellosen Sommerkleid zu einer Fakultätssitzung. Mit sportlicher, dunkler Sonnenbrille, das Haar im Nacken hochgesteckt, spazierte ich durch die Nebenstraßen von Nigawa. Die Autos gerieten aus der Spur, wenn sie an mir vorbeifuhren; Jungs hingen aus den Fenstern. Ein paar ältere Frauen starrten mich unverhohlen an. Ein Müllwagen wäre fast in den Straßengraben gefahren; der Fahrer war so damit beschäftigt, mir hinterherzuschauen.

»Was in aller Welt sollte das?« fragte ich eine japanische Freundin, als ich zur Sitzung erschien.

»Die Leute dachten wohl, du seist Audrey Hepburn!« sagte sie wie aus der Pistole geschossen.

»Was sollte Audrey Hepburn in Nigawa?« protestierte ich. »Außerdem ist sie heute über Sechzig.«

»Das ist egal«, sagte sie. »Du entsprichst unserer *Vorstellung* von Audrey Hepburn. Du weißt, daß wir sie verehren. Und deshalb waren auch alle so aufgeregt.«

Die in Japan lebenden Ausländer sind als Gruppe so unterschiedlich wie überall anders auf der Welt auch. Es gibt keinen generellen Typus des »im Ausland Lebenden«, der alle *gaijin* erfassen würde, die ich in Japan kenne, und ich kenne ohnehin nur zwanzig oder dreißig. Es gibt *gaijin*, die sich Japan vollkommen verschrieben haben, die sich nie mit anderen Ausländern zusammentun und denen Japan immer in einem strahlenden, verklärenden Licht erscheint. Ein in Japan bewunderter *shakuhachi*-Lehrer (japanische Flöte) bemerkte einmal, wenn es nicht die Ausländer gäbe, müßte er wahrscheinlich den in seiner Familientradition begründeten Beruf aufgeben. Nur die Hälfte seiner Schüler sind Japaner. Die meisten jungen Japaner, beklagte er sich, würden lieber E-Gitarre spielen als *shakuhachi*.

Als anderes Extrem gibt es jene Amerikaner, die aus geschäftlichen Gründen in Japan sind oder beim Militär arbeiten und es schaffen, jahrelang hier zu leben, ohne die Sprache zu erlernen. In dieser Zeit entwickeln sie einen immer größeren Haß auf ihren Aufenthaltsort.

Dazwischen gibt es eine Reihe von Leuten, die aus den verschiedensten Gründen nach Japan gekommen sind. Aber das Wichtigste ist, daß jeder Ausländer ein liebgewordenes

Bild seines Heimatlandes hegt, ein erinnertes »Zuhause«, das mit dem tatsächlichen Alltagsleben nicht viel gemein haben muß, aber die Vorstellung entscheidend beeinflußt. Dies ist womöglich das größte Paradox dessen, der im Ausland lebt. Weggehen ist manchmal die beste Möglichkeit, etwas nicht zu verlassen.

Unser Freund Kōichi Takeguchi lebt seit seiner Collegezeit als Japanologe in den Vereinigten Staaten. Er kam für ein Jahr hierher – und blieb für immer. In Japan wollte er Englischlehrer werden. Er merkte sehr schnell, daß er mit Englischunterricht keine Chance hatte, in Amerika zu bleiben, deshalb studierte er Japanologie und schloß sein Studium mit einem Magister ab. Heute arbeitet er als Berater für Geschäftsbeziehungen mit Japan in einer multinationalen Firma mit Sitz in New York.

»Ich verdiene mir meinen Lebensunterhalt als Fachmann für das Land, aus dem ich im Gunde geflohen bin«, beliebt er zu scherzen. Heute, im Klima der Japan-Schelte ist er nicht nur Fachmann, sondern auch Verteidiger.

»Ich glaube nicht, daß alles, was wir getan haben oder jetzt tun, richtig ist, ganz und gar nicht«, sagt er. »Aber ich glaube, daß Taten eine Geschichte haben, und von dieser Geschichte haben die meisten Amerikaner keine Ahnung.«

Einmal stand er nahe davor, die amerikanische Staatsbürgerschaft anzunehmen, aber als die Japan-Schelte anfing, beschloß er, lieber Japaner zu bleiben.

Unsere interessante Freundschaft beruht auf den Ähnlichkeiten unseres Lebens als Ausländer. Er erzählt den Amerikanern etwas über Japan aus der Sicht eines Japaners, der sein Land verlassen hat. Ich hingegen erzähle den Amerikanern von Japan aus der Sicht einer Amerikanerin, die zwar weiß, daß sie in Japan nicht leben kann, jedoch Aspekte des japanischen Lebens bewundert.

Immer wieder kommt es dazu, daß wir unsere Länder gegenseitig verteidigen oder kritisieren. Wenn er Japan verdammt – Handelspraktiken oder Rassismus oder sexuelle Diskriminierung – und ich ihm zustimme, geht er in die Defensive und wartet mit zahlreichen Beispielen amerikanischer Verfehlungen auf. Unterhalten wir uns über einen Aspekt meines Landes, den ich gerne verändert sähe, und stimmt er in meine Kritik an den Vereinigten Staaten ein, so ertappe ich mich dabei, ihm gleich darauf Beispiele noch gößerer Mängel der japanischen Gesellschaft vorzuhalten.

Als er zum sechsten oder siebten Mal meine japanische Aussprache kritisiert hat, fragte ich ihn, ob er mich als Konkurrenz empfinde.

»Gewiß«, gab er zu. »Du kannst all das in englisch schreiben. Welche Sprache habe ich?«

Seine amerikanische Frau korrigiere zwar sein Englisch für ihn, aber da bliebe immer die Enttäuschung, einerseits das richtige *kanji*-Zeichen zu wissen, um eine Idee auszudrücken, und andererseits dieses *kanji* mühsam in ein englisches Wort übertragen zu müssen, das nicht einmal annähernd seine Nuancen zu treffen vermag. Noch schlimmer aber sei, daß er mit jedem Tag mehr und mehr *kanji* vergesse. Wann immer er einen »echten« japanischen Geschäftspartner treffe, werde ihm bewußt, daß er die Sprache der Indirektheit und Abstufungen, die für Wirtschaftsgespräche auf höchster Ebene und Verhandlungen charakteristisch sei, nicht mehr fließend spreche, obwohl man von ihm erwarte, deren Experte zu sein.

»*Giri* zum Beispiel«, erklärt er. »Im Westen gibt es noch nicht einmal so etwas wie ein Konzept gegenseitiger Verantwortung, der Art und Weise, wie man die Bedürfnisse des anderen vorwegnimmt, wie jeder Gefallen einen Gegengefallen nach sich zieht. In Japan ist dies die Grundlage der ganzen Gesellschaft, des gesamten Wirtschaftslebens und der privaten Beziehungen, von allem. Mein ganzes Leben lang habe ich versucht, diese Dinge den amerikanischen Unternehmern zu erklären, und sie sehen mich an, als wäre ich nicht ganz dicht. Dann bin ich mit japanischen Geschäftsleuten zusammen, und diese fühlen sich dazu aufgerufen, mir *giri* zu erklären. In ihren Augen bin ich kein Japaner mehr.«

Als ich ihm erkläre, daß ich seine Fähigkeit bewundere, sich in beiden Sprachen auszudrücken, protestiert er.

»Nein, nein, ich beneide euch, die ihr kein Japanisch könnt!« meint er scherzhaft. »Wäre ich ein *gaijin*, so würde das meinen Job um vieles vereinfachen!«

Als wir in unser Haus zogen, wurde uns bewußt, daß wir ein anderes Leben begonnen hatten. Das japanische Haus bot eine Möglichkeit, trotz unserer vollen Terminpläne ein wenig Frieden zu finden, war ein Zufluchtsort, doch es vermittelte auch zwischen der Anziehungskraft, die Japan auf uns hatte, und unserer Gewißheit, daß wir manche Aspekte der japanischen Gesellschaft niemals würden akzeptieren können, und daß auch wir in einigen Bereichen nicht akzeptiert werden würden. Dieses Haus ist das Bindeglied zwischen unserem amerikanischen und unserem japanischen Leben.

Mit der Zeit ist das peinliche Gefühl, das wir anfangs japanischen Gästen gegenüber hatten, gewichen. Jawohl, der *tokonoma*-Alkoven ist auf der falschen Seite, und jawohl, er ist zu hell erleuchtet, um den Schatteneffekt zu bewirken, der dem Romancier Tanizaki zufolge sein Gütesiegel ist. Wir können unsere Gäste nicht zu *agaru* bitten (wörtlich, vom *genkan* ins Haus hochzusteigen), denn das Haus hat eine Hanglage, und man muß in den Haupttrakt hinuntersteigen. Es ist hier nicht erlaubt, im Badezimmerboden einen Abfluß zu installieren, und deshalb kann man sich auch nicht gründlich vor der Wanne schrubben, wie es die Japaner tun, um dann im sauberen Wasser zu baden. Unsere Gäste (wie schrecklich!) müssen ihre Seife mit in die Wanne nehmen.

Kyoto ist sehr, sehr weit von Cedar Grove entfernt, auch wenn es manchmal nebenan zu sein scheint.

Als Kōichi uns in North Carolina besucht, erzähle ich ihm, daß ich ein Buch über meine Japanaufenthalte schreibe, davon, was ich über das Land erfahren und was ich in mein amerikanisches Leben übernommen habe.

»Was hältst du davon, wenn ich es ›Sechsunddreißig Ansichten von Japan‹ nenne?« will ich wissen.

Ich sage ihm, mir gefalle die Idee, nicht das ganze Bild zu präsentieren. Ich würde lieber verschiedene Perspektiven von Japan anbieten und alles aus meiner persönlichen Sicht erzählen. Genauso ist es bei den *36 Ansichten vom Berg Fuji* von Hokusai: jeder Blick auf den Berg Fuji ist intim und gibt einen speziellen Ausschnitt wieder, und keines der Bilder hat den Anspruch, das Ganze zu sein.

»Sie sind alle verschieden«, sagt Kōichi, »und das, obwohl der Fujiyama immer im Zentrum steht.«

»Auch das. Meine Gefühle für Japan sind zwiespältig. Im Westen ist man bemüht, eine Lösung zu finden, alles miteinander zu vereinbaren, zu einem einzigen und wahren Ergebnis zu kommen. Hokusais Weg kommt mir präziser vor.«

»Welchen von Hokusais Holzschnitten magst du am liebsten?« fragt er.

»Das wechselt. Im Moment mag ich einen, wo man den Fujiyama gar nicht sehen kann, weil die Pilger gerade *auf* dem Berg sind. Diese Idee gefällt mir. Daß man nie das wirklich sehen kann, in dessen Mitte man sich befindet, dem man am nächsten ist.«

»Verstehe«, lacht er.

Plötzlich springt er von der Couch und eilt ans Fenster.

»Was ist?« frage ich.

Er antwortet nicht. Er starrt aus dem Fenster, läßt seinen

Blick über den See schweifen. Sein Kopf bewegt sich vor und zurück, als suche er etwas.

Ich gehe zu ihm und frage ihn noch einmal. »Was suchst du?«

Als er sich umdreht, zwinkert er mir zu.

Er lächelt. »Von hier kann ich den Fuji nicht sehen.«

Danksagung

Um dieses Buch überhaupt *anzufangen*, brauchte ich zehn Jahre, immer hin- und hergerissen zwischen der Pflicht zur Genauigkeit und dem Anliegen, die Privatsphäre meiner Freunde und Bekannten zu wahren. Ich hielt es für notwendig (heute mehr denn je), lebendige Japanerinnen und Japaner darzustellen, nicht das personifizierte Stereotyp, das in Vorträgen über dieses Land regelmäßig auftaucht. Gleichzeitig befürchtete ich, ein zu persönlicher Erzählstil könne die Japaner in Verlegenheit bringen, die mich zu diesem Buch inspirierten. Nach vier Aufenthalten in Japan und mehr als einem Jahrzehnt des engen Kontakts zu den Japanern sind mir ihre Schamgrenzen immer noch fremd.

So habe ich mich dazu entschlossen, »zusammengesetzte« Charaktere zu schaffen, um tatsächliche Ereignisse berichten zu können und gleichzeitig die Anonymität der beteiligten Personen zu wahren. Mit ein paar Ausnahmen (wie Maryvonne und Ichirō Okamoto), sind die in diesem Buch Genannten »erfundene« Charaktere, deren Geschichten sich aus den Grundelementen zahlreicher anderer Begegnungen zusammensetzen. Und die jeweiligen Lebensbedingungen sind so abgewandelt worden, daß sich hoffentlich niemand mehr in den Porträts dieses Buches erkennen wird. Insbesondere verkörpert »Professor Sano« all jene Menschen, die mich an das japanische Leben heranführten. Gleichermaßen sind auch spezielle Orte wie die »Kansai Women's University« ein Synonym für viele. Indem ich meine Erinnerungen auf diese Weise erzähle, hoffe ich, das Privatleben und die Großzügigkeit der vielen Menschen, die meine Zeit in Japan so wertvoll gemacht haben, nicht zu verletzen. Ich danke ihnen allen für die Freundlichkeit und die Offenheit, die sie mir entgegengebracht haben.

Während wir unser von Japan inspiriertes Haus bauten, beschäftigte ich mich sowohl in praktischer als auch in biographischer Hinsicht mit dem, was Japan für mich bedeutete. Einen Großteil dieses Buches habe ich in einem Tatami-Raum geschrieben, der von Dail Dixon entworfen und von Greg Pruitt

Der Fuji vom Bezirk der Schirmmacher von Aojama aus

und Bob Jenkins realisiert wurde. Jonathan Kidder hat den kleinen japanischen *koi*-Teich geschaffen, an dem ich gewöhnlich meinen Tag beginne. Edith und Lee Calhoun zeigten mir, daß selbst im ländlichen North Carolina, sozusagen mitten in Amerika, ein japanisches Haus seinen Platz haben kann.

Dankbar bin ich auch all jenen, die meine zahllosen Fragen beantworteten und Fehler im Manuskript korrigierten. Rebecca Jennison, Seiki Kinjo, Dana D. Nelson, Oliver Statler, Kimiko Yagi und Kazuko Watanabe lasen jeweils ein oder zwei Kapitel und gaben mir unschätzbare Informationen und Ratschläge. Setsu Kawata half beim Glossar, während Cynthia Davis und Caren Irr Fakten recherchierten und verschiedene Manuskriptfassungen Korrektur lasen. Jan Freeman und Alice Kessler-Harris danke ich für ihre fruchtbare und einfühlsame Kritik des ganzen Buchs, ebenso wie Ted Fowler, der es mit einer Aufmerksamkeit, Sorgfalt und Klugheit las, wie ich es nie zu hoffen gewagt hatte. Die guten Ratschläge waren immer erwünscht (wenn sie auch nicht immer befolgt wurden).

Meine Schreib-Gruppe – Alice Kaplan, Jane Tompkins und Marianna Torgovnick – bedrängte mich ständig, dieses Buch zu meinem Buch zu machen. Als ich damit anfing, wußte ich noch nicht, was sie damit meinten, doch jetzt bin ich ihnen dankbar. Ich werde sie als Kolleginnen und Freundinnen immer wertschätzen.

Die Mitglieder der Danceries, einer japanischen Gruppe, die sich auf mittelalterliche französische Musik spezialisiert hat, waren so freundlich, meinen Mann und mich im Sommer 1992 einzuladen. Während wir sie auf ihrer Tour durch Frankreich begleiteten, schrieb ich dieses Buch zu Ende. Trotz ihres anstrengenden Konzertprogramms nahmen sie sich immer wieder Zeit für lange Gespräche über die unterschiedlichen Nuancen einzelner japanischer Wörter und Begriffe. Ich danke ihnen ganz besonders für einen wunderschönen Abend, den wir in einem Café in Dijon verbrachten, als wir unter dem Sternenhimmel Kir tranken und uns an die Insel Oki erinnerten.

Glossar japanischer Wörter und Ausdrücke

aoi: blau, azurblau, grün, blaß
awamori: gebrannter, brandyartiger Likör aus Okinawa
bentō: abgepacktes japanisches Mittagessen
burakumin: Japans Kaste der Unberührbaren; Nachfahren von Metzgern, Gerbern oder Totengräbern und deshalb gemäß buddhistischer und shintoistischer Vorschriften und Kastenhierarchien »unrein«
daijōbu: sicher, gewiß, in Ordnung
denki: Elektrizität, Licht
fusuma: Schiebetüren aus Papier
gaijin: jemand, der kein Japaner ist (Äquivalent zu Goi oder Gringo); Ausländer oder Außenseiter (*gai* bedeutet »draußen«; *jin* heißt »Person«). Im allgemeinen Gebrauch ist *gaijin* ein problematischer Begriff, denn er wird von Japanern typischerweise auf Leute aus dem Westen angewandt (besonders auf Kaukasier). Nicht-westliche Ausländer (wozu auch Ost- und Südostasiaten gehören) werden normalerweise durch ihr Land oder ihre Herkunft bezeichnet: Firipin-jin, Kankoku-jin (Koreaner) etc.
gaman: Ausdauer, Durchhaltevermögen
Gambatte kudasai!: Gib nicht auf! Tu dein Bestes! Viel Glück! Bleib am Ball!
genkan: Eingang, der Platz, wo in einem japanischen Gebäude die Schuhe ausgezogen werden
genki: Kraft, Energie, Vitalität, Hochstimmung, Mut
geta: Holzsandalen mit Plateausohle
giri: Verpflichtung, Dankesschuld, Ehrgefühl
gomen nasai: Form der Entschuldigung (»Es tut mir zutiefst leid«)
haori: traditioneller Mantel, der über dem Kimono getragen wird
hazukashii: beschämt, verlegen, peinlich berührt
hiragana: eines der beiden phonetischen Systeme, um japanisch zu schreiben
Honma!: Osaka-Dialekt für »*Hontō!*«
honne: »Wirklichkeit«, was unter der Oberfläche liegt, das private Ich, jemandes »wahre« Absicht oder sein »wahres« Motiv (vgl. *tatemae*)
Hontō!: Wirklich! Stimmt das? (entspricht etwa »Mann! Mensch!«)

ikebana: die Kunst des Blumensteckens
ishin denshin: wortlose Kommunikation von Herz zu Herz
japa-yuki: nicht-japanische Frauen, vor allem aus anderen Teilen Ost- und Südostasiens, die nach Japan gebracht und zur Prostitution gezwungen werden
jiko: Unfall, das Unvermeidliche und Unverhersehbare
juku: nachmittägliche Paukschule
kanji: chinesische Schriftzeichen (die ursprüngliche Form des geschriebenen Japanisch)
karōshi: Tod durch Überarbeitung
katakana: eines der beiden phonetischen Systeme, um japanisch zu schreiben, jetzt hauptsächlich verwendet, um Fremdwörter zu transkribieren
kawaisō: erbärmlich, mitleiderregend, traurig
koi: Karpfen
kotatsu: Heizkörper in japanischen Wohnungen, heutzutage normalerweise ein niedriger Tisch, unter dem ein Heizelement montiert ist
koto: ein harfenähnliches Instrument mit verschiebbaren Bünden; es steht am Boden und wird kniend gespielt
kura: Lagerhalle, worin der Familienbesitz aufbewahrt wird
kyōiku mama: »Erziehungs-Mama«, die daran arbeitet, daß ihre Kinder in der Schule Erfolg haben, im Klischee tut sie das auf penetrante, antreibende Weise
mama-san: Frau, die eine Bar, ein Restaurant oder einen Nachtklub führt
meido: Reich der Toten, Geisterwelt, Hades
mon: Familienwappen
muzukashii: schwierig, kompliziert, problematisch
natsukashisa: Nostalgie, Heimweh, ein bittersüßes Gefühl (eine der in Japan am meisten geschätzten Empfindungen)
nengaiō: Neujahrskarten
nomiya: kleine Bar, Trinkstube
nūru: Priesterin, Schamanin (Oki-Dialekt)
obāsan: Großmutter, alte Frau
obi: lange, breite Schärpe, die über dem Kimono um die Taille gewickelt wird.
obon: buddhistisches Fest der Toten, findet normalerweise Mitte August statt

okāsan: Mutter
Omedetō!: Gratuliere! Herzlichen Glückwunsch!
omiai: das förmliche Treffen des Paares und der Eltern zum Zwecke der Heiratsvermittlung sowie die durch einen Mittelsmann getroffenen Vorbereitungen einer arrangierten Ehe
oshōgatsu: Neujahr
rakugo: die traditionelle Kunst des Geschichtenerzählens, wozu häufig auch Wortspiele gehören
rōmaji: ein System, mit dem sich Japanisch phonetisch in das lateinische Alphabet übertragen läßt
rōnin: ein herrenloser Samurai; wird manchmal auch benutzt, um einen Studenten zu beschreiben, der die Aufnahmeprüfung fürs College nicht geschafft hat und darauf wartet, es im folgenden Jahr nochmal zu versuchen
ryokan: eine traditionelle japanische Herberge
samisen: dreisaltiges, lautenähnliches Instrument
-san: geschlechtsloses Suffix, das man den Namen zum Zeichen des Respekts anhängt (entspricht ungefähr unserem »Herr« oder »Frau«)
sanshin: dreisaitiges Instrument aus Oki, Vorläufer der japanischen *samisen*
sarariiman: »Lohnempfänger«, Geschäftsmann, bezieht sich normalerweise auf die männlichen Schreibtischarbeiter einer japanischen Firma
sensei: Lehrer, Mentor; dient der Beschreibung der Tätigkeit, ist aber auch eine Anredeform, die manchmal ganz allgemein gebraucht wird, um sich an eine Autoritätsperson zu wenden (wie etwa den Arzt)
sharabune: Oki-Dialekt für »Geisterboot«, ein symbolisches Boot aus Stroh, das an *obon* Nahrung und Geschenke zu den Geistern der Toten bringt
shikataganai: stehende Redewendung (in der Bedeutung »da kann man nichts ändern«), die Resignation ausdrückt oder eine Fü gung ins Unerklärliche
shinkansen: der »Blitzzug«, der Japan mit einer Geschwindigkeit von bis zu dreihundert Stundenkilometern durchquert
shukusha: preiswerte, einfache Herberge
soba: Buchweizennudeln
subarashii: sensationell, wunderbar, großartig, hervorragend

sumimasen: eine Entschuldigung (»Tut mir leid«, die aber auch »Entschuldigung« oder »Danke« bedeuten kann)
tatemae: Erscheinungsformen, der eigentliche oder sich zu eigen gemachte Teil des sozialen Ich, und die im gesellschaftlichen Umgang erwartete Art und Weise der Gesprächsführung
tatami: Strohmatten, etwa drei Zentimeter dick und neunzig mal einsachtzig groß, die in traditionellen japanischen Räumen als Bodenbelag dienen
tōkō kyohi: Schulverweigerung, ein erst vor kurzem aufgetretenes soziales Syndrom bei Schülern, die sich weigern, in die Schule zu gehen
tokonoma: Alkoven, der wichtigste Teil in einem traditionellen japanischen Raum; normalerweise befinden sich darin eine Schriftrolle und eine Vase mit Blumenarrangement
tomodachi: Freund
torii: Tor (üblicherweise rohes Holz oder zinnoberrot gestrichen), das den Eingang zu einem Shinto-Schrein hervorhebt
tsubo: das Maß (einsachtzig mal einsachtzig), nach dem Land verkauft wird, entspricht in etwa der Größe von zwei Tatami-Matten
uchināguchi: das okinawische Dialektwort für das im Stammland Japan gesprochene Japanisch
umeshu: süßer Likör aus gebranntem Alkohol und japanischen Pflaumen
utaki: heiliger Hain der okinawischen Religion
wakaru: verstehen, begreifen, folgen können, kapieren, aufnehmen, akzeptieren
yakitori-ya: Hähnchengrill-Restaurant
yakuza: Gangster, der für das organisierte Verbrechen in Japan arbeitet (wörtlich: grob, wortlos, Nichtsnutz)
yukata: Baumwollkimono für den Sommer
zabuton: Bodenpolster oder Kissen (auf dem man kniet oder sitzt)

Zum Trocknen aufgespannte Fischernetze vor dem Fuji

Originalausgabe:
36 Views of Mount Fuji by Cathy N. Davidson
 erschienen bei
Dulton Signet, a division of Penguin Books USA Inc.

Die Deutsche Bibliothek – CIP-Einheitsaufnahme
Davidson, Cathy N.:
36 Ansichten von Japan : Begegnungen mit dem Fernen Osten /
Cathy N. Davidson.
Aus dem Amerikan. von Elfriede Peschel –
Dt. Erstausg. – München : Knesebeck, 1998
Einheitssacht.: Thirty-six Views of Mount Fuji <dt.>
ISBN 3-89660-004-4
NE : Davidson, Cathy N.: Sechsunddreissig Ansichten von Japan

Umschlag: Zembsch' Werkstatt, München
Umschlagabbildung: Carlos Navajas, *Japanese Boy peeking out of Black Curtain* und
Francisco Hidalgo, *Neon Lights in Zoom Effekt*, Tokyo,
beide © The Image Bank
Herstellung: Heidi Kitz, München
Satz: Ute Hausleiter, München
Druck und Bindung: Pustet, Regensburg
Printed in Germany